蒋维乔哲学史讲义

蒋维乔◎著

乔伟◎编译

中国华侨出版社
北京

图书在版编目（CIP）数据

蒋维乔哲学史讲义 / 蒋维乔著；乔伟编译 . —北京：中国华侨出版社 2021.2

ISBN 978-7-5113-7999-3

Ⅰ.①蒋… Ⅱ.①蒋… ②乔… Ⅲ.①哲学史—研究—中国 Ⅳ.① B2

中国版本图书馆 CIP 数据核字（2019）第 185934 号

蒋维乔哲学史讲义

著　　者：	蒋维乔
编　　译：	乔　伟
责任编辑：	刘晓燕
经　　销：	新华书店
开　　本：	670 毫米 ×960 毫米　1/16 开　印张：18　字数：240 千字
印　　刷：	河北省三河市天润建兴印务有限公司
版　　次：	2021 年 2 月第 1 版
印　　次：	2024 年 2 月第 2 次印刷
书　　号：	ISBN 978-7-5113-7999-3
定　　价：	48.00 元

中国华侨出版社　北京市朝阳区西坝河东里 77 号楼底商 5 号　邮编：100028

发 行 部：（010）64443051　　　传　真：（010）64439708

网　　址：www.oveaschin.com　　E－m a i l：oveaschin@sina.com

前言

　　蒋维乔(1873—1958年)，字竹庄，自号因是子，江苏武进(今常州)人，中国近代著名教育家、哲学家、养生家、佛学家。蒋维乔7岁入私塾，学习经史子集等国学课程，20岁考中秀才。光绪二十一年(1895年)以后，蒋维乔进入江阴南菁书院和常州致用精舍学习深造，并且对"西学"产生浓厚的兴趣。在学习期间，他深受资产阶级革命思想影响，感慨中国教育的落后，决心致力于教育改革。

　　此后，蒋维乔进入商务印书馆编译所，编写出版我国第一部小学教材《最新初小国文教科书》。以后又陆续编写了《高等小学教科书》《简明国文教科书》《女子初小国文教科书》《女子高小国文教科书》《简明初小中国历史教科书》等。这些教材在全国各地学校普遍采用，在教育界影响极大。

　　1905年，蒋维乔主持商务印书馆，开办小学师范讲习所，培训师范生；又开办尚公小学、商业补习学校、工人夜校等，为我国教育界培养出一批优秀教师。辛亥革命后，蔡元培担任中华民国临时政府教育总长，蒋维乔应邀担任教育部秘书长，他主持拟订了《中华民国普通教育暂行办法》和《普通教育暂行课程标准》，推动改称"学堂"为"学校"；

又担任教育部参事，拟订《大中小学学制方案》，为我国教育事业的发展作出重大贡献。

1913 年，蒋维乔重返商务印书馆，主持编辑中学及师范学校教科书。1917 年，前往日本、菲律宾等国考察社会教育。1929 年，任上海光华大学文学院院长兼国文系主任。在授课期间，蒋维乔编写了中国哲学史讲义，叙述清初至民国初年近三百年哲学思想的演变，分为"复演古来学术时期"和"吸收外来思想时期"两大部分，上自顾炎武、下到王国维，论述每一时期中各派哲学观点，并列举各家学说著作，进行比较研究。1932 年，该讲义由中华书局以繁体字出版。

《蒋维乔哲学史讲义》是蒋维乔学术研究代表著作之一。他在书中采取了以哲学思想为经、以哲学家为纬的哲学史编撰体例，不仅具有开创性意义，也具有较高的学术价值。其编写体例和分派思想具有独到的眼光，对后世的中国哲学史研究产生重大影响。

《蒋维乔哲学史讲义》全书用文言体撰写而成，自 1932 年初版至今，已有八十余年的历史。如今再读经典，感悟颇深，因而将其中较为晦涩的古代哲学内容译为通俗易懂的白话文，并加以注释详解，以方便广大读者阅读学习。本书在体例方面严格遵照原文的次序和分类，全方面理解原文哲学思想的内涵。在译为白话文的过程中，遵循逐字逐句进行梳理的原则，白话译文也尽量做到语句简洁透彻，用词准确到位。不仅将书中的思想内容完全呈现在读者面前，也将蒋维乔先生的哲学理念和思想特色展示出来，使读者能够一睹近代著名教育家、哲学家的风采。

目 录

—— 第二编 ——
吸收外来思想之时期

第九章　严复 ◎

第十章　王国维 ◎

总论

　　自清康熙初年（纪元一六六二）以迄于今三百年中间，学术思想之剧变，不亚于周秦诸子之时。明代中叶，阳明学派，风靡一世，及其末流，则徒骋游说，毫无实际；遂启反动之机。明清之交，遗民顾炎武、黄宗羲等，提倡经世致用之实学，开有清一代之学风；顾氏尤为考证学之鼻祖。清代之考证学，推倒宋明之性理学而代兴，可以表现时代之特征。然于哲学上，则供献殊鲜。至于现代西洋思想，渐渐输入，而哲学思想，将来必放一异彩，可断言也。

　　综观近三百年之学术思想，可分为两大时期：一为复演古来学术；二为吸收外来思想。当宋明理学衰颓之时，有考证学派出，排斥宋学之空疏，自唐溯汉，提倡许郑之朴学。无论治经治史，以及诸子，皆重训诂，凭实证，用科学的精神，整理古籍，是即考证学之特长。清代自康雍以至乾隆时，考证学发展至极点，特尊之曰汉学，以示别于宋学。实则复演前代之学术，自宋以倒溯至东汉也。至乾嘉以后，考证之途已穷，学者无可致力。且域外交通大开，中外思想接触，觉我国所以贫弱，外国所以富强，必有重大之原因在。才智之士，对于政体与社会根本组织，均起怀疑；而以清廷禁网尚严，不敢公然反对，乃为文艺复兴之运动；即道咸以后所产生之公羊学派是也。此派庄存与、刘申受倡之于前，龚自珍、魏源继之于后，而大振于康有为。实则推倒考证家东汉之古文学，而复演西汉之今文学也。至于今日，则学者对于周秦诸子之研究，极盛一时；凡关于诸子之整理解释，以及阐发其哲学思想之著作，日出不穷。此则由西汉而复演及于周秦也。且自殷墟龟甲文出土后，经罗振玉、王国维注释以来，考证学又一转而为考古学；发见古代社会，在殷朝尚是石器青铜器时代；而文字尚在创造之中。于是对于经典所称唐虞夏三代之文明，顿起怀疑。此考古学今日尚未大盛，发掘工作尚未完成，将来于学术上必有一番大改革，可无疑义。此则自周秦以复演至于殷代也。此复演古来之学术，层层倒溯而上，颇为奇观；经一次复演，必有一次之创获，使后之学者，得所依据，其功不可没也。此外有颜元之实用派，直标周孔以自别于程朱；彭绍升、罗有高从王学入手，而归宿于佛门；皆有特异之色彩者也。至于吸收外来思想，其发端远在明末，徐光启与西洋教士，翻译天算水利诸书，是为外学输入之第一期。清康熙帝时，用西洋人利玛窦、汤若望等，改正历算，编《历象考成》《仪象考成》等书，是为外学输入之第二期。同治年间，曾国藩办江南制造局，翻译制造、测量、格致、兵书，是为外学输入之第三期。此一二三期中，所注意者，类皆偏重物质科学，于思想上并无影响。迨至近世，严复译出《天演论》《群学肄言》等书，始于国人思想上，发生大影响。同时，王国维介绍康德、叔本华、尼采之学说。至近十余年中，外国哲学家如杜威、罗素，亲到中国讲演，中外思想之接触，日近一日，必有结合之时期。证以我国历史之先例，如佛教在汉末输入中国，经过魏晋南北朝至唐代，而国人方能尽量吸收，自创天台、华严两宗；再至宋代，儒家方融合道佛为一炉，自成性理之学；凡千余年，而始将外来思想融合消化，以成为学派；则此后吸收西洋思想自成中国哲学，其为期固不在近也。

由上所说：则近三百年之哲学思想，固可分为两大时期，前期又可分为理学派、考证学派、公羊学派；后期则为介绍西洋思想派，今依次述之。

——·译　文·——

　　从清康熙初年（1662年）开始到如今（注：20世纪30年代初），在这三百年中，中国学术思想发生剧变的程度，不亚于东周先秦的诸子百家时期。明代中叶，王阳明学派可谓风靡一代，然而发展到心学末流，则演变成口舌纵横驰骋，仅仅偏重游说，毫无实际的用途，于是开启了反对王阳明心学的契机。明清两代交替之际，明代遗民顾炎武、黄宗羲等人，提倡经世致用的实学，开启有清一代的学风。顾炎武尤其被称作考证学派的鼻祖。清代的考证学，推翻宋明的性理学说，并取代了宋明理学的地位，能够表现出清朝的时代特征。然而在哲学思想方面，考证学派的贡献则比较少。至于现代西方思想逐渐输入，对中国哲学产生影响，由此可以断言，哲学思想的发展在将来必然绽放出异彩。

　　综合考察近三百年的学术思想，大体可分为两大时期：一是继承发展古代学术；二是吸收外来思想。当宋明理学出现衰败颓废趋势时，考证学派发展起来，排斥宋学的空疏弊端，从唐代往前追溯到汉代，学术界一直提倡许慎、郑玄等人的朴学。无论是研究经学，还是研究史学，以及对诸子百家典籍的整理，都重视字句训诂，凭实例进行考证。采用科学精神来整理古籍，正是考证学派的特长。清代从康熙雍正年间到乾隆时期，考证学派已经发展到顶峰，因其极为兴盛而特别被尊称为汉学，以此来区别于宋明理学。所谓汉学，实际上是继承发展了前代的学术，从宋代往前，一直追溯到东汉时期的学术。

　　到了乾隆嘉庆以后，考证学派已经走向穷途末路，学者再也无法力挽狂澜。后来国门大开，对外交流频繁，中外思想进行接触之后，学者察觉到中国之所以贫穷势弱，外国之所以富裕强大，其中必定有重大的原因。因此一些才智之士进行探索，并对中国的政体与社会的根本组织产生怀疑。而当时清政府对反叛言论仍进行严酷的镇压，学者们不敢公然提出反对意见，因而倡导文艺复兴运动，这就是道光咸丰以后产生的公羊学派。这一学派最早由庄存与、刘申受等人倡导，龚自珍、魏源将学派思想继承发扬下去，到康有为才真正振兴起来。

实际上，公羊学派的学说精神是推翻考证学家坚守的东汉古文学说，重新继承发展西汉的今文学说。发展到今天，公羊学派的这些学者对东周先秦诸子百家的研究，已经盛极一时。对于诸子典籍的整理和解释，以及阐发诸子哲学思想的著作，更是层出不穷。这就是学者们继承西汉学术，并且一直追溯到先秦时期的过程。

此外，自从殷墟的甲骨文出土之后，经过罗振玉、王国维的注释，考证学又转变发展为考古学。学者们发现在古代社会，商朝时期仍然是石器和青铜器的时代，而文字尚在创造的过程中。于是，很多学者对于诸子典籍中所称尧舜禹时代的文明，顿然产生了怀疑。考古学发展到今天，还没达到兴盛的程度，因为考古发掘的工作尚未完成，但是考古在将来必定对学术产生颠覆性的变革和影响，这是无可置疑的。这就是学者们继承先秦学术，并且一直追溯到殷商时代的考古研究方法。

这种继承古代学术的方法，层层追溯而上，形成一大奇观。每经历一次继承和发展，就必定出现一次重大创举和收获。这些研究成果给后来的学者提供了考证依据，堪称功不可没。此外，又有颜元的实用派，直接标榜继承周公、孔子的学说，以此和程朱理学进行区别，划清界限。而彭绍升、罗有高从王阳明学说入手，最终归属于佛门思想，这些学派都有一些特色。至于吸收外来思想，早在明末时期就已经开始发端，徐光启与西洋教士一起翻译天文、算学、水利等书籍，是外国学术传入中国的第一阶段。清代康熙帝时期，任用西洋人利玛窦、汤若望等，改正历法算学，编纂《历象考成》《仪象考成》等书，这是外国学术传入中国的第二阶段。同治年间，曾国藩创办江南制造局，翻译大量制造、测量、格致、兵法等书籍，这是外国学术传入中国的第三阶段。在这一二三阶段中，成就最高并且最能引起人注意的，都是偏重物质科学的一类，对中国的学术思想并没有影响。一直到了近代，严复翻译出《天演论》《群学肄言》等书，这才开始对中国人的思想产生巨大影响。同时，王国维介绍了康德、叔本华、尼采等人的哲学思想。到最近这十多年中，外国哲学家如杜威、罗素等，亲自来中国讲演，中外思想开始接触，日复一日，必然会有结合融会的一天。这一点在中国历史上已经有了先例，比如佛教在东汉后期传入中国，经过魏晋南北朝发展至唐代，在这一段漫长的时期内，中国人尽量吸收佛教思想，独自开创了天台宗和华严宗。佛教发展到宋代，儒学整合了道佛思想，儒道释熔为一炉，这才产生了性理学说。中国文化经历了一千多年的发展，才将外来的佛教思想融合、消化，演化成为自己的学派。这样说来，我们吸收了西洋思想之后，必然能融会、消化，独自开创出一门新的中国哲学，但这需要一段较长的时间。

综上所述：近三百年的哲学思想，可分为两大时期，前期又可以分为理学派、考证学派、公羊学派；后期则是介绍西洋思想的学派，文中依次进行叙述。

第一编
复演古来学术之时期

明末王学狂恣之流弊，学者虽厌恶之，然尚未有公然反对者，虽顾炎武为考证学之祖，亦不过提倡程朱以斥陆王而已。黄宗羲亦从王学入手，而创经世致用之学。至乾嘉间惠栋、戴震出世，考证学大成，方公然推倒宋学，揭橥汉学。可知在清初时理学派尚非全无势力也。理学派中，又可分为程朱学派、陆王学派、朱王折中学派。

自明代后期，王阳明的心学开始泛滥恣肆，导致了各种社会问题，让学者们痛恨不已，但是当时没有人敢公开反对。虽然顾炎武被认为是清代考证学派的鼻祖，但他的思想其实更多地体现的是程朱理学，并且试图用理学驳斥陆王心学。而黄宗羲也以王阳明心学作为切入点，创立经世致用的学问。到了乾隆、嘉庆年间，惠栋、戴震等人登上历史舞台，至此考证学极为兴盛，并且取得卓越的成就，他们这才敢公然反对以程朱和陆王为代表的宋学，从此高举汉学的大旗。由此可知，在清初，理学派并非没有一点势力。理学派又可分为程朱学派、陆王学派、朱王折中学派。

第一章 程朱学派

第一节 顾炎武

一、略传及著书

顾炎武，字宁人，号亭林，昆山花浦村人。生于明神宗万历四十一年（纪元一六一三），殁于清康熙二十一年（纪元一六八二），年七十岁。性耿介绝俗，状貌英秀，事继母王氏甚孝。明亡时，清师下江南，炎武纠合同志，举义兵，不成，昆山城破。母年六十，谓炎武曰："我虽妇人，然义不可屈"；不食而卒。临终，以世食明禄，勿仕二姓，诫炎武。炎武奉遗教，终生不渝。周游天下，所至考其山川风俗，古今治乱之迹，自金石碑碣，以及地理经济之学，无所不通。出游时，后车满载书籍，作实地之参考。见闻既广，卓然自成一家，当代咸目为通儒。康熙十六年，始卜居陕之华阴。诸生有请讲学者，谢之曰："近日李二曲，亦以聚徒讲学得名，遂招逼迫，几至凶死；虽威武不屈，然名之累则已甚；况东林之覆辙，由此而进者耶。"康熙十七年，诏征博学鸿儒，诸公卿争欲罗致之。炎武乃豫使门人之在京者，辞之曰："刀绳具在，勿速我死。"炎武既负用世之才，未得一试；于是在雁门之北，五台山东，及长白山下，垦田牧畜，以实行其经济政策；垦熟之田，恒交其弟子管理之，故其财用常饶足云。

著书有《日知录》三十二卷；《补遗》四卷；《天下郡国利病书》百二十卷；《肇域记》一百卷；《音学五书》三十八卷；《五经异同》

三卷；《左传杜解补正》三卷；《九经误字》一卷；《石经考》一卷；《金石文字记》六卷；《经世编》十二卷；《下学指南》六卷；《文集》六卷；《诗集》五卷；《历代帝王宅京记》十卷；《昌平山水记》二卷。此外小品著述尚多，大都收入《亭林遗书》。

——·译 文·——

顾炎武，字宁人，号亭林，是昆山花浦村人。他出生于明神宗万历四十一年（1613年），卒于清康熙二十一年（1682年），时年70岁。顾炎武性情耿直，外表英武儒雅，为人傲世脱俗，而且对自己的继母王氏非常孝顺。明代灭亡的时候，清兵攻打到江南一带，当时顾炎武联合各路爱国人士，一起举兵抗清，但仍然无法抵挡，昆山城很快被清兵攻破而沦陷。

那时顾炎武的继母已经60岁，把他叫到跟前，说道："我虽然身为女流之辈，但也知道什么是大义，绝不能屈服，投降敌人。"继母最终选择绝食殉国，临死前告诫顾炎武，要他一辈子只领受明代的俸禄，绝对不能做清朝的官员。顾炎武听从继母的遗命，终其半生始终坚守这一信念，从没改变过。

后来他周游天下，每到一个地方，就考证当地的山川名物和风俗人情，记录古今历史王朝兴衰的经验教训，从金石器皿到石碑石碣，再到地理和经世济人的学问，几乎无所不通。每当他出门的时候，都在车后装满了书籍，作为他实地考察的参考依据。

顾炎武的见识和学养非常广博，这也是他的思想学问能超越其他人，自成一家的原因，当时的学者都称他为"通儒"。康熙十六年（1677年），顾炎武搬到陕西华阴居住。当时有一些文人学者请他出山讲学，他都当面拒绝了，说道："最近李二曲收徒讲学，名声越来越大，但也因此招来朝廷的威逼利诱，几次差点身死。虽然他最终硬是不肯屈服，但是名声连累了他，让他活得痛苦不堪。想当年东林党人就是因讲学而遭祸，我不愿重蹈他们的覆辙。"

康熙十七年（1678年），朝廷昭告天下，征召博学鸿儒。当时朝中官员显贵都想招揽顾炎武，他当时在京城有一些门生，于是就托门生转告这些人说："我已经把刀子、绳子都准备好了，你们不要逼我去死。"

顾炎武虽然赋有学问和才华，但最终也没能把这些才学都展示出来。此后，他走遍雁门关以北、五台山以东，以及长白山附近，开垦良田，驯养畜牧，推行自己的经济政策和经营方法，田地里的土产成熟之后，就交给弟子门生打理。所以，他晚年不缺少钱财，过着很富足的生活。

顾炎武的著作有《日知录》三十二卷、《补遗》四卷、《天下郡国利病书》一百二十卷、《肇域记》一百卷、《音学五书》三十八卷、《五经异同》三卷、《左传杜解补正》三卷、《九经误字》一卷、《石经考》一卷、《金石文字记》六卷、《经世编》十二卷、《下学指南》六卷、《文集》六卷、《诗集》五卷、《历代帝王宅京记》十卷、《昌平山水记》二卷。除此以外，小品文和其他著述也很多，大都收录在《亭林遗书》中。

二、学说

炎武博学多闻，考证精详，长于经济。抱用世之志，最忌空谈。有鉴于晚明王学，类于狂禅，故专奉着实周到之朱学，排斥陆王。尝曰："古今安得别有所谓理学，经学，即理学也。自有舍经学以言理学者，而邪说以兴。"（全祖望《亭林先生神道碑》）此经学即理学之言，正是推翻宋明理学，而直进于六经根柢之标语。唐鉴有云："亭林之学，主明体达用，经世济人。以卓荦不群之才，抱俯仰无穷之志，足迹半天下，所交皆贤豪有道之士，而卒著书以老，使人追慕于简策之间而不能置。夫先生之为通儒，人人能言之；而不知先生之所以通，不在外而在内，不在制度典礼而在学问思辨也。是以平心察理，事事求实，凡所论述，权度惟精，往往折中于朱子。"(《国朝学案小识》)观此，可知炎武之学养，虽不如宋明诸儒，专力于理气心性，然实阐明道之体用，究极于经世之术。其所著《日知录》，最足表显其学风；其求学之精神，为后来考证学之基础；故炎武可谓之程朱派之考证学者。

理气心性之学，自宋迄明，可谓登峰造极。阐发已无余蕴；清代儒者，苦无研究之余地。于是一转其方向，注意及考证学。故哲学思想，可以论述者，虽大家如炎武，亦不免有寂寥之感。然其实践方面，则各有一说。今举其为学之要旨如下：

日博学于文，行己有耻；自一身以至天下国家，皆学之事；自子臣弟友以至出入、往来、辞受、取与之间，皆有耻之事。不耻恶衣恶食，而耻匹夫匹妇不被其泽。故曰：万物皆备于我，反身而诚。(《下学指南》)

此语虽甚简易，然为学经世之纲领，不出乎此。炎武不幸处明清革命之际，不得实施其抱负。然观其言行，真王佐之才也。其与友人论学一书，颇足见其主义之所在。今撮其要点如下：

《大学》言心不言性，《中庸》言性不言心。来教单提心字，而未竟其说，未敢漫然许可，以堕于谢上蔡、张横渠、陆象山三家之学。窃以为圣人之道，下学上达之方；其行在孝弟忠信；其职在洒扫应对进退；其文在《诗》《书》《礼》《周易》《春秋》；其用之于身，在出处、辞受、取与；其施之于天下，在政令、教化、刑法；其所著之书，皆以拨乱反

正移风易俗，以驯至乎治平之用；而无益者，一切不谈。(《与友人书》)

观此，则炎武之践履笃实，根本上极似程朱；而其专求实际，不落空谈，则又在程朱以外，自成一种朴学。无怪后来之考证学，推炎武为初祖也。

——·译 文·——

顾炎武博学多才，精通考证学，尤其擅长研究经世济人的学问。他一生坚守志向，认为学问要有实用的价值，最忌讳空谈无物的思想。他发现，晚明时期，王阳明心学泛滥，已经接近佛家禅理，并没有实用价值，所以他重新推崇较为实际的程朱学术，排斥、批判空谈的陆王心学。他曾经指出："从古至今理学只有一个，那就是经学，不应该出现别的理学。如果有人舍弃经学的根本去谈论理学，就是走上了偏狭的邪路。"（全祖望《亭林先生神道碑》）

顾炎武所说的经学，就是理学的本质，他驳斥、推翻了所谓的宋明理学，直接溯源到儒家六经的根基。唐鉴曾经说："顾炎武的学问，主要成就在于探求学术的本质，在于经世致用，教化救人。他才华卓越不凡，思想独一无二，而且志向高远。他的足迹踏遍了半个中国，结交的都是贤能豪杰和得道高人，他一生著书立说，以读书做学问安度晚年，如今看他的著作，仍然让人追思敬慕不已。顾炎武先生被称作一代通儒，这是人人都知道的，但是很多人不知道他之所以通，不在于他的外在学术，而在于他的内在修养；不在于他研究的礼仪制度，而在于他的学问可以引发人们的思考辨析。所以说，他的学问是心平气和地研究人生道理，每个环节都讲究实事求是，所有的研究和论述，都经过反复权衡琢磨，达到无比精湛的境界，在很多方面与朱熹理学有相合之处。"(《国由此可见，顾炎武的学术修养，虽然达不到宋明大儒的精深程度，但他一生致力于研究理气心性，确实将道的实用性阐述得明明白白，将经世致用的学问研究到了极致。他的著作《日知录》，最能展示他的学风和思想；他求学精深，也为后来的考证学派奠定了坚实的基础。所以说，顾炎武是一位程朱派的考证学者。

理气心性的学问，从宋代到明代，研究成果已经达到登峰造极的程度，如果再继续阐发下去，已经没有发挥的余地。所以清代的儒者文人很难找到新观点和新方法，只得改变研究的方向，把关注点转移到考证学上。正因为如此，研究哲学思想的人越来越少，像顾炎武这样著书立说的大家，也难免有孤单寂寞之感。但从学术实践方面来说，顾炎武的思想又与前代有所不同。现在将他主要的学术观点举例如下：

读书是为了博学长见识，是为了让自己懂得凡是觉得可耻羞愧的事情，坚决不能做。从自身个人到国家天下，都包含在学问之中；从处理亲朋好友的人际关系，到出入往来、接受拒绝、取舍给予的行为，都在于"耻"与"无耻"的选择。贫穷潦倒、缺衣少食不会让我们觉得羞愧，而如果空有一身学问，却不能让国家百姓受益，这才是让人羞愧的事。所以说："万事万物的道理我都已经具备了，我问心无愧，对人对事都坦诚无欺。"(《下学指南》)

顾炎武的观点虽然简单，但的确是经世之学的总纲领。顾炎武一生的不幸，就在于他生活在明清两代更替之际，所以无法施展抱负。其实从他的言行、人品和学问来看，他堪称辅佐君王的大材。从他跟朋友论学的文章中，就能看出来他的思想深度，现总结其中的要点如下：

《大学》只研究心路的发展，而不讨论性命和运道，《中庸》只侧重于性命运道，而不谈心路发展。佛教单单讲究一个心字，但是这些观点没有说服力，不能随意认可遵从，理学融入佛教禅宗的观念，就走向了堕落，发展出谢良佐的以禅证儒、张载的气学、陆九渊的心学。我认为，所谓的圣人之学，就是学习教化百姓、辅佐君王、上下通达的方法。一名儒者的行为离不开忠信孝悌，他的职责也不能脱离齐家治国，要懂得进退有据、应对有理。他的思想都在《诗》《书》三《礼》《周易》《春秋》五经之内，把这些道理用在自身，就学会如何与他人相处，懂得如何拒绝接受，如何合理地获取并给予他人。将这些学问施展出来，就可以形成国家政令、教化文章、刑法制度；把这些学问著书立说，就能起到拨乱反正、移风易俗的功用。用这些学问和道理可以驯服百姓，治理国家，让天下获得太平。如果一个人的学问对国家、百姓、自身都没有用处，那么不谈学问也罢。(《与友人书》)

从上面的例子可以看出来，顾炎武重视学术的实践性，其学问在本质上类似于二程和朱熹的学问。而他将所学踏踏实实地应用于生活，不允许一点空谈虚妄，这种精神已经超越了程朱理学，因而形成一种朴学。难怪后来出现的考证学，要推崇顾炎武作为鼻祖。

—— **注 释** ——

1.考证学：以"考证其实"为宗旨，既考究古代书籍真伪，也校勘文字的演变。考证学以归纳式的考察方法，从各种资料中收集证据，并提出种种假设进行检验，提出"确凿证实然后信之，无稽者决不轻信"。考证学在清初起步，到清中期发展至全盛，代表人物有惠栋、戴震等。

2.程朱：即程朱理学，程是北宋二程——程颢、程颐兄弟，朱是指南宋朱熹。程朱理学是宋明理学的主要派别之一，也是对后世影响最大的学派之一。

3.陆王：即陆王心学，从南宋陆九渊开启门径，与朱熹的理学分庭抗礼。至明朝王守仁提出心学理论，并提出心学宗旨在于致良知，从此心学开始兴盛，对明代中晚期思潮产生巨大影响。

4.宋学：又称道学、理学、新儒学。中晚唐的儒学复兴，韩愈、李翱等人将儒学思想由外转向内，融入佛道精神以证儒理，发展到两宋理学，达到鼎盛。这个思想体系虽以儒家伦理为核心，但融合了佛道思想，有别于原始儒学，所以被称为新儒学。以"天理"为道德神学，同时也是儒家神权和王权的合法依据，理学论证了封建纲常名教的合理性和永恒性，从元朝以后就被统治者采纳，成为官方哲学。到了清代，考证学大兴，清代儒者推尊汉儒，对宋代理学进行攻击，称之为宋学，与汉学进行区别。

5.揭橥：标志出来，揭示出来。橥，作为标志的小木桩。

6.汉学：汉代人研究经学时，着重研究名物和训诂，因而后世将研究经、史、名物、训诂、考据的学问称为汉学。

7.理学：见宋学。

8.金石碑碣：指古代的青铜器、石刻碑碣等物，研究金石碑碣上面的文字资料，可以达到证经补史的目的。

9.卜居：选择居住。卜，占卜，古人经常通过问卜的方式，选择居住之地。

10.李二曲：即李颙，见第三章第二节。

11.东林：即东林党人，是明朝末年以江南士大夫为主的官僚政治集团。明万历三十二年（1604年），顾宪成等人修复东林书院，与高攀龙、钱一本等人讲学，借以讽议朝政、评论官吏，东林人士的讲学言论在当时遭到宦官势力的激烈反对，两者之间形成明末激烈的党争局面。

12. 博学鸿儒：又称博学鸿词，是清朝制科取士的方式之一。清代承唐宋旧制，在正常科举考试之外，增设了博学鸿儒取士。康熙十八年（1679 年）、乾隆元年（1736 年）曾两度举行。

13. 经学：原本泛指各家学说要义的学问，但在汉代独尊儒术后，特指研究儒家经典，是一种解释字面意义、阐明其蕴含义理的学问。

14. 六经：《诗》《书》《礼》《易》《乐》《春秋》的合称，指儒家经典。

15. 唐鉴（1778—1861 年）：字镜海，号翕泽，湖南善化人。嘉庆十四年（1809 年）进士，历任检讨、御史、府、道、臬、藩等官，道光二十年（1840 年）召为太常寺卿。唐鉴受程朱之学影响，是晚清义理学派的名儒之一，并对曾国藩一生的行事、修身、学问都有深刻的影响。

16. 理气心性：宋明理学分为四派，以张载为代表的气学，以邵雍为代表的命数之学、以程朱为代表的理学、以陆王为代表的心学，分别侧重研究理气心性四大命题。

17. 行己有耻：出自《论语·子路》，"行己有耻，使于四方，不辱君命，可谓士矣。"意思是，一个人在行事的时候，要有知耻之心，出使四方，方能不辜负君主的使命，这就可以称为士了。此意为凡自己认为可耻的事，就不要去做。

18. 万物皆备于我，反身而诚：出自《孟子·尽心上》，"万物皆备于我矣。反身而诚，乐莫大焉。"是孟子的哲学命题。意思是，世上的万事万物之理，我已经完全具备了，如果反躬自省，确实是诚实无欺，就会感到莫大的快乐。

19. 谢上蔡：即谢良佐（1050—1103 年），字显道，蔡州上蔡（河南）人，北宋官员、学者，人称上蔡先生或谢上蔡。谢良佐创立了上蔡学派，以禅证儒，是湖湘学派的鼻祖。

20. 张横渠：即张载（1020—1077 年），字子厚，凤翔郿县（今陕西眉县）横渠镇人，北宋思想家、教育家、理学创始人之一，世称横渠先生。他提出"为天地立心，为生民立命，为往圣继绝学，为万世开太平"，历代传颂不衰。冯友兰将其称为"横梁四句"。

21.陆象山：即陆九渊（1139—1193年），字子静，抚州金溪（今江西省金溪县）人，南宋哲学家，世称存斋先生，又因讲学于象山书院，被称为象山先生。陆九渊为宋明两代心学的开山之祖，与朱熹齐名，二人见解多有不合。

第二节　陆世仪

一、略传及著书

陆世仪，字道威，号桴亭，江苏太仓人。生于明万历三十九年（纪元一六一一）。长于陆陇其十九岁，与顾炎武、黄宗羲等相先后。当刘宗周在蕺山书院讲学时，世仪欲往听讲，未果，一生常引为遗恨。是时流贼横行天下，彼见生民之涂炭，上书朝廷，谓宜破成格"举用文武干略之士"，不报。退而凿地十亩，筑亭其中，高卧闭门谢客，因号称桴亭。明亡后，曾在东林讲学；已而复讲学于毗陵。及归太仓，亦讲学不辍。清朝屡欲起用之，固辞不出。专修程朱学，终身从事著述，与陆陇其及张杨园等齐名，海内仰为真儒。康熙十一年（纪元一六七二），六十二岁卒。

著有《思辨录》二十二卷，《后集》十三卷，此书前后经十二年之研究而成，故其思想尽在于中。此外有《论学酬答》四卷，《儒宗理要》六十卷，《性善图说》一卷，据其《传》，则未刊者尚有数种。《四库全书提要》评之曰，"世仪之学，以敦守礼法为主，不虚谈诚敬之旨；以施行实政为主，不空为心性之功；于近世讲学诸家，最为笃实，其言皆深切著明"，盖确评也。

——· 译 文 ·——

陆世仪，字道威，号桴亭，江苏太仓人。生于明万历三十九年（1611年）。比陆陇其年长19岁，与顾炎武、黄宗羲等人年龄相仿。刘宗周曾经在蕺山书院讲学，陆世仪想去听讲，结果没有成功，因此一辈子遗憾。当时各地流寇横行，陆世仪见生灵涂炭，于是上书朝廷，建议朝廷破格录用文韬武略的人才，但遭到朝廷拒绝。

陆世仪从此退隐，开拓了十亩地，在田中建桴亭，读书著述，闭门谢客，因而以"桴亭"自号。明朝灭亡之后，陆世仪曾在东林书院讲学，此后又在毗陵讲学。后来回到家乡太仓，也没有停止讲学授徒。清廷屡次想要招揽起用他，但陆世仪坚决不愿去朝中做官。他的学问专攻程朱学，而且终身著书立说，与陆陇其和张杨园等人齐名，被天下学子文人敬仰，称为真儒。康熙十一年（1672年），陆世仪去世，时年62岁。

陆世仪著有《思辨录》二十二卷、《后集》十三卷，这部著作前后经过十二年的研究，最终成书，因而他一生的学术思想都包含在其中。此外，他还著有《论学酬答》四卷、《儒宗理要》六十卷、《性善图说》一卷。根据《陆世仪传》可知，他还有一些没能刊印的著作。《四库全书总目提要》评价他说："陆世仪的学问，以敦守儒家礼法为主，不空谈那些诚敬的道理；以施行实政为主，不在心性的道理上用功；他在近世的众多讲学家中，思想最为专笃扎实，言论也都是深切明晰的。"这样的评论确实中肯。

二、学说

陆氏为学之特色，是能体得程朱着实之旨，不作虚空之谈。尝谓："天下无讲学之人，此世道之衰也；天下皆讲学之人，亦世道之衰也"；又曰："今之所当学者，正不止六艺；天文、地理、河渠、兵法之类，皆切世用，不可不讲。俗儒不知内圣外王之学，徒高谈性命，无补于世；迂拙之诮，所以来也。"（《思辨录辑要》卷一）彼讥贬俗儒空迂之外，又举为学五弊曰："谈经书而流于传注者；尚经济而趋于权谲者；务古学而为奇博无实者；看史学而入于泛滥者；攻文辞而溺于词藻者；是皆不知大道之故也。不知大道，则胸无主宰，心绪常差错，而不得步于正道。"（《思辨录辑要》卷一）至于何者为大道？则是周公孔子之道，亦即天地自然之道，学者即学此道也。一部《中庸》，只说一个道字；一部《大学》，只说一个学字；原于天者谓之"道"，修于人者谓之"学"，贯天人而一之者，谓之"道学"。是故"道生天地，天地生人；无此道，则天地且不成天地，人又何能念及之！故宏道之君子，不可不竭力从事于道与学。此道在天地之间，本不可见，学道之人，则能见之。'鸢飞戾天，鱼跃于渊'，谓其能深察上下，遍满空中，无不是道"（《思辨录辑要》卷一）。意谓人物之生，本自天人合一而来，能参赞天地之化育，全受全归者，则为圣人。穷其道欲近于圣人者，则为学道之人。其解学道如是；桴亭之道，是儒家之正脉也。至谓圣人是禀天地之正气以生，此是继承程朱之性说。

要之陆氏以为道外无学，道学外无圣人，而圣人即为天地合一者，道之具象化者。故立志读圣贤之书，即为学者；立志行圣贤之事，即为学问。彼以《大学》《中庸》为学者入门之书，道学之所寄托者。学之基础，当植于是。而其中居敬、格致、诚、正、修、齐、治、平，即为为学之过程，为国家造就有用之人才，即出于此。其注重实学之一点，所以在清代程朱学派中，为出人头地之学者也。且其言曰：

　　近世之讲学，多似晋人之清谈，清谈甚有害于事。孔门无不就一语之实处教人。孔子曰："君子欲讷于言，而敏于行"；又曰："敏于事而慎于言"；又曰："君子先行其言，而后从之"；又曰："君子耻其言而过其行"；俱是恐人之言过其实也。正（正德，武宗年号）嘉（嘉靖，世宗年号）之间，道学盛行；至隆（隆庆，穆宗年号）万（万历，神宗年号）而益盛，一日而天下靡然从风，惟以口舌相尚，意思索然尽矣。（《思辨录辑要》卷一）

　　陆氏于道学之根本论，则始终主张"居敬穷理"四字。以为是学圣人之第一工夫，"彻上彻下，彻首彻尾，只此四字"。又谓"居敬是主宰处，穷理是进步处，程子亦曰：涵养须用敬，进学则在于致知"（《思辨录辑要》卷二）。此点与程朱殆无出入。

　　陆氏为学，虽无创说，然以"道生天地，天地生人，人配天地，故能尽道"四句，为周子《太极图说》之旨义；其《理气妙合论》，则又打破罗整庵之"道一元说"，究明理气之属性；皆堪注目。盖彼先从太极入手，以太极二字，原本《系辞》，不过祖述孔子之旧；至于主静以立人极之见解，则为周子所独创，《太极图说》全篇之主意，当在此一点。故读此书，但论太极，不察人极，则周子之意旨，当全失却。故云："不知太极，则无天地；不知人极，则无入；此之谓不诚无物。"（《思辨录辑要后集》卷四）其合太极、人极为一，而谓二者不可相离，与《中庸》"道也者不可须臾离也，可离非道也"之言，同其旨。离了天道则无人道，离了人道则无天道。盖用浑然一体之理，以观察《太极图说》，而为此说者也。在此点盖受刘念台之"人极图说"及"动静说"有几分之影响。而以主静二字，立人极之本；以中正仁义，为主静之实落处；凡此总称为圣人之尽性工夫。

中正仁义而主静者，周子立言，甚周匝也。然主静下，又自注曰无欲故静；无欲，无人欲也；无人欲，则纯乎天理矣。是周子以天理为静，以人欲为动；主静者，主乎天理也；主乎天理，则静固静，动亦静矣，岂有偏静之弊哉！（《思辨录辑要后集》卷四）

此中正仁义，即是圣人之道；中正仁义之外，别无所谓主静。离中正仁义而言主静，则非主静。与五行之外，别无阴阳；五行即阴阳，阴阳即太极之理相同。

彼于理气说中，又认理气二者，为不可分。此说先儒皆未论及；只有朱子说过"必先有是理，而后有是气；既有是气，则是理也"。又论万物之一原，则谓"理同而气异"；论万物之异体，则谓"气犹相似理绝不同"；此四语实具卓识。凡论理气之学者，皆当引为标的。故云："学者宜取此四言参伍错综，寻求玩味，胸中贯串通彻，务使无一毫疑惑而后可。如是则于天地万物性命之理，当自能了然而无间。"又对于罗整庵"周子无极之真，二五之精，妙合而凝"三语，以为"凡物必两而后可合，太极阴阳，果为二物，则方其未合之先，各安在耶"之疑问，论述之如次：

整庵言理气，亦固陋也；夫气即是理；以为气中则有理而非气，是即理也；既非气则是理，则安得不为二物？（《思辨录辑要后集》卷一）

又曰：

整庵以为气集便是集之理之谓；气散便是散之理之谓；惟其有集有

散，是乃所谓理也。是则就集散上观理，而不知所以为集散之理也。宜其于程朱之言，多有所未合。（《思辨录辑要后集》卷一）

彼认整庵之理气，堕于形器之中，而未能体得浑然融合（理气之一元）体现天地之妙用之理。盖周子哲学，决非二元论；整庵不达此旨，宜乎怀疑不决也。

其次是彼之性说，以为性即是气质；本然之性，不可称为性。后来儒者，率以孟子之性善说为本，以为本然之性，浑然至善，纯粹未发，此言决不得当。所谓性者，不是此种本然之性；孟子之性善，亦不是此种意思；孟子是就天命上说，是说命善，不是说性善。天命之初，吾人尚未落于气质，故此说可以成立。厥后朱子欲发见至善之根据，亦言性善；但朱子于"继之者善也，成之者性也"之分别，初不甚了了。又伊川、朱子论性时，皆曾分性为本然、气质二者，而以为前者即孟子之性善，后儒亦附和此说。然孟子之言性善，乃《中庸》"天命之谓性"之类。只就天命上说，未落于气质。然孟子又有"人无有不善"之言，是就人生以后看，即下愚浊恶，无有不性善者。盖孟子论善，只就四端发见处言，因其称端，即知有仁义礼智；人人有四端，即人人有性善也。此是说人人有为善之资质。有为善之可能性耳；决不必说到人性浑然至善，未尝有恶，然后谓之性善，以释氏所谓真性者当之。要之性字，必落于后天之气质，而始有性可称。如周子之说为最妥。其言云：

惟人也得其秀而最灵，形既生矣，神发知矣；曰：形生质也；神发气也；形生神发，而五性具足。是有气质而后有性也。不落气质，不可谓之性；一言性便有气质。（《思辨录辑要后集》卷四）

此论颇有根据，就《易》一阴一阳章而区别之，则自来所传孟子之性善说乃就天命之初"继之者善"之处立论，未尝说到"成之者性"。而陆氏则谓在"成之者性"以前，不得著性字；既说"成之者性"，便属气质矣。

彼又赞周子曰：

诸儒中论性，莫如周子最明白、最纯备。《通书》首章曰：诚者，圣人之本，大哉乾元，万物资始，诚之源也。乾道变化，各正性命，诚斯立焉；纯粹至善者也。故曰：一阴一阳之谓道，继之者善也，成之者性也；元亨诚之通，利贞诚之复，大哉《易》也，性命之源乎！只就元亨利贞上，看出继善成性处，不过一诚字，则实理也，能全此实理者惟圣人。故曰诚者圣人之本。（《思辨录辑要后集》卷四）

陆氏以为惟气质方可称为性；若善恶之分歧点，则在于诚德之成就如何而见之。故又说惟周子"性者刚柔善恶中而已矣"一句中之"而已矣"三字，最为竭尽无余之辞。从来论性之人，无有比此语更简而得要者。而后来儒者罕称之，盖皆以此言为专论气质，而不知气质之外，初无所谓性也。程张朱诸子之论性，千言万语，其实不能及此。陆氏如此断定，用气质一元论，充足周子之说；又用作自己之性说。彼固理气一元论者，于性说以一元始之，可谓彻底之学说。

─── · 译 文 · ───

陆世仪的学术特色，在于最能够体会到程朱理学的务实性宗旨，而不是空谈虚妄的言论和道理。他曾经说："天下没有讲学的人，这正是世道衰退的原因，而天下全都是讲学的人，也是世道衰退的因由。"他又指出："如今的人想做一名学者，所专注的学问不止要精通六艺，天文、地理、河渠、兵法之类的学问，也都契合世人实用，不能不研究这些。思想迂腐的儒生不明白内圣外王的真正学问，只是对性理命数之学高谈阔论，其实对世人没有什么实用价值。世人认为儒生都是迂腐愚拙之辈，就是因为这个原因。"（《思辨录辑要》卷一）

陆世仪讥讽贬斥世间的腐儒，认为他们空谈不讲实用，此外又指出当今做学问有五种弊端："谈论经书的学者往往偏于研究经传和经注；崇尚经世济人的学者多去钻研政治权谋，精于算计；钻研古学问的人只为了博学探奇，并不考虑实用；读史学的人则是事事都要据史，以史证今；喜爱文学的人则是沉溺于诗词歌赋，这些人都不明白大道的真谛，不晓得大道是怎么一回事。既然不知晓大道的真理，那么心中就没有一个坚定的信念主张，这样一来，心绪常常变来变去，出现很多偏差，无法走上追求真理的正道。"（《思辨录辑要》卷一）

至于什么是大道？那就是周公、孔子所提倡的道，也是天地自然存在的道，学者一生要学习的也正是这个道。一部《中庸》，就只说了一个"道"字；而一部《大学》，就只讲了一个"学"字。源于天地自然的东西，被称为"道"，而人修养自身则被称为"学"，将天人合为一体，把这两种东西贯通起来，就称作"道学"。所以说"由道生出了天地，由天地产生了人，如果没有这个道，那么天地就无法成为天地，人就无法念及天地，不能从天地产生人。因此，君子立志弘扬道的精神，不能不竭尽全力钻研道与学。这个道存在于天地之间，本来是看不见的，但是学道的人专注执着，所以能够看得见。'鸢飞戾天，鱼跃于渊'，意思是说，老鹰飞到天上，鱼跳出深潭，万物各得其所。那么能够把天地万物，都安排得明明白白，全都井然有序，毫无缺失漏洞，只有道能够成就"。（《思辨录辑要》卷一）

这样也就是说，人和各种事物之所以能产生，原本是因为天人合一的结果，一个人能参透并赞美天地孕化的道理，能够全然接受，也能全然放手，这样才可以成为圣人。把道研究到极致，一生追求接近圣人的境界，这才是学道者的精神。陆世仪所追求的道，是儒家正统的一派，他坚持认为圣人是从天地正气而生，这正是继承了程朱的性理之说。

此外，陆世仪的学问中还有重要的一点，就是他认为在道之外没有学问，在道学以外也没有圣人，所谓的圣人，就是由天地合一产生的，是道的具象化体现。因此，凡是立志读圣贤书的人，就是学者；凡是立志做圣贤的事，就是学问。陆世仪将《大学》《中庸》列为学者的入门书籍，这里面包含着道学的精神，是道学思想的依托载体。做学问的基础，应该根植于《大学》《中庸》之中。这两篇文章态度恭敬，崇尚道学，以格物、致知、诚意、正心、修身、齐家、治国、平天下作为研究学问的过程，也可以为国家造就有用人才。

陆世仪的学术注重实学，这一点在清代的程朱学派中尤为突出，也使他出人头地，成为颇有名望的大学者。他曾说：

近代这些讲学的人，大多模仿晋代人的清谈风气，其实清谈对处理事务没有好处，只有害处。孔子所言，每一句都要落在实处，用实用的言语教导人。孔子曾说："君子应该少说话，做事的时候要机敏灵巧。"又说："做事的时候要机敏灵活，说话的时候要谨慎小心。"孔子还说："君子不说空话，凡事先去做，把想说的事情做出来，等做完之后再说出来。"又说："君子以说得多做得少为耻辱。"这些话都是告诫世人，不要言过其实。明代正德、嘉靖年间，道学盛行天下；到了隆庆、万历年间，道学愈演愈盛，在短短的时间内，几乎全天下的人都开始追随跟风，但多数都是夸夸其谈，把口舌争辩看作时尚，道学的内涵反倒被埋没了。（《思辨录辑要》卷一）

陆世仪研究、论述道学的根本，始终主张"居敬穷理"四个字，并且把这四个字当作修养圣人的第一根基，是做学问的基本功夫。他认为道学"从头到尾，彻彻底底的本源，就只在于这四个字"。又说"保持谨慎恭敬的态度是学道的基本信念，而探究天地事物的道理，则是学问进阶的门路。程子也说：一个人修养内涵需要恭敬的态度，而学习进步则在于探求事物的道理"（《思辨录辑要》卷二）。陆世仪的这一观点与程朱的思想没有什么差别。

陆世仪的学问，总体来说没有创新之处，但是他提出"道生出天地，天地产生人，人要配合天地，才能让道的本质体现出来"，这四句话遵从了周敦颐《太极图说》的主要思想；而他的《理气妙合论》，又打破了罗整庵提出的"道一元说"，因此陆世仪在研究、考证理气的属性等方面，见解和成果引人关注，值得重视。

他先从太极的概念入手，"太极"这两个字，原本出自《周易·系辞》，他的论述只不过是陈述一下孔子的旧观点。而他主张天地原本是"静"的，以此证明人的天性本来也是"静"的，由于后天染上了"欲"，才变得无静，因此要通过"除欲"，达到"静"的境界，这种"主静立人极"的见解，原本是周敦颐的独创思想，周敦颐《太极图说》全篇的主要观点，都蕴含在"主静立人极"之中。

因此读周敦颐的这本书，如果只注重谈论太极，不考虑研究人极，那么周敦颐的主要思想和意旨，就全都没有抓住。所以陆世仪也说："不知道太极的道理，则不明白天地自然，不知道人极的道理，则不明白怎样入世做人，这就是所谓的不诚无物，也就是说，一个人如果不真诚，做什么事都无法成功。"（《思辨录辑要后集》卷四）

陆世仪将太极和人极合成一体，认为这二者不可分离割裂，这与《中庸》中所说的"驾驭、驱使本性的道，是片刻不可离开、去除的，凡是那些可以去除的束缚，都不能称为道"，意思基本相同。正所谓离开了天道，就没有人道，离开了人道，谈论天道也没有意义。因此，陆世仪用天人浑然一体的理论，探讨、研究周敦颐的《太极图说》，说的也正是同一个原理。在这一点上，陆世仪也受到刘念台提出的"人极图说"和"动静说"的一些影响。陆世仪坚持认为要以"主静"二字，立人极的根本，同时也以儒家的中正仁义思想，作为"主静"的落实基础，这些理论总称为"圣人的尽性工夫"。

用儒家的中正仁义思想主静，周敦颐已经著书立说，讲论了很多周详的理论。然而他解释、分析主静的概念时，自己又在下面作了注释，说是因无欲，所以才能做到静。无欲的意思，是指没有人欲；去除人欲，去除人欲，则是合乎天理产生的纯然本性。周敦颐以天理作为静的基础和前提，认为人欲是产生变化的原因和根由。主静的意思，就是坚守天理的原则；只要坚守天理，那么静的永远都是静，不会发生变化，那么动也即是静，只要是不改变，就符合静的状态。这样一来，就不会刻意追求静，过度强调静，主静的弊端也就不存在了。（《思辨录辑要后集》卷四）

儒家思想的中正仁义，就是圣人之道，在中正仁义以外，没有所谓的主静，脱离中正仁义讲主静，就不是真正的主静。这就如同在五行之外，不存在别的阴阳，因为五行融合了阴阳，阴阳即是太极，这些都是一个道理。

在陆世仪的"理气"论说中，他认为理和气二者不可分离。这样的观念，古代先儒们从来没有提及过，只有朱熹曾经说："一定要先有理，然后才出现气；而既然已经出现了气，从气中就能见到理。"谈到万物产生有同一个源头，陆世仪认为，那是由于"理相同，但是气不同"；谈到万物形态各异，他又说那是因为"万物的气相似，但内理并不相同"，他所说的这四句话确实是真知灼见，凡是研究"理气"的学者，都应该将他的这些理论作为标杆。因此说:"学者应该揣摩这四句话中相互错综的关系,探求其中的深意,反复研究,让心中的概念贯畅通透,不留下一丝一毫的疑惑,然后就能明白理气的真谛。这样一来,学者对于天地万物性理命数的概念,都能了如指掌,研究起来也毫无隔膜。"

陆世仪又对罗整庵的观点发表看法,罗整庵认为:"周敦颐提出无极的真谛,在于阴阳两极和五行之间相互交感,奇妙结合而孕育出万物。"针对这三句话,陆世仪以为:"世间万物,必须先有两个,然后才有所谓的合而为一,太极阴阳,确实是两件东西合而为一的,但是阴阳两极在没有合在一起之前,它们各自存在什么地方?"他提出这样的疑问,接着进行论述,举例如下文:

罗整庵谈论理气,他的一些见解浅陋。他认为气就是理,那么如果气中存在理的话,那就不是气,而是理。既然不是气而是理,那怎么才能知道气和理不是两种东西呢?(《思辨录辑要后集》卷一)

他又说:

罗整庵认为气集就是阐明"集"的道理,是集理的称呼,而气散就是说明"散"的道理,是散理的称呼。但是集和散本身,才是所谓的"理"。他从集和散的表面来探寻理,并不晓得为什么产生集和散的道理,所以罗整庵的理论跟程朱思想对比,很多地方并不相符合。(《思辨录辑要后集》卷一)

陆世仪认为罗整庵所谓的理气,已经偏于物质形态,并不能真正体会到理气一元的浑然融合的道理,这种道理正是彰显天地之间各种奇妙变化的"理"。因而周敦颐的哲学,绝不是理气二元论,而罗整庵的哲学理念达不到这个水平和境界，仍然在理气二者之间徘徊疑虑，无法将二者统一。

其次，陆世仪的性说理论也有特色。他认为所谓的性，就是指事物的气和质，然而一个人的自然本性，却不能被称作"性"。后世的很多儒者文人都以孟子的人性本善说作为评价性的基本理论，认为人拥有的自然本性是浑然至善的，十分纯粹，没有一点杂质，不会产生各种恶念、恶性。但是这样的观点是不正确的。所谓的性，并不是儒者说的这种人的自然本性，而孟子所说的性善，也不是这种意思。孟子的理论是针对天命而言的，他说的意思是天命本善，不是人性本善。天命在最初混沌未开的时候，还没有形成一个人形和气息，因此天命本善的理论是可以成立的。此后朱熹想要挖掘至善的本源依据，所以他也说人性本善，但朱熹在讨论"继之者善也，成之者性也"的区别时，阐释得并不清楚。而程颐和朱熹讨论性的特征时，他们都认为性有两种，一种是人的天然本性，另一种是人的形体和气息。他们认为孟子所说的人性本善，指的就是人的天然本性，他们的理论一提出来，后世的儒者们全都随声附和。

事实上，孟子所说的人性本善，是指《中庸》当中的"天命之谓性"，说的是这里面的性，也就是天命。如果只从天命来说，人还没形成身体和气息之前，的确是善的。但是孟子又说"人没有不善"的，这句话是针对人出生以后说的，也就是说，即便是卑下、愚蠢、污浊、邪恶的人和事，也都包含有善的潜在根芽。所以孟子谈论善，只从人的四端发表意见，所有的关键点都落在四端上。端就是根端的意思，是人的本源和出发点，只要端是存在的，人就会知道仁义礼智，因为人人有这四端，那么理论上人人都有善的本性。具体说来，是指人人都有行善为善的潜能和资质，有成为好人的可能性。但这不并是说人性本来浑然天成，是至善的，没有一点恶。但是后世的儒者却是这样解释，说人性本善，人性天然是没有恶的，并且用佛教所谓的"真性情"来阐发人性本善。

因此，理解"性"的关键点在于，性必然指的是人出生之后拥有了身体和气息，由此而产生"性"的称呼。关于这一点，周敦颐的说法最妥当、确切，他是这样说的：

世上只有人类得到天地阴阳的精妙之理，所以也充满了灵秀气息，人的身体一出生之后，精神和灵魂智力就开始萌发。也就是说，身体是一种质，而精神、灵魂是一种气，身体和灵魂都产生之后，人的喜、怒、欲、惧、忧也就都出现了，称作五性足备俱全。所以，人要先有气和质，然后才产生五性。人的气息和形体如果没形成，就不会产生性，空谈这个"性"也就没有意义，只要一谈论性，就一定意味着已经存在人的形体和气息。（《思辨录辑要后集》卷四）

这种思想理论是有根据的，在《易经》的"一阴一阳"已经进行了区分，历代儒者宣扬孟子的性善论，也有从天命混沌之初的"继之者善"作为立论观点，强调"人从天道的变化中得到了善"，但都没有将"成之者性"解释到点子上，不清楚"人性使善得到显现和完成"的道理。陆世仪则认为，在"成之者性"形成以前，不应该提出"性"的概念和称呼，既然说"成之者性"，那么就是说性应该附属在人的气和质上，也就是先有人的形体和气息，形成了"人"，然后才产生"性"。

陆世仪又称赞周敦颐说：

历代有那么多儒者讨论性的概念和意义，都不如周敦颐说得明白清楚，他的理论研究也最精深完备。《通书》第一章中说："所谓的诚，就是圣人的本质，乾的根源是纯阳，万事万物从它生发出来，这也是诚产生的本源之地。乾道一经发生变化，万物的性与命都跟着归正，诚也同样随着正道建立起来，成为纯粹无瑕的至善之道。"因此可以说："一阴一阳就是道，人从天道的变化中得到了善，人性的产生又使善得以显现和完成。元亨与诚是相通的，利贞与诚是相合的，元亨、利贞是仁义礼智，是亨通祥和，这都是诚的体现。《易经》的确是伟大的，能够揭示出人性和天命的本源。仅仅在元亨、利贞上面，就能看出人继承天道的善，又在人性中把善表现出来，而这些道理都在一个诚字中，这的确就是道所体现的真理。世上只有圣人能明白并且实践这一真理，因此说，诚是圣人的本质。"（《思辨录辑要后集》卷四）

陆世仪认为，只有人产生了气和质之后，才可以讨论称呼"性"，如果研究善和恶的本质区别，就要看一个人的诚与德是如何展现的，产生了什么样的结果。因此他很赞赏周敦颐提出的"性就是体现在刚柔善恶中，仅此而已"，在这句话中，陆世仪高度评价"仅此而已"四个字，说它完全概括了其中的含义，不用再多说一句无用的话。历代讨论"性"的学者们，没有谁提出的理论比这句话更简明扼要。后世的儒者很少有推崇周敦颐这句话的，是因为大家都以为这句话是专门论述人的气和质，却不知道在气和质以外，最初并没有所谓的性。二程、张载、朱熹等大儒谈论性，用了千言万语，其实都比不上周敦颐的这句话。

陆世仪得出的结论，是用气质一元论来补充周敦颐的学说，同时又有自己提出的性论观点。陆世仪一直坚持理气一元论，对于性的解释也从一元论开始阐发。可以说，陆世仪由始至终都在贯彻一元论的学说。

———— · 注 释 · ————

1. 罗整庵：即罗钦顺（1465—1547年），字允升，号整庵，明代著名哲学家，气学的代表人物之一。

2. 参伍错综：指交互错杂。出自《周易·系辞上》："参伍以变，错综其数。"

3. 继之者善也，成之者性也：语出《周易·系辞上》。意思是：人从天道的变化中得到了善，人性使善得到显现和完成。

4. 伊川：指宋代理学家程颐，别号伊川先生。

5.《通书》：即《周子通书》，宋代理学大儒周敦颐所著。《通书》是一部分类排列的简明百科全书，提供人们日常生活中所需要的知识技能，内容无所不包。

第三节　陆陇其

一、略传及著书

陆陇其，字稼书，浙江平湖人，生于明崇祯三年（纪元一六三〇）。唐名相陆贽之后也。康熙九年，进士及第，年四十一，授江苏嘉定县令，专以德化人，治行称天下第一。后为直隶灵寿县令，与诸生讲论，著《松阳讲义》十二卷。为说百八十章，随时举示，非逐节讲解。时黄宗羲之学，盛行于西方；陇其不以为然，再三致意此编，以启导后学。在任八年，民风士习，皆大改善。后征入京，补四川道监察御史；在职一年，知无不言；以争纳捐事，触政府忌，引疾归。未几，致仕，屏居于华亭之泖口，大振风教，益以明道觉世为己任。偶犯病，遂不起，年六十三（康熙三十一年）（纪元一六九二）。圣祖深悼惜之，曰："本朝如此之人，更不多得。"陆氏资性笃厚，有古人风，言清行超，人格高尚，故到处能改进风教。乾隆二年，赐谥清献。时人称为当湖先生。三鱼堂，即其书斋名。著有《三鱼堂集》十二卷、《外集》六卷、《剩言》十二卷，以上收于全集中。此外《松阳讲义》十二卷、《四书讲义困勉录正续》

三十七卷、《问学录》四卷、《读朱随笔》四卷、《读礼志疑》六卷，均为重要之作。

—·译 文·—

陆陇其，字稼书，浙江平湖人，生于明崇祯三年（1630年）。他是唐代著名宰相陆贽的后人，康熙九年（1744年）考中进士，时年41岁。此后授官江苏嘉定县令，推崇以德行教化当地百姓，当时他治理地方政绩出众，被称为"治行天下第一"。后来陆陇其在直隶灵寿县任县令，与当时的文人学者讲论学术，并著有《松阳讲义》十二卷。他的理论学说共有180章，与人讨论的时候，非常随性自如，能够随时举出一段进行阐释，而不是分章逐节地进行讲解。

当时黄宗羲的学术在西部地区十分盛行，但陆陇其不以为然，他再三地讲论自己的著述，并用学术思想启发、教导后辈文人学子。陆陇其在任八年，当地的民风士习都有很大的改善。后来他被征入京城，并补任四川道监察御史。在任监察御史的一年内，他对政事知无不言，后来因为与人争论纳捐一事，触及朝廷的忌讳，只好称病卸任。过了没多久，便辞官回家乡，隐居在华亭的泖口。他在家乡当地振兴民风教化，并且推行儒家正道以规范世俗，让百姓受益。陆陇其一直以教化风俗为己任，后来偶然间患病，身体每况愈下，最后一病不起，于康熙三十一年（1692年）病逝，时年63岁。

圣祖康熙帝对他的逝世深感惋惜，说道："本朝像陆陇其这样的人才，真是不可多得啊。"陆陇其的天资性情执着敦厚，带有一种古人的风骨，他言语清正，道德行为超凡脱俗，人格更是高尚，因而到任何地方都能促进当地风俗教化的改善。乾隆二年（1737年），朝廷赐其谥号清献，当时人称他为当湖先生。陆陇其的书斋名为三鱼堂。他著有《三鱼堂集》十二卷、《外集》六卷、《剩言》十二卷，这些都收录在他的全集中。此外，他还著有《松阳讲义》十二卷、《四书讲义困勉录正续》三十七卷、《问学录》四卷、《读朱随笔》四卷、《读礼志疑》六卷，这些都是十分重要的著作。

二、学说

　　清初之诸名家，卒皆指摘王学末流之弊，以图刷新。然于程朱陆王，则又取兼摄主义。至稼书方粹然宗朱子弃余家，以明圣学根原振兴教化为事。其《学术辨》三篇，是为破阳明明程朱之道而作。谓世之儒者无操守，信源流不清之王学，以为与圣教大同小异。此种现象，若放任之，将真伪杂糅；圣教且不能维持。抑学问中本有"立教之弊"及"末学之弊"二种：源清流浊，末学之弊也；源浊流又浊者，立教之弊也。学程朱而滞于偏执，是末学之弊；若夫阳明之教，则其源已浊，徒咎末辈，复有何益？于是一转而辟王学之内容；盖阳明以禅之实而托于儒，其流害固不可胜言矣。吾人止一究其与禅相表里之处，则其心性之辨，一切自明。夫人之生也，气集成形；气之精英，集而成心；所以心是神明不测，变化无方；而具于是气之中之理，即性也。故程子曰："性者即理也。"邵子曰："心者，性之郭郭也。"朱子曰："灵所是心不是性。"是皆说心也者，性之所寓而非性也。性也者，寓于心而非即心也。但禅家则不然，以知觉为性，而以知觉之发动者为心。故彼所谓性，即吾儒之心；彼所谓心，即吾儒之意志。是故灭彝伦离仁义，诡怪张皇，自放于准绳之外，而不知此即是性，而误解之为心。以为知觉所生一切人伦庶物之理，皆因"我"为障累而然。至欲取此一切，尽举而弃之。而阳明毫不加察，采其学说，谓性无善无恶，盖指知觉为性而言；而言良知，言天理，言至善，莫非指性而言。阳明之言曰："释氏本来面目，即吾人所谓良知。"

又云："良知又即是天理。"又云："无善无恶，乃所谓至善。"其为说纵横变幻，不可究诘，而其大旨亦可睹矣。充其说则人伦庶物，于我何有，特以束缚于圣人之教，不敢肆然决裂也。彼又为之说云："良知苟存，自能酬酢万变，非若禅家之遗弃事物也。"其为说则然。然学者苟无格物穷理之功，而欲持此心之知觉以自试于万变，其所见为是者果是，而所见为非者果非乎？又况其心，本以为人伦庶物，初无与于我，不得已而应之；以不得已而应之心，而处夫未尝穷究之事，其不至于颠倒错谬者几希。其倡之者，虽不敢自居于禅，阴合而阳离；其继起者，则直以禅自任，不复有所忌惮；此阳明之学，所以为祸于天下也。（全集卷二《学术辨中》）

　　陆氏既推倒阳明，于是尽力研究程朱学而拥护之，且宣传程朱。以为此二人，是维持风教之伟人，确为圣门正学。朱子之穷理主敬，即孔子之多学而下问，故学问之要，必穷理与主敬，二面兼施；穷理而能居敬，方不流于玩物丧志；居敬而能穷理，方不堕于猖狂恣睢。是则程朱之问学工夫，要为最妥当者也。陆氏于学理方面，更有太极理气二论，虽本于周朱二子之《太极图说》；但其精密处，更有可观。

　　夫太极者，万物之总名也。在天则为命，在人则为性；在天则为元亨利贞，在人则为仁义礼智；以其有条而不紊，则谓之理；以其为人所共由，则谓之道；以其不偏不倚，无过不及，则谓之中；以其真实无妄，则谓之诚；以其纯粹而精，则谓之至善；以其至极而无以加，则谓之太极；名异而实同也。学者诚有志乎太极，惟于日用之间，时时存养，时时省察，不使一念之越乎理，不使一事之悖乎理，不使一言一动之逾乎理，斯太极存焉矣。（全集卷一）

　　"太极说"自周子，至于朱子，已臻精密；陆氏更取此理由具体的说明之，其中虽乏创见，然在太极思想之发展上，可供参考。至其理气说：则谓"明万殊之理气不难，而明一本之理气则难；一本之在人心易见，一本之在天地难知"。又以朱子之"理不离气，气不离理"，为"其分合不可疑也"；且谓"须先说有此理，则其先后无可疑；惟有此理，则理必有所会归，有此气，则气必有所统摄，天下未有无本而能变化无方者，未有无本而能流行不竭者；而理气之本，果安在耶？今夫盈于吾身之内者，皆气也；而运于其气之内者，理也"。（全集卷一《理气论》）其意谓理气之根源是一本，而其本则在于心；"心者，气之精英所集，而万理之原也"。故谓造物之理气，为散漫无所主宰，即是妄言；主宰之所在，即一本之所在。若夫为主宰者，则无思虑，无营为，能使百物自生，四时自序。理与气要为不可分，一而二，二而一，不离又不杂。朱子所谓"无无气之理，无无理之气"之言，最为的当。此即陆氏所主张。

陆氏为人为学，皆真实而稳健。其所言皆得程朱之粹；且充足朱说，以辟异归正，为自己之天职，终身不渝。守护一贯之程朱学施用于实地，且收极大之效果。

——·译 文·——

清初有很多儒学名家，他们都一直指出王阳明心学末流产生的弊端，希望能对王学末流有所纠正。但是他们对于程朱陆王的思想，往往又兼容并包，一直到陆陇其才纯粹地追随朱熹学术，而摒弃了其余各家思想。陆陇其以宣扬倡导儒学的根源思想为己任，并重视以儒学振兴民间教化。他著有《学术辨》三篇文章，都是为了破除王阳明思想，宣扬程朱理学而作。

陆陇其认为，世上的儒者缺少道德操守，专门崇尚来源不明、思想不纯粹的王学，认为王学思想与传统儒学大同小异。这样的现象如果放任自流，那么就会将真假儒学杂糅在一块，根本分不清楚，真正的儒学也难以维持主流地位，无法推广下去。陆陇其指出，学术研究中存在两种弊端，一种是"立教之弊"，还有一种是"末学之弊"，学术的根基源泉是正确的，但发展和流变出现了错误，这就是末学之弊；而学术的根基和流变都出现了问题，那就是立教之弊。学习程朱思想但是过于偏执，这是末学之弊；但是如果把王阳明的心学当作正统儒学，它的本源就是错误的，再从其中阐发各种思想，更是错上加错，那么学了又有什么用处？

陆陇其又剖析了王阳明思想的内容和本质，认为王阳明用佛教禅宗的理论附会儒家思想，这种学术思想产生之后，对儒者的害处是不言而喻的。只要深究一下王阳明心学与禅宗内外的相似之处，那么他所谓的心性之辨，一切本质特征都可以揭露出来。

一个人出生的时候，因为阴阳之气的汇集孕化而形成身体，人体阴阳之气的精华聚集成人心，所以人心变化无常，是连神明都难以测度的。而在人体阴阳之气中包含着理，也就是人性，所以二程说："人性就是理。"邵雍也说："所谓的人心，就是人性的外形。"朱熹说："人的灵魂蕴含在心中，而不是在人性中。"都是说所谓的人心，其中包含了人性，但人心并不等于人性。同理，人性隐藏在人心里，但人性不等同于人心。

佛教禅宗却不是这样认为的，禅宗把人的知觉当作人性，而发动知觉的器官就是人心，所以禅宗提出的人性，就是儒家理念的人心；禅宗所说的人心，是儒家理念中的意志力。因此王阳明心学破坏了正统儒家的五伦秩序，偏离了儒家思想的仁义道德。心学思想吊诡乖张，放任怪诞，完全不顾正统儒家的伦理准绳，并不清楚什么是人性，而误以为是人心。

佛教认为，人的知觉生出一切人伦万物的真理，这些事物都因为"自我"的缘故，成为阻碍人生发展的障碍和拖累。如果想要得到人生中的一切好处，就必须将"自我"的障碍彻底抛弃。王阳明对佛教思想没有经过仔细的研究和审察，轻易地采纳了禅宗学说，认为人性本来就没有善和恶的分别，他指的是由知觉产生的人性没有善恶。此后，王阳明谈论良知、天理、至善等理念，都是针对人性而言。王阳明说："佛教所说人的本来面目，其实就是人的良知。"他又说："人的良知就是天理。"又说："人性本来没有善恶之分，这就是所谓的人性至善。"王阳明心学理论东一句，西一句，变幻多端，根本没办法深究，从这些言论中也可以看出它的宗旨和基本思想。

再补充说明一下，王阳明心学认为，人伦万物与"自我"有什么相干？为什么偏偏要把自我束缚在儒家伦理教化的规则之中，而不敢轻易摆脱决裂？王阳明又提出言论说："人只要存在良知，就能自如应对世间万事万变，不必像佛教一样，非要抛弃红尘万物。"王阳明的心学理论就是这样的，但是难以应用于实践，如果一个儒者没有在格物穷理方面下过功夫，只想着用自我内心的知觉去尝试操控世间万事万变，那么他所体验的感觉如果好，就说这东西是好的，如果体验的感觉不好，就说这东西是不好的，但事实真是这样的吗？况且一个人心里认为，世间的人伦万物最初与我没有丝毫关系，我是不得已才应付这些东西，那么用不得已的心态去应对万事，从来不深究事情到底是怎么回事，这样的话，做事很容易不分对错，甚至颠倒是非，以这种心态去生活，很少有人能不犯错误。最早倡导心学的人，不敢公开说自己属于禅宗之流，表面上跟佛教保持距离，其实暗中早就融合了佛教思想。后世的心学继承者，则直截了当宣扬禅宗，认为心学融合了禅宗，再也没有丝毫的忌惮和顾虑。正是因为这样，王阳明心学对天下人的思想造成了巨大祸患。
（全集卷二《学术辨中》）

陆陇其想要推翻王阳明的心学思想，于是便竭尽全力研究程朱理学，并极力拥护、宣扬程朱的学术思想，认为程朱才是维持风俗教化的伟人，他们的学问确实是正统儒学思想。朱熹主张"穷理主敬"，探寻天理的极致，并对学习怀恭敬之心，正如孔子倡导的博学而不耻下问，因而钻研学问最重要的就是穷理和主敬，二者互相兼顾，缺一不可。一个人能够先穷理而后又有居敬的态度，才不会行为堕落，玩物丧志；一个人如果先有恭敬态度，然后再穷理，那么做人就不会猖狂放肆，任意妄为。因而程朱的治学工夫和方法，是最为妥当的。

陆陇其在学理方面，对太极和理气提出个人观点，他的思想虽然来源于周敦颐和朱熹两人的《太极图说》，但在具体观点上论述得非常周密翔实，值得研究一下。

所谓的太极，就是万事万物的总称。对于天而言，太极就是天命；对于人而言，太极就是人性。太极在天命中表现为元亨利贞，在人性中表现为仁义礼智。由于太极的规律有条不紊，生生不息，因而太极也可称为理。所有人都遵循太极的规则生活，所以太极又可称为道。太极不偏不倚，无过和不及，也就是中庸。太极真实没有虚妄，也就是至诚。太极精深纯粹，是至善。因为它是万物的极致，无可复加，所以叫作"太极"。这些名称虽然不同，但本质全都一致，学者心诚笃行，立志追寻太极的境界，那么唯有将太极的规则理念运用在日常生活当中，时刻修身养性，时刻省察自我，让自己的心思、意念没有一丝一毫逾越理，所做的每一件事都不悖逆理，所发出的一言一行、一举一动都不理违反理的原则，这样的话，太极就会一直保存下来。（全集卷一）

"太极说"由周敦颐提出，发展到朱熹思想，理论体系已经非常缜密、精深，陆陇其将太极产生的缘由详细地阐释出来，虽然其中的理论缺乏创见，但是在太极思想体系的发展脉络方面，他的一些观点可以供学者提供参考。

至于陆陇其的理气学说，则认为："阐明万种不同的理气，这并不困难，但想要解释理气的根本，就十分困难。因为理气的根本存在人心当中，人人拥有，十分常见，但理气的根本又无法测度，即便用天地规则也难以阐释明白。"

陆陇其又借鉴朱熹的"理离不开气，气离不开理"的观点，提出"理和气的分合是显而易见，毫无疑问的"，而且他又说"必须先认定某件事物有理的存在，先有了这个理，后面的事情就全都清楚了。因为某件事物有它存在的理，那么理的存在才有所依托，因为某件事物有它的气，那么气的存在也就可以统摄这件事物。天下的万事万物，如果没有根本作为依托，不可能产生变化多端的结果，如果没有根本作为基础，也不可能一直流传下去，永不枯竭。那么理气的根本，又在哪里呢？如今理气的根本就存在于我们的身体当中，通过人的气息展现出来，而驱使气发生作用的东西，就是理"。（全集卷一《理气论》）

他的意思是，理和气的根源本是一体的，它们的根本都在于人心。"人心，由天地阴阳的精华之气聚集而成，是万物之理的本源。"因此陆陇其批判说，有人认为天地造物的理气是散漫缺乏主宰的，这些说法都是虚妄的；理气的主宰，就是人心根本的所在。人心作为理气主宰，没有任何思虑，不需要经营作为，就能使万物自然生长，而四时也依照规律产生自己的秩序。在理和气的关系中，最重要的一点是二者不可分割，它们是一合二，二合一，不分离又不混杂的关系。朱熹认为"世上没有不包含气的理，也没有不包含理的气"，这一说法十分恰当，这也是陆陇其的主张。

陆陇其为人治学的特点，都是踏实而且稳健的。他的言论学说继承了程朱理论的精髓，并且他又对朱熹的学说进行补充，摒弃异端，使学术归于正途，并把这些当作自身的职责，终身坚守不变。他一生贯彻、维护程朱理学，并将学问应用到民风教化当中，获得了极大的效果。

1.周朱二子之《太极图说》：是宋代大儒周敦颐为《太极图》撰写的一篇说明，全文共249字。文中强调人与圣人在宇宙中的价值和作用，此文对后世影响很大。朱熹对《太极图说》极为推崇，并对此文进行整理、注释，做了个别修改。因此，本文中称《太极图说》为周敦颐、朱熹二人所著。

第二章 陆王学派

第一节 黄宗羲

一、略传及著书

　　长于顾炎武者四年，且后死于顾炎武者十四年，树立清初一大学统之人，即是黄宗羲。其学派不如顾炎武之扩大，然其所著《明儒学案》，当为中国学术史最初之作，其史学造诣之深，当与王船山相伯仲。其《易学象数论》六卷，与胡渭之《易图明辨》，互有发明，辨河洛方位图之非，颇多创说。而其《律吕新义》二卷，特开乐律研究之端绪。天算学为梅文鼎天算学之先导。其明敏之头脑，不逊于顾子。

　　宗羲字太冲，梨州及南雷，皆其号，越之余姚人，生于明神宗万历三十七年（纪元一六〇九）。父忠端公尊素，乃明室忠臣，为宦者魏忠贤所害，死于狱。梨州怀铁椎，欲报父仇，值逆阉已死，因手刺杀其父之狱卒，上书请诛逆臣，其气概凛烈如此。父遗命就学于刘蕺山，因奋起以扫越中之野狐学为能事。又体父"学者不可不通晓史事"之遗训，从有明《十三朝实录》起，上至"二十一史"，无所不研，更欲攻究九流百家之蕴奥，发家中藏书遍读之；不足，则出外游历，以补其缺，其博学勉励又如此。二弟宗炎、宗会亦有才学，彼教之使同成名。国亡时纠合志士御清兵，出入危难，九死一生。后奉母归里门，专心著述，教授子弟。康熙十七年，诏征为博学鸿儒，以年老固辞不出。圣祖乃命巡抚抄其所著关于史事者，送至京师，而召其养子百家，高弟万斯同使参订之。八十三岁，尚读书不废，常至午夜。康熙三十四年，以八十六岁之高龄殁。所著如上记诸书外，尚有《明儒学案》六十卷，全氏补足《宋元学案》百卷、《南雷集》二十卷、《文定》《文约》合四十卷、《明文海》四百八十二卷、《明史案》二百四十四卷，及其他数十种。

—— 译 文 ——

黄宗羲比顾炎武年长4岁，但比顾炎武晚去世14年，清代初期能够树立一大学统的人，便是黄宗羲。黄宗羲创立的学术流派不如顾炎武影响那么广大，但他的著作《明儒学案》，被称为历史上最早的中国学术史著作，他的史学造诣博大精深，与王夫之的史学影响不相伯仲。黄宗羲著有《易学象数论》六卷，与胡渭著的《易图明辨》，互为阐发明辨，尤其在辨析河洛方位图的错误方面，有很多真知灼见，富有开创性。此外，黄宗羲著的《律吕新义》二卷，是中国乐律研究的开端之作。他的天算学也成为梅文鼎天算学的先导。黄宗羲的头脑敏锐，在聪明才智方面不比顾炎武逊色。

黄宗羲，字太冲，号梨州、南雷，浙江余姚人，生于明神宗万历三十七年（1609年）。黄宗羲的父亲黄尊素，谥号忠端公，是明朝的忠臣，被宦官魏忠贤所害，死在监狱里。黄宗羲曾经在身上藏了一柄铁椎，想要为父亲报仇雪恨，而当时魏忠贤已死，于是他亲手刺杀了害死父亲的狱卒，然后上书请旨，要求诛杀朝中逆臣，由此可见他气概豪迈、慷慨凛烈的性情。

黄宗羲的父亲留下遗命，让他拜刘蕺山为师，用功读书，他奋发图强，立志扫除在家乡一带流传的各种歪理邪说，并以树立正统学术为己任。黄宗羲又坚守父亲所说"学者不能不通晓历史"的遗训，他从明代的《十三朝实录》开始攻读，一直上溯到"二十一史"，无所不读，悉心钻研，并且立志探究诸子百家各流派的学问奥秘。黄宗羲把家中所有的藏书全都读完之后，仍然不满足，因此外出四处游历，以补充所学知识的欠缺，由此可见他博学自勉、勤奋向上的精神。

黄宗羲有两个弟弟——黄宗炎和黄宗会，也都很有才学，黄宗羲教导两个弟弟读书学习，使他们都有博学的名声。明朝亡国时，黄宗羲聚集反清志士，一起抵御清兵，曾经身陷危难之中，几乎是九死一生。后来回到家乡奉养老母亲，专心著书立说，传授弟子学问。康熙十七年（1678年），朝廷博学鸿儒科诏征黄宗羲，他以年老作为理由，拒绝入朝为官。于是圣祖康熙帝命巡抚将黄宗羲所著的史学书籍抄录下来，再送到京城，又召来他的三儿子黄百家，还有他的得意门生万斯同，命他们对黄宗羲的史书进行参订、校对。

黄宗羲83岁时，仍然坚持每天读书，对学问从没荒废放弃过，常常读到午夜时分。康熙三十四年（1695年），黄宗羲逝世，时年高龄86岁。黄宗羲的著作，除了上面提到的几部之外，还有《明儒学案》六十卷，全祖望补足本《宋元学案》百卷、《南雷集》二十卷、《文定》《文约》合本四十卷、《明文海》四百八十二卷、《明史案》二百四十四卷，以及其他各类书数十种。

二、学说

宗羲是刘念台之高弟，念台以慎独二字为学的，梨洲亦修慎独之阳明学者。但其该博之知识，固不以阳明学自封。所著《明儒学案》一书，虽有人谓彼为护阳明学而作；但其史笔，决不偏于一方，长其所长，短其所短，客观态度，溢于全书。惟不慊于晚明阳明学者之流于口头禅，尤于越中周海门以后，学弊之深，多所不满，欲一洗此风，而复于阳明当年。故曰："明人讲学，语录之糟粕耳；不以六经为根柢，束书不读，而从事于游谈。学者当先穷经，然拘执经术，不足以经世，欲免为迂儒，必兼读史。"又曰："读书不多，则无以证理之变化，读书多而不求诸心，则又为俗学。"（《清史·黄宗羲传》）观其言，明明是不埋头于心即理说，而表示其兼取朱王之态度。故受其教者，不蹈讲学之流弊，亦不为障雾之妄言。万氏兄弟大史家，全氏祖望，质实之学者，皆出其门。其刚毅之风，足以破当时雷同附和于"心万殊说"之小儒。故曰：

盈天地，皆心也；变化不测，不能不万殊；心无本体，工夫所至，即其本体。故穷理者，穷此心之万殊，非穷万物之万殊也。是以古之君子，宁凿五丁之间道，而不假邯郸之野马。故其途亦不得不殊。奈何今之君子，必欲出于一途，使美厥灵根者，化为焦芽绝港。夫先儒之语录，人人不同，只是印我之心体，变动不居；若执定成局，终是受用不得。此无他，修德而后可讲学；今讲学而不修德，又何怪其举一而废百乎！（《明儒学案序》）

此痛切之言，学者当正襟领受者。盖举万物之万殊，归于一心，以心理之阐明及修德之工夫为先，而以讲学为后。此言虽为陆王之言，然以心为万殊，而欲实现自己之心之处乃属于伦理上之自我实现说，不外发挥自己之人格及自己之个性也。

---- · 译 文 · ----

黄宗羲是刘念台的得意门生，刘念台以"慎独"二字作为学习的根本目的，而黄宗羲也钻研王阳明的慎独学问。但由于黄宗羲学识渊博，所以并不以阳明学自我标榜。他著有《明儒学案》一书，虽然有人说他是为了维护阳明学说撰写此书，但他采用了客观的历史笔法，并不偏袒

某一方，赞许长处和优点，批判缺点和过失，全书流露出客观、公正的治学态度。黄宗羲唯独对晚明人人自称是阳明学者的现象表示不满，尤其是浙江周汝登以后，王阳明学说产生的流弊越来越多，他更加觉得深恶痛绝，想要扫荡清除这些不良风气，恢复王阳明心学最初的模样。

因此，黄宗羲提出："明代人讲学，说一些所谓圣人的语录，其实都是糟粕学说，根本不以儒家六经为根基，把经书束之高阁，无人去读，而是热衷到处游走，串讲清谈。作为一名学者，应当先研究儒家经书，但是如果只专注经术一门学问，又不足以经世致用，为了避免成为一个迂腐的儒者，必须要兼读历史。"他又说："一个人读书不多的话，就没有办法证实天理的各种变化，而读书虽多，却不用心体会，那也只是俗学而已。"（《清史·黄宗羲传》）

研究黄宗羲的学说，可以发现，他并不恪守主张"心即是理"的观点，而是兼取朱熹和王阳明两种学说，这样的态度十分明确。因而，凡是黄宗羲学派教出来的弟子，不会受晚明讲学流派的影响，也没有讲学之士的弊端，从不说一些模棱两可的虚妄之言。万氏兄弟（万斯同和万斯大），还有全祖望，都是纯正踏实的学者，这些人都是黄宗羲的门生弟子。由此可见，黄宗羲的学问有刚毅风骨，足以横扫当时那些传袭附和"心万殊说"的小儒生。黄宗羲指出：

能够充满天地的，就只有人心；人心变幻莫测，不可能没有差别；人的心中本来什么也没有，也就是心没有本体，但随着时间流逝，人在世上生存，慢慢就会让心的本体萌发出来。因此那些探求理的人，只研究人心是不一样的，却并没有探究万物是各不相同的。正因为如此，古时候的学者们宁可踏踏实实求学问，也不愿放任自如，肆意而为。所以儒者治学的途径也是不一样的，可惜如今的儒者们，非要寻求统一的途径，本来很有灵气、资质的人，也变成了死板腐儒。先儒圣人所说的话，每个人都不同，只要印证自己的内心所想，没有什么固定的形式。如果拘泥于某一定式，终究是派不上用场的。原因没有别的，只是儒者要先修养德行，然后才可以讲学，如今讲学的人都不修养德行，难怪这些人只标榜某一句语录，其他的学问全都废弃了！（《明儒学案序》）

黄宗羲所说句句痛切，学者儒生应当恭敬领受。他解释说，万物全都是不同的，所以人心也是不一样的。他用人心和天理的关系阐述必须要下功夫修养道德，然后才可以讲学。这样的言论虽然源自陆王学说，但他提出人心是不一样的，要实现的目标就在每个人的心里。这属于伦理学说中的自我实现理论，想要实现自我，无非是培养并发挥人格的优势，以及自我的个性。

三、政治哲学

清初学者，人人不慊于明学之空疏，而以提倡经世致用为主旨。宗羲尤因精研史学，熟于古今治乱兴亡之事迹，议论尤有根柢。不落于抽象之说，而独标具体的实际的论旨，使人读之，感一种痛快之趣味。所著《明夷待访录》，正如今世所谓"政治哲学"，以民利民福为主眼，以民本主义为政治之本质。其意君主本为人民而设，即上世之酋长；此酋长，而有蔑视民意，自图私利之行为，则非君主而为独夫；如此其君主之资格自当剥失，汤之放桀，武王之伐纣，其目的在为民，自是事理上当然之行动。盖以亿兆人之心为心，方可称为圣人，称为君主。是故伊古以来，因为君主之责任重大，而不欲自劳其身心者，有许由、务光；虽为君主，而让位于人者，有尧舜；初不欲为，而卒不得已而为之者，有大禹；可见三代以上之帝皇，皆不得已而为之。三代以后，则以天下为一姓之私产，视万民为己之臣妾，视土地为己之产业，立法之精神，全变为私法，绝无公法之内容。盖三代之时法尚存在，三代以后则法意全非矣。黄氏盖以孟子之王道，为政治本体；从社会学上之见地，应用史实，而与孟子王道以学理上之根据，树立其民本政治之哲学。彼以此理论为基础，而涉及一切之政治问题，如云以人民为主，则政治难行，当选举一人，依赖以行。此其见解，虽与现代民本主义，尚有消极积极之差，然于大体是以人民本位为主眼，与民主政治相似。近代初革命时，为鼓吹民本共和之精神起见，一般志士，曾密印此书数十万部，颁布全国，且大收其效果。（梁启超《清代学术概论》）《明夷待访录·原君》篇曰：

有生之初，人各自私也，人各自利也，天下有公利而莫或兴之，有公害而莫或除之。有人者出，不以一己之利为利，而使天下受其利；不以一己之害为害，而使天下释其害；此其人之勤劳，必千万于天下之人；夫以千万倍之勤劳，而己又不享其利，必非天下之人情所欲居也。故古之人君，量而不欲入者，许由、务光是也；入而又去之者，尧舜是也；初不欲入而不得去者，禹是也；岂古之人有所异哉！好逸恶劳，亦犹夫人之情也。后之为人君者不然，以为天下利害之权，皆出于我，我以天下之利，尽归于己，以天下之害，尽归于人，亦无不可。使天下之人，不敢自私，不敢自利，以我之大私，为天下之大公，始而惭焉，久则安焉，视天下为莫大之产业，传之子孙，享受无穷。汉高帝所谓某业所就，孰与仲多者，其逐利之情，不觉溢之于辞矣。此无他，古者以天下为主，君为客，凡君之所毕世而经营者，为天下也。今也不然，以君为主，天下为客，凡天下之无地而得安宁者，为君也。是以其未得之也，屠毒天下之肝脑，离散天下之子女，以博我一人之产业，曾不惨然！曰：我固为子孙创业也。其既得之也，敲剥天下之骨髓，离散天下之子女，以奉我一人之淫乐，视为当然，曰：此我产业之花息也。然则为天下之大害者，君而已矣。向使无君，人各得自私也，人各得自利也。呜呼！岂设君之道，固如是乎！古者天下之人，爱戴其君，比之如父，拟之如天，诚不为过也。今也天下之人，怨恶其君，视之如寇仇，名之为独夫，固其所也。而小儒规规焉以君臣之义，无所逃于天地之间，至桀纣之暴，犹谓汤武不当诛之；而妄传伯夷、叔齐无稽之事。使兆人万姓崩溃之血肉，曾不异夫腐鼠，岂天地之大，于兆人万姓之中，独私其一人一姓乎？是故武王圣人也，孟子之言，圣人之言也。后世之君，欲以如父如天之空名，禁人之窥伺者，皆不便于其言；至废孟子而不立，非导源于小儒乎？虽然，使后之为君者，果能保此产业，传之无穷，亦无怪乎其私之也；既以产业视之，人之欲得产业，谁不如我，密缄滕，固扃镐，一人之智力，不能胜天下欲得之者之众，远者数世，近者及身，其血肉之崩溃，在其子孙矣！昔人愿世世无生帝王家，而毅宗之语公主亦曰：若何生我家？痛哉斯言！回思创业时，其欲得天下之心，有不废然摧沮者乎？是故明乎为君之职分，则唐虞之世，人人能让，许由、务光非绝尘也。不明乎为君之职分，则市井之间，人人可欲，许由、务光所以旷后世而不闻也。然君之职分难明，以俄顷淫乐，不易无穷之悲，虽愚者亦明之矣！

以上取三代圣王为君之动机，与后世为君之动机，对照比论，痛斥后世之为私利。更进而断言其制定法律无何等之权威如下：

三代以上有法，三代以下无法。何以言之？二帝三王，知天下之不可无养也，为之授田以耕之；知天下之不可无衣也，为之授地以桑麻之；知天下之不可无教也，为之学校以兴之；为之婚姻之礼，以防其淫；为之卒乘之赋，以防其乱；此三代以上之法也。固未尝为一己而立也。后之人主，既得天下，惟恐其祚命之不长也，子孙之不能保有也。思患于未然，以为之法。然则其所谓法者，一家之法，而非天下之法也。……夫非法之法，前王不胜其利欲之私以创之，后王或不胜其利欲之私以坏之。坏之者，固足以害天下；其创之者，亦未始非害天下者也。乃必欲周旋于此胶彼漆之中，以博宪章之余名，此俗儒之剿说也。即论者谓天下之治乱，不系于法之存亡。夫古今之变，至秦而一尽，至元而又一尽，经此二尽之后，古圣王之所恻隐爱人而经营者，荡然无具。苟非为之远思深览，一一通变，以复井田、封建、学校、卒乘之旧，虽小小更革，生民之戚戚，终无已时也。即论者谓有治人无治法，吾以为有治法而后有治人。（下略）（《原法》篇）

彼之政治理想，全在三代之民本精神，故以孟子之王道为根据，专以民利为主眼，而树立其政策。

译 文

清初的学者们，人人都对明代心学的空疏流弊表示不满，也都提倡经世致用的学问，并以此作为治学的宗旨。黄宗羲也是如此，由于他精通史学，对古今治乱和朝代兴衰的历史事件十分熟悉，所以他谈论起治学中的经世致用方法，根基显得更加深厚，有的放矢，并不是抽象地研究探讨一些概念问题。在清初众多学者中，唯独黄宗羲标榜史学实践的宗旨，读他的学术文章，让人有一种畅快淋漓的感觉。他的文章生动有趣，回味无穷，他著的《明夷待访录》一书，里面的观点跟如今世人所说的"政治哲学"非常相似，提倡民生福利，以民本主义思想作为政治的根本。

书中提出，帝王君主本来就是为国家百姓所设立的，上古时期称之为酋长。当时的酋长如果不体察民情，忽视老百姓的意愿，只为了图谋自己的利益，如此自私自利的话，就不配成为君主，而是一名独裁者。这样一来，他的君主资格就理所当然要被剥夺。古代时商汤将夏桀流放，周武王讨伐商纣王，目的都是为了维护百姓的利益，为百姓谋求福利，这是理所当然的事情。一个人只有心怀天下苍生，以亿万百姓的意愿为念，他才能称为圣人，才可以做百姓的君主。

自古以来，君主担负着重大的责任，有一些圣人不堪劳心劳力，因而不愿意当君主，比如许由、务光这些人。有些圣人虽然已经是君主，但还是要把君主之位禅让给其他人，比如尧和舜。还有的人最开始不想当君主，后来迫不得已当了君主，比如大禹。由此可见，上古三代的君主都是不得已而成为统治者。而上古三代之后，天下就成为一个人的私有财产，君主把万民视为自己的臣妾，把天下领土看成是自己的产业，立法精神丧失殆尽，全都变成了一个人的法律，公共法制的内容不复存在。也就是说，上古三代的时候，通行的法律还存在，到了三代以后，法律变得面目全非，名存实亡。

黄宗羲的思想以孟子提出的"王道"作为政治哲学的本体，他从社会学入手发表见解，并将历史事件的分析应用其中，与孟子"王道"思想相契合，找到学术理论上的依据，从而树立起民本主义政治哲学的观念。

黄宗羲以这些理论作为研究基础，研究范围涉及一切与政治有关的问题。比如他认为，如果以百姓为国家主人的话，一些政治制度很难顺利推行，所以应当选举一个人作为国家领袖，依照民主政治的原则开展民主政治活动。黄宗羲的这种见解和政治思想十分进步，虽然与现代民本主义相比，还存在着一些差别，这些差别客观上来说，有积极方面的，也有消极方面的。但是从总体而言，他的思想以民本主义作为着眼点，已经与近代的民主政治非常相似。

近代革命刚产生的时候，革命志士为了宣扬民主共和的政治精神，曾经秘密刊印黄宗羲的《明夷待访录》，刊印数量多达几十万部，然后发行到全国，对于宣扬民主政治的影响很大，效果十分明显。(梁启超《清代学术概论》)

《明夷待访录·原君》篇认为：

从人类社会的开始，人就是自私的，而且也是为自己谋利的。社会上有一些事情对公众有利，却没有人愿意兴办它，那些对公众有害的事情，也没有人愿意出面清除它。如果有这样一个人站出来，他不以一己之私的利益为重，而是做事情让天下人得到好处；他不在乎自己一个人受到什么样的祸患，却能让天下人免受祸患。那么这个人付出的勤苦辛劳，必定是天下人所付出的千万倍。以千万倍的勤苦辛劳去做事，而自己却又不能享受利益，这样的事情，必定是违背人情常理的，没有人心甘情愿去做。所以古时候的圣贤，他们经过考虑之后，而不愿担任君主的，有许由、务光等人；继位之后而又禅让离位的，有尧、舜等人；最开始不愿意做君主，而最终迫不得已在位的，就是大禹。难道说古代圣贤与后世的人有什么不同吗？其实他们也是喜好安逸，不喜欢劳苦受累，跟普通人是一样的。

但是后代做君主的人却不是这么考虑的，他们认为天下的大权都握在自己手中，将天下的好处利益都归给自己，然后将所有的祸患都归于别人，这样做也没有什么不可以的。他让天下的百姓不敢自私，也不敢自利，却将自己的私利之心当作天下的公共利益。最开始的时候，他可能还觉得有点惭愧，但是时间久了，也就心安理得了。后世君主把天下都看作他私人的庞大产业，想着把产业传给他的子孙，享受万代、无穷无尽的荣华富贵。正如汉高祖的攀比炫耀之心，问人道，如今我的产业，与我二哥相比，究竟谁的更多呢？他追逐利益的心情，不知不觉已流露在言辞当中。

这没有其他的原因，只是上古时候将天下百姓看成主人，将君主看作客人，凡是君主一生一世经营劳碌的事，都是为了天下人。而如今的观念是，将君主看作主人，将天下百姓看作客人，天下没有一块地方可以得享安宁，因为天下都是为了君主而存在。所以当君主还没完全拥有天下时，他想尽办法让天下百姓为他肝脑涂地，妻离子散，就为了增加自己一个人的产业，而且并不觉得这种状况很凄惨，还说："我本来就是为子孙创业呀。"当他得到天下之后，就开始敲诈、剥夺天下百姓，抽血夺髓，让天下人子女离散，以供奉他自己一人的荒淫享乐，而且把这视作理所当然，又说："这些都是我的产业该有的利息呀。"既然这样，天下最大的祸害，就是君主一个人而已！假如没有君主，百姓都能得到自己的东西，也都能维护自己的利益。唉，难道设立君主的道理原本就是这样的吗？

　　上古时候天下人都爱戴他们的君主，把他比作父亲，拟作青天，的确也不算过分。如今天下的百姓都怨恨他们的君主，把他看成仇敌一样，称他为"独裁者"，这本来也是他应该得到的结果。但那些思想狭隘的小儒死守旧义，认为君臣之间的关系是天经地义的，不能摆脱忠君的大义，即便像夏桀、商纣那样残暴的君主，商汤和周武王也不应该杀他们。小儒们编造了伯夷、叔齐的故事，根本都是无从查考的事。他们为了表现忠君思想，竟把千千万万百姓的死，看成与老鼠的死没有什么区别。难道天地这样广阔，在千千万万万的百姓之中，儒者就只偏爱忠诚于君主一人一姓吗？所以说，周武王就是圣人，而孟子谈论"王道"的话，也是圣人的言论。后代那些君主想要巩固君权，还有如同父亲或老天爷一样的虚名帝位，防止别人觊觎他的位子，他们认为孟子的话对自己不利，一心要废除孟子配祀儒庙的地位，这难道不是源于小儒的狭隘思想吗？

　　虽是这样，如果后代做君主的，真能保住他的天下产业，把它永远延传下去，这也不必责怪他将天下当作私有物品了。既然将天下看作私人产业，那么别人想掠夺产业的念头，也跟他自己想保住产业是一样的。于是君主用绳子捆紧，用锁头加固，想尽一切办法守住君位。但是一个人的智力和力量，无法战胜天下想要得到王位的那些人。远的传不过几代，近的就在当朝，这些君主就遭受被夺位的大难，血肉杀戮，权位崩溃，也都应在他的子孙身上。过去有帝王曾许愿，希望以后世世代代都不要投生到帝王家中，而明毅宗也对公主说："你为什么要生在我家呢！"这话听着真让人感觉痛惜。回想他们祖上创业之时，志在占据天下，雄心勃勃，如今再想起这些，哪能不让人垂头沮丧呢？因此，明白了做君主的职责，那么在唐尧、虞舜的时代，人人都能推让君位，连许由、务光也并非超尘绝俗的人。如果不明白做君主的职责，那么就连市井小民，也人人都想得到君位，许由、务光这样的人，从此就绝迹于世，再也听不到有这类人。虽然君主的职责难以解释清楚，但为了图一时的荒淫享乐，换来无穷无尽的悲哀，这是不值得的，即使是最愚蠢的人，也能明白这其中的道理。

以上内容主要指出，上古三代的圣人做君主的动机目的是为了百姓，而后世人做君主的动机目的是为了利己。黄宗羲将二者进行比较，痛斥后世的君主为一己之私，图谋个人的利益。他进一步断言，后世君主所制定的法律规则已经不具有权威性：

上古三代有法度，但三代以后毫无法度而言。为什么要这样说呢？三皇二帝都知道天下的百姓都要养家糊口，所以他们把土地交给百姓耕种；他们也知道天下百姓不能没有衣服穿，所以把土地分给百姓，让大家种植桑麻；又知道天下百姓不能不教化，所以设立学校，让百姓受教育。此外，他们还订立了婚姻制度和礼法，这样就可以防止百姓中间发生淫乱的事情。还制定了兵役徭役赋税制度，这样可以防止发生动乱。这些都是上古三代的法度，非常明显，法度不是为了君主的一己之私设立的。但是后世的君王却不是这样，他们得到天下之后，唯恐自己的帝王地位不能长久，而且担心自己的子孙后代保不住帝位。为了这些事情，帝王考虑来考虑去，最后制定了国家法律。但是他们制定的所谓法律，只是对君主一家一姓有利的法律，而不是考虑百姓利益，为天下谋福利的法律。……那些不算是法的法律，前代一个君主为了满足自己的私欲创立出来，后代的君主可能又因为这样的法律无法满足自己的私欲，所以把前代君主的法律推翻。摧毁前代君主的法律，当然对天下百姓是有害的，但前代君主所设立的法律，未尝就是好的，也可能祸害了天下百姓。如果为了博取"遵从祖宗法度"的美名，一味坚守前代君主的法律，这就是墨守成规，生搬硬套，是迂腐儒生的做法。有人说天下的治乱存亡，并不在乎是否有法度，说到古今朝代的更替，到秦代算一个总结，到了元代又算是一个总结。经过这两次大变迁，古代圣贤明君提倡的恻隐爱人的伦理道德，在后世君主身上已经荡然无存。如果对国家政治不深思远虑，逐一变革，重新恢复井田制度、分封制度，建立传统的学校和军队管理制度，那么国家哪怕出现一点小小的动荡，也会使百姓心惊胆战，终日不得安宁。有人提出政治就是管理百姓，不用理会法律，我却认为，国家要先有法治，然后才能有效地管理百姓。（下略）（《原法》篇）

黄宗羲的政治理想，基本上全都源自上古三代的民本精神，同时以孟子的"王道"理论作为主要依据，是以谋求百姓福利为主旨，由此提出一系列的政治观点。

四、结论

宗羲大才，于经学、史学、天算、乐律，无所不通。为国仇亲恨，屡罹危险，又是极富情感之人。国亡后，养母教弟，亦孝友可风。且亡国之痛，终身不忘，以所著《明夷待访录》，传其心事。此书晚清时，忽与公羊学派诸子之思想，无端相合。引起"革命""排满"之大风潮，虽曰时运使然，宗羲一人正气之感召，关系实重大也。

—— · 译 文 · ——

黄宗羲的广博才学，在于他对经学、史学、天文、算学、音律等无不精通。他曾经为父报仇，为血国耻，屡次以身犯险，出生入死，可见他是一个感情极丰富的人。明朝灭亡之后，黄宗羲在家奉养母亲，教导弟弟，是个孝顺友悌的人。而且他终身不忘亡国之痛，因而著《明夷待访录》一书，以表达他的追思心情。这部著作流传到晚清时期，在机缘巧合之下，与公羊学派诸位学者的思想不谋而合，因而引发了"革命""排满"的社会风潮。虽然说这些风潮是时代发展的必然结果，但也是受到黄宗羲一身正气的感召，与他的思想传播关系重大。

—— · 注 释 · ——

1. 胡渭（1633—1714 年）：字胐明，号东樵，浙江德清人。清代经学家、地理学家，撰有《易图明辨》，考定宋儒所谓的"河图""洛书"的错误。

2. 梅文鼎（1633—1721 年）：字定九，号勿庵，安徽省宣州人。

清初天文学家、数学家，被誉为清代"历算第一名家"和"开山之祖"。

3.刘蕺山：即刘宗周（1578—1645年），字起东，别号念台，浙江绍兴人。明朝最后一位儒学大师，也是明代心学的殿军。因讲学于山阴蕺山，被尊称为蕺山先生。他开创蕺山学派，在中国思想史上影响巨大。清初大儒黄宗羲、陈确、张履祥等都是这一学派的传人。

4.五丁间道：五丁，指五个力士。在古蜀国开明王朝时，负担劳役的劳动人民被称为五丁或五丁力士。后来传说为五个力士。《艺文类聚》卷七引汉扬雄《蜀王本纪》："天为蜀王生五丁力士，能献山，秦王（秦惠王）献美女与蜀王，蜀王遣五丁迎女。见一大蛇入山穴中，五丁并引蛇，山崩，秦五女皆上山，化为石。"

5.邯郸野马：意指自由任性，不受羁束，放纵而为。

6.焦芽绝港：焦芽，枯焦的幼芽，佛教用语，比喻为不堪造就的人。绝港，比喻错误的途径无法到达目的地。出自元·贡师泰《玩斋集·送宗人贡仲归丹阳序》："虽日谆谆以求其合，必如断潢绝港，其何由达其流而究其源哉！"

7.许由、务光：古代著名贤者隐士，传说尧禅位给许由，许由认为这是对他的一种羞辱，坚决不接受，去颍水河洗他的耳朵。商汤传位给务光，务光不肯接受，而且感觉非常羞耻，负石沉水而死。《庄子·外物》："尧与许由天下，许由逃之。汤与务光，务光怒之。"

第三章　朱王折中派

第一节　孙夏峰

一、略传及著书

　　凡是两学派互相对立，必有第三之折中派，出而调和之。清初宋明理学，既已衰颓，王学末流，尤为学者所弃。顾炎武以笃实之程朱学，矫正王学；黄宗羲则提倡真正之王学，排斥末流之狂禅。然顾黄二人，虽于理学有渊源，实不以理学名，而为清代朴学开宗之巨儒。若夫专以理学著称者，程朱派有二陆，王学则无其人，折中于朱王二派者，前有孙奇逢、李颙，后有曾国藩。诸人皆有气节，人格为一世仪表，天下士风，为之敦厚，称为命世大儒，亦不为过。著作虽缺少新说，然句句精纯，俱是人格之表现。

　　孙奇逢，字启泰，号夏峰，又号钟元，直隶容城人。生于明神宗万历十二年（纪元一五八四），殁于清圣祖康熙十四年（纪元一六七五），年九十二岁。其一生活动，属于明朝之时多；故黄宗羲收之于《明儒学案》中。但其教化，则多传于清初学子，故普通又多叙于《清史》中。

　　奇逢事父母至孝，有气节。崇祯九年，流贼围容城，自示方略，与士民协力，卒将贼击退。清圣祖闻其贤名，屡征之，不应，天下称为孙徵君。后移家于卫之共城；辟兼山堂，讲《易》其间；率子孙躬耕，箪瓢屡空，晏然自若。晚年，讲学于夏峰，学者宗之。尝言曰："七十岁的工夫，较六十岁密；八十岁的工夫，较七十岁密；九十岁的工夫，较八十岁密"云；可见其涵养之深，与体道之精也。著有《理学宗传》二十六卷《四书近指》二十卷《理学传心纂要》八卷《读易大旨》五卷、《夏峰先生集》六十卷。其中《宗传》一书，是汉代以来，哲学家之学案，为彼最用心之著作，但材料之充实，究不如黄宗羲。

———•译 文•———

一般来说，凡是两个学派之间相互对立，就一定会出现第三派的折中思想，以调和两派之间的矛盾。宋明理学发展到清初，已经出现衰退颓败的趋势，而王阳明心学末流的各种学说，更被学者们厌弃，因而顾炎武用程朱理学的笃实学问矫正王阳明心学末流的空谈，而黄宗羲则是提倡真正的王阳明心学，专门排斥王学末流的狂禅学说。然而顾炎武和黄宗羲这两位学者，虽然都跟理学有一些渊源，但实际上他们并不以理学思想闻名天下，而是为清代的朴学流派开启了门路，成为朴学开宗立派的巨儒。

如果说到专门以理学思想著称的学者，程朱派有陆世仪和陆陇其两人，而王学一派则没有著名学者。至于持朱王两派折中思想的学者，清前期有孙奇逢、李颙，清后期有曾国藩。这些学者都是气节之士，人格更是世人的表率，天下的士风士气，因其影响而变得敦厚，所以称他们为受命于世的大儒，也不为过。这些学者的著作虽然缺少新观点、新思想，但所说的每一句话都无比精纯，这也是其气节、人格的表现。

孙奇逢，字启泰，号夏峰，又号钟元，直隶容城人。生于明神宗万历十二年（1584年），逝世于清圣祖康熙十四年（1675年），时年92岁。孙奇逢一生的活动，大多都在明朝时期，因而黄宗羲将他的事迹收录在《明儒学案》中。但他的学问教化，则多在清初学者中广泛流传，影响较大，因此他生平的学术活动又多被记录在《清史》中。

孙奇逢对待父母非常孝顺，为人有气节。崇祯九年（1636年），流寇围困攻打容城，孙奇逢亲自筹谋划策，与城中百姓军民齐心合力，很快将贼寇击退。后来，清圣祖康熙帝听说他的贤德之名，屡次下旨征召他到朝中为官，但孙奇逢都没答应，当时天下人称他为孙徵君。此后，孙奇逢将全家搬到共城，创建兼山堂，在当地开设讲堂，讲授《易经》。同时，他亲自带领子孙后代耕地种田，即便生活贫穷，缺少吃穿用度，但他仍旧怡然自若，十分淡泊。晚年，他在夏峰讲学，很多学者都追随他，以他的学问为正宗。

孙奇逢曾经说道："70岁的学问功夫，比60岁更缜密；80岁的学问功夫，比70岁更缜密；90岁的学问功夫，比80岁更缜密。"由此可见，孙奇逢的学术涵养极其深厚，他对真道的体悟也非常精湛。他著有《理学宗传》二十六卷、《四书近指》二十卷、《理学传心纂要》八卷、《读易大旨》五卷、《夏峰先生集》六十卷。其中《宗传》一书，是汉代以来哲学家的学案，也是孙奇逢倾尽心血的著作。但这部著作的材料内容，在充实程度方面，始终不如黄宗羲。

二、学说

奇逢之特长，在兼取诸家而不偏于一派之学。《理学宗传》一书，即是本此意旨而作。书中自汉朝董仲舒起，至明末止，所有学者之传记，都搜辑之。宋代举周、邵、二程、朱、陆六家，明代则举敬轩、阳明、念庵、宪成四家为正宗；如慈湖、龙溪出入老佛，则附之于后，以明儒家正统。然别无门户偏见，故其门人汤潜庵说："先生真能见道之大原，无建安，无青田，惟以庸德庸言，直证天命原初之体，可谓千圣同堂，与造化游者也。"（《徵君孙钟元墓志铭》）至其学问之要，则在于体认天理。尝曰："圣贤为天地而立心，为生民而立命，其心及今，尚为存在。"

且解其理曰："人者，天地之心也；人失其为人，天地何以清宁。故为天地立心，生民立命者，圣贤之事也。明王不作，圣人已远，尧舜孔子之心，至今在此；非人也，天也。"（《语录》）意谓天地之心，虽即人心，然为人之师表，立心命之义者，乃为圣人之事，此与"我心即圣贤之心"之说，似稍不同；而于程朱"圣人体仁以为天下之仪表，故当以圣贤遗意为标的，穷理以进"之意，则颇相似。奇逢之意，盖介于朱陆二子之间，试其调和折中者也。彼谓"浑沌之初，一气而已，其主宰处为理，其运旋处为气。指而为二，不可也；浑而为一，亦不可也"。又谓"成缺在事不在心，荣辱在心不在事"。俱是折中之意，欲合实在论、唯心论二者为一。世惟折中者少创造，其功盖全在于传道也。

── 译 文 ──

　　孙奇逢的学术特长，就在于兼取众家而不偏于某一派的学问。他著有《理学宗传》一书，就是为了表达兼容并取的意图和宗旨而作。书中从汉代董仲舒开始，到晚明时期为止，将历代所有学者的传记，都搜集、编辑在一起。宋代以周敦颐、邵雍、程颐、程颢、朱熹、陆九渊六家为例，明代则是以薛宣、王阳明、罗洪先、顾宪成四家为正宗，而像宋代杨简、明代王畿等学者，他们的理学思想近似佛道，因此将其附录在最后，以区别儒家的正统思想。

　　但实际上，孙奇逢的学术并没有门户偏见，因此他的门人弟子汤潜庵说："先生所追寻的是真正的原道根本，的确能够探索出道的本原，既不偏执于朱熹理学，也不偏执于陆九渊的心学，唯独以中庸的德行和言论，直接论证天命原本的状态。如此兼容并包的思想，真可谓是聚集千百圣贤于一堂，畅游天地造化之间。"（《徵君孙钟元墓志铭》）

　　孙奇逢最主要的学术成就，是他对天理的论证。他曾说："圣贤为天地立心，为生民立命，他们的志向流传到今天，仍然存在。"他对其中的道理进行解释："人就是天地的心，如果一个人不成为人了，那么天地怎么能安宁清净？因此为天地立心，为生民立命，都是圣贤才能做到的事情。虽然明君难寻，圣人的距离也很遥远，但是尧、舜、孔子的志向，至今仍然存在，因为他们的志向不仅是人心，更是天意。"（《语录》）

孙奇逢说的意思是，天地的心，就是人的心，但是为人师表，立定志向，阐明大义，这正是圣人的所作所为。他说的这一点与"我心即圣贤之心"的说法略有不同，但是与程朱理学所说的内容十分相似，程朱认为"圣人让仁义实践出来，作为天下万民的表率，因此学者应当以圣贤的遗志为追求目标，钻研理学大道，以求积极进取"。

孙奇逢的理论学说，介于朱熹和陆九渊二者之间，并试图采取折中的办法，以调和两派思想的矛盾。他提出"天地浑沌之初，只是一道气息而已，它的本源是理，运行流动就是气。说理和气是两种东西，这显然是不对的，但说它们浑然为一体，也是不恰当的"。他又说"成败指的是事情，而不是心；荣辱指的是心，而不是事。"这些理论都是折中朱王两派思想，孙奇逢想要将实在论和唯心论融合为一派理论。世上的学问思想唯独折中派最少创新，折中派的功绩不在于提出新观点，而在于传扬理学之道。

——· 注 释 ·——

1. 敬轩：即薛瑄（1389—1464 年），字德温，号敬轩，平阳府河津人。明代文臣、学者和文学家、教育家。学说宗程朱理学，主张"理在气中"，修正朱熹"理在气先"的理论。著有《读书录》《薛文清集》《从政名言》《河汾诗集》等。

2. 念庵：即罗洪先（1504—1564年），字达夫，号念庵，江西吉安府吉水人，明代理学家，杰出的地理制图学家。

3. 宪成：即顾宪成（1550—1612年），字叔时，号泾阳，因创办东林书院而被人尊称"东林先生"。明代思想家，东林党领袖。

4. 慈湖：即杨简（1141—1226年），字敬仲，号慈湖，南宋学者，慈溪（今浙江省宁波市）人。晚年在德润湖（更名慈湖）居住，世称慈湖先生。

5. 龙溪：即王畿（1498—1583年），字汝中，号龙溪，浙江山阴人，明代著名思想家，世称龙溪先生。王阳明的门生，是王门七派中浙中派的创始人，著有《龙溪全集》二十卷。

6. 建安、青田：文中的建安指代朱熹，因朱熹曾迁居在建安。陆九渊是青田人，因此文中的青田指代陆九渊。

第二节　李　颙

一、略传及著书

李颙，字中孚，号二曲，西安盩厔人。生明天启七年（一六二七），卒清康熙四十四年（一七○五），其父可从，慷慨有志略，善谈兵，且以勇力著于乡。从汪乔年军讨贼，崇祯十五年，与五千壮士，共战死于襄阳城下，以殉国难。其时颙年仅十五岁也。（《李二曲全集》卷二十五《家乘》）家贫不能入塾，有人劝其母，送入县署为衙役，母不肯，教之习字，然具天禀异材，稍长，学即大进，家无藏书，借于亲友，自经史子集以及老佛之书，无不遍读。既而弃去，从事静坐观心，大有所得。顾炎武谓坚苦力学，无师而成，吾不如李中孚，盖的评也。康熙四年，遭母丧。

丧终，往襄阳凭吊乃父战死之地。既而南下，入道南书院，发顾宪成、高攀龙诸子之遗书，为东林学徒讲学，听者云集。继又于无锡、江阴、靖江、武进、宜兴等地讲学。康熙初，陕抚以"山林隐逸"上疏荐之。特诏征召，力辞而免。至十七年征博学鸿儒，诸人交荐，地方官强迫起行，颙绝粒六日，最后拟拔刀自刎，其议始止。彼觉虚名为累，遂闭户不复接人。惟有顾炎武来访，曾一度款待外，虽子弟亦不见面。后圣祖西巡，使陕督传旨，必欲召见之；以废疾坚辞，幸而获免。特赐"关中大儒"四字以尊重之。

当时南有黄宗羲，北有孙奇逢，西有李颙，世称三大儒。颙为学极博，无所不通，而著述则非其所志。尝言曰："著述一事，大抵古圣贤不得已而后作，非以立名也。故一言之出，炳若日星；万世之下，饮食之而不尽。其次虽有编纂，亦非必夸诩于时人，或只以自怡；或藏诸名山，至其德成之后而后发；或既死之日，举世思其余风，想其为人，或访诸其子孙，或求诸其门人，欲以得其平生一言为法训。此时也，是惟不出，一出即使洛阳纸贵。"（《全集》卷十六《与友人》）真是有道者之言。著有《全集》二十六卷（《四书反身录》八卷，亦收在内）及《十三经纠谬》《二十一史纠谬》等；其中《反身录》，为彼精力集中之作。

—— · 译 文 · ——

李颙，字中孚，号二曲，西安盩厔人。生于明朝天启七年（1627年），逝世于清康熙四十四年（1705年）。他的父亲是李可从，为人慷慨豪放，志向高远又有谋略，擅长谈论兵法，而且勇武过人，在当地十分有名。李可从跟随汪乔年的军队讨伐贼寇，崇祯十五年（1642年），带领5000壮士，一同战死在襄阳城下，以身殉国难。李可从为国捐躯的时候，他的儿子李颙年仅15岁。（《李二曲全集》卷二十五《家乘》）

因为家里非常贫穷，没有办法进入学塾读书，有人劝说李颙的母亲，让她送儿子去县署当一名衙役，但是他的母亲不肯这样做，亲自教李颙读书习字。李颙天禀异材，年纪稍大一些，学问进步极快，已经大有长进，他家里没有藏书，只好从亲朋好友那里借书来读，从经史子集到佛道的书籍，无不通读一遍。读完这些书之后，当即弃书不用，然后自己静坐思考，专心研究，融会贯通，大有成就。顾炎武曾经评论道，谈到刻苦钻研，无师自通而成就大学问，他是比不上李中孚的，事实的确像他评价的这样。

康熙四年（1665年），李颙的母亲去世，服丧之期结束后，李颙去了襄阳，到了他父亲战死的地方凭吊一番。然后从襄阳南下，进入道南书院，钻研阐发顾宪成、高攀龙等人的遗世学术书籍，为东林学徒弟子讲学，很多人聚集到书院听他讲学。后来，李颙又去了无锡、江阴、靖江、武进、宜兴等地讲学。康熙初，陕西巡抚上疏举荐李颙，称他为"山林隐逸"之士。朝廷特颁发诏书征召李颙入京，但李颙极力推辞，总算应付过去。到康熙十七年（1678年），朝廷征召博学鸿儒，很多人推荐李颙入朝，当时的地方官强迫他去京城应试，李颙绝食了6日，最后打算拔刀自刎，举荐入京的事情才被制止，最后不了了之。李颙觉得自己被虚名拖累，于是隐居家中，关门闭户，再也不接见任何人。唯有顾炎武去拜访他时，李颙款待他，除此以外，就算是他的弟子门人，也一律不见面。后来圣祖康熙帝西巡，命陕西总督传旨，一定要召见李颙。李颙说自己身体残废并且染上重病，以这样的理由坚决推辞，幸而获得康熙帝赦免。康熙帝特赐"关中大儒"四字，以表示对他的尊重。

当时的学问大家，南有黄宗羲，北有孙奇逢，西有李颙，世称三大儒者。李颙的学识极为广博，对各种学问无所不通，但他的志向不在著述，因此很少著书立说。他曾经说道："著书立说这件事情，对于古代圣贤来说，都是不得已才做的，并不是为了出名。因此圣贤的一句话说出来，顿时光芒万丈，好像太阳、明星一样闪耀，可以一直流传到万世以后，其中的精神营养让后人吃不尽、喝不完。其次，古代圣贤虽然也编纂一些书籍，但并不是为了在当时的人前夸耀自己，有的时候只是为了自怡自乐。也有的圣贤隐居藏身在名山之中，专门修养身心，等到自己的德行达到一定的境界，才会著书立说。这样的儒者圣贤，即便他已经过世了，留下的风气仍然影响世人，大家还会怀念他的为人，或是拜访他的子孙后代，或是跟随求问他的弟子门人，希望能得到他平生所得的一句箴言，当作人生的法则训言。到了这个时候，这位圣贤儒者的著述除非不出现，一旦出现必然要造成洛阳纸贵。"（《全集》卷十六《与友人》）从李颙的这番话，能看出他的确是一位体悟真道的高人。

他著有《全集》二十六卷（其中《四书反身录》八卷，也收录在内），又有《十三经纠谬》《二十一史纠谬》等书；其中《反身录》一书，是他投入一生精力的著作。

二、学说

李氏思想，亦如奇逢，取陆王程朱之长，不偏于一面。但倾向则趋于陆王。唐鉴《清儒学案小识》中，虽曾谓二曲"笃守程朱"，然清初一般学者，率以陆王为根柢，而又赞美朱子之好学，似此两派折中，故任从何方面解释，均可成立。且清代无论考证派、理学派俱不树党派，争出入，大都欲兼取他人之长，自己更立高处，想成一家。颙即其代表，尝因门人问"朱陆异同"？答曰："陆之教人，一洗支离锢蔽之陋，在儒教中最为微切；使人言下爽畅醒豁，以自有所得。朱之教人也，循循有序，恪守洙泗家法，中正平实，极便初学。要之二先生，均于世教人心有大功，不可轻为低昂也。中于先入之言，抑彼取此，亦未可谓为善学也。"（《全集》卷四《靖江语要》）正是其不偏不倚，而又能自立之处。

又曰："孔子以博文约礼之训，上接虞廷精一之传；千岁之下，渊源相承，确守不变。惟朱子为得其宗。生平自励励人，一以居敬穷理为主。穷理即孔门之博文，居敬即孔门之约礼，内外本末，一齐俱到，此正学也。故尊朱即所以尊孔也。然今人亦知辟象山，尊朱子，及考其所谓尊，则不过训诂文义而已；至于朱子内外本末之兼诣，主敬提躬实修之旨，则缺如，吾不知其如何也。况下学循序之功，象山虽疏于朱子，然其为学也，先立其大者，峻义利之防，亦自不可得而掩之也。今日尊朱者，能如是乎？不能如是，而徒以区区语言文字之末，辟陆尊朱，则多见其不知量也。"（《全集》卷十五《富平答问》）此明说朱子之为学工夫实，陆子之直觉力量伟，朱子稍疏于心，象山则长于此。是故穷理而不居敬，则为俗学；居敬而不穷理，则为空疏无用之学，不能经世宰物，是腐儒也。故必二面兼施，方能精义入神，随博随约，当下事理洞明，不至支离，学业德业，两者并进也。所谓知行合一，必内外本末，工夫一齐并到，始可以成。其兼取朱陆之长，于此可见。

颙之学说，植基于陆子，而兼取朱子之长，不偏于一派，由是产出自己之学说。但折中者多乏创造，惟其主张反省事物之理，以直观为主；又说心当保其平静，恰与李延平同；其学自然倾于内省的。故曰："学问之要，学问之得力，全在定心、静而安，寂然不动，感而遂通；廓然大公，物来顺应，犹如镜之照，不迎不随，此之谓能虑，此之谓得其所止。"（《反身录》之《大学》）故心之体，本虚，本明，本定，本静，能虚明定静，则情忘识泯，心亦不动，恰如镜中之象。盖静中之静易，动中之静难，动时能静，则静时自能静。其言定静工夫，可谓详密。

彼之学既以心德之涵养为主要，明明德止于至善为工夫，是即以致良知纯天理为中心也。故于宇宙问题、心理问题，自不多及。所以门人问《易》时，告之曰：

今且不必求《易》于《易》，而且求《易》于己；人当未与物接，一念不起，即此便是无极而太极；及事至念起，惺惺处，即此便是太极之动而阳；一念知敛处，即此便是太极之静而阴；无时无刻，而不以去欲存理为务，即此便是天行健，君子以自强不息；人欲净尽，而天理流行，即此便是乾之刚健中正纯粹精。希颜之愚，效曾之鲁，敛华就实，一味韬晦，即此便是归藏于坤；亲师取友，丽泽求益，见善则迁，如风之疾，有过则改，若雷之勇；时止则止，时行则行，见可而进，知难而退；动静不失其时，继明以照四方，则兑、巽、震、艮、坎、离在己，而不在《易》矣。(《全集》卷五《锡山语要》)

盖以为理即吾人之心理状态，学者收敛其心，则《易》(理)之变化，即在人之心中，故心中不可无主宰，不可不收敛，如四书中之言，看是易行，而反之于身，欲其体现，亦不易；何况《易》理，欲体用之，岂不更难耶？是故格物穷理之事，实有裨于修齐治平，而后可尊；苟徒博学，而反身不诚，毕竟是玩物丧志，距道愈远。其《受授记要》(编者按：书名应为《授受纪要》，附在《全集》卷十五《富平答问》后。)有云："重实行不尊见闻，论人品不论材艺，夫君子多识前言往行，原为畜德也。德既畜矣，推己及人，有补于世。若多闻多识，而不见诸实行，以畜其德，人品不足而材艺过人，擅美炫长，于世无补，徒以夸闾里而骄流俗，焉足齿于士君子之林乎！"盖观此可知颙之学风，始终以实践伦理为重也。

·译 文·

李颙的学术思想，跟孙奇逢的学说比较类似，他们都是取陆王、程朱两派的优点，而不偏袒于任何一派。但李颙的学术倾向更趋于陆王一派。唐鉴在《清儒学案小识》中，虽然认为李颙的思想"笃守程朱"，但是清初的一般学者，大多数都以陆王学说作为根柢，同时又赞誉朱熹一派的笃志好学，像这种两派兼顾的折中思想，从任何一方面去进行解释，都可以成立。而且清代无论是考证派，还是理学派，基本上都不树立党派，也不争论高低出入，大多数学者都试图兼取他人的长处，完善自己的思想学说，使自己的学术能够达到一个更高的境地，最后自成一家。李颙就是这类学者的代表人物，曾经有弟子门人问他："朱熹和陆九渊的思想学术有何异同之处？"他回答说："陆九渊善于教导弟子，他的学说能够避免人们学知识时不顾全局，支离破碎，并且扫除学术中的某些陈腐保守的弊端，在儒学教化方面最为严徼切实。同时，他的思想言论酣畅淋漓，文辞风格爽快通顺，让人学过之后有一种豁然开朗的感觉，并且从中能够得到一些收获。朱熹教导弟子的时候，总是谆谆教诲，循序渐进，他恪守孔子的儒家正道，坚持中正平实的学问，对于初学者来说，入门极其方便。陆朱两位先生的思想言论，其关键的宗旨都在于教化世人，对引导世俗人心大有益处，所以不能轻易进行褒贬评价。不管是先学了陆九渊，还是先学了朱熹，都要持守自己所学的根基，然后对两家进行对比，互相取长补短，这才是所谓的善于学习。"（《全集》卷四《靖江语要》）

正因为李颙的思想不偏不倚，同时又能自立为一家学说，因此他堪称当时的大儒。他又说："孔子自身博学守礼，他坚守儒家伦理德行的训诫，上承儒学内圣哲学的心法，他的思想流传到千载之后，使儒学的渊源历代相承，能够稳固不变。在历代的儒者当中，唯有宋代朱熹遵守孔子儒家的正宗，他一生以儒学自我磨砺，同时也用正统儒学引导教育弟子学生，并以'居敬穷理'的思想为宗旨。所谓的"穷理"，就是孔子流传下来的博学精神；而所谓的"居敬"，就是孔子儒学的守礼精神。朱熹的理论由内到外，从本及末，全都恪守孔子流传下来的儒学精神，可谓是一应全备，面面俱到，这才是正统儒家的学问。因此，可以说遵行朱熹的思想，也就是遵行孔子的思想。然而，如今的学者大多都是贬低陆九渊的象山学派，推崇朱熹一派，但如果深究为什么推崇朱熹，则说不出其中的缘故，大多数的学者追随朱熹，只不过是考证理学中的一些字句文义而已，至于朱熹对儒学内外本末的兼容并蓄，以及他主敬守礼，身体力行遵照儒家思想进行修身养性，这些主要原则和宗旨，如今的学者都有所缺失。我不知道如果这样的话，学者们追随朱熹，到底学了什么内容。此外，在学习方面用循序渐进的方法下功夫，这一点陆九渊虽然比不上朱熹，但他的学问研究是先树立一个大方向，把义和利的基本原则规范出来，以防学者逾越儒学精神的界限，这样的思想学说也极为难得，因而学者不可掩盖陆九渊一派的长处。如今推崇朱熹的学者们，能做到恪守朱熹儒学正道，同时兼顾陆九渊一派的长处吗？如果做不到这些的话，只是去研究一些语言文字的细枝末节，然后就贬低陆九渊一派，推崇朱熹一派，这样的人多半是无知的，而且不自量力。"（《全集》卷十五《富平答问》）

李颙公开宣称，朱熹一派在实学方面下功夫，而陆九渊在训练人的直觉力量方面非常卓越，朱熹的理论在研究人心方面稍微欠缺，而陆九渊刚好最擅长这一点。因此可以说，如果一个人做学问，只顾一味地探求天理，却没有恭敬的至诚之心，那么他的学问就会很平庸。如果只有恭敬的至诚态度，但不研究天理的极致，那么他的学问就沦为空疏无用的理论，根本不能经世致用，有所建树，这样的学者只是一个腐儒。因此，做学问必须兼顾陆朱两派，这样才能将儒学的精义学到出神入化的地步，不仅要坚守博学守礼的真儒精神，还要懂得应用于当下的时事，对各类事件道理洞察明见，不至于考虑片面。这样的话，学习知识也不会支离破碎，在学业进步和道德培养方面，两者可以同时并进，一起增进。儒者所谓的知行合一，必然是内外本末兼顾，所有的功夫都一齐做到了，这才能有所成就。李颙兼取朱陆学说的长处，由此可见一斑。

李颙的学说根基源于陆九渊，同时兼取朱熹理论的优点，并不偏执于任何一派，正因为如此，他能够建立自己的理论体系。一般来说，陆朱学说的折中者都缺乏创造思想，唯有李颙主张对事物之理进行反思省察，要以人心的直观为主，同时又要保持内心的平静，这一点恰好与南宋李侗的思想相近，所以他的学术观点有人心内省的自然倾向。关于这一点，李颙说："做学问的关键要领，做学问的下功夫之处，全都在于定心，保持心静而安宁，达到寂然不动的境界，人体的五感自然就会顿悟畅通。如果心性修养到开阔的境地，那么世间的万物都来顺应本心，就好像镜子照物一样，不必迎合事物，也不必追随事物。人心修养到这样的境地，既可以随心思虑，也可以随时停止思虑。"（《反身录》之《大学》）

因而李颙认为人心的本体，是空阔的，是明晰的，是安定的，是沉静的，能够遵循虚明定静的道理，则能达到忘记情感、无知无识的境界，心也不会再产生任何波动，就如同镜中的影像一样。事实上，在沉静中保持安静的状态很容易，但是在动态中持守安静的心，这是非常困难的，如果在心动的时候能够静下来，那么在心静的时候自然也能保持沉静的状态。谈及怎样下功夫持守人心的安定沉静，李颙的理论非常缜密详尽。

李颙的学术思想以修养心德为首要宗旨，在明明德、止于至善的方面多下功夫，因而他主张致良知，人心即为天理，并以此作为理论核心。除此以外，李颙对于研究宇宙问题、心理问题等并不擅长，而且很少涉及这些内容。所以当他的弟子门人请教《易经》时，他告诉弟子说：

你们不需要从《易经》里寻求《易》的道理，而是应该从自身去探索《易》的奥秘。当一个人从来没有跟任何东西接触时，他的意念不会产生，这也就是从无极到太极的过程。当他遇到一件事，心里生出意念，头脑也就变得清醒了，也就是太极因为动而生出了阳极，当人的意念收敛的时候，太极处于静态，因而生出了阴极。一个人无时无刻都要摒除私欲，并以保存天理为己任，这样就是天行健，君子自强不息。人的私欲去除净尽，让天理畅行无阻，这样就是在乾位所表现出的刚健中正、纯粹精湛。一个人仰慕颜渊的纯良质朴，效仿曾参的刚正直率，将一切华丽的东西收敛起来，只是踏踏实实地韬光养晦，这样就是所谓的归藏于坤位。亲近师长，善于结交好友，就是所谓的丽泽求益，朋友之间相互交往切磋，就如同两个沼泽相连，彼此都得到益处。见到美善的事物就去追随，就好像疾风吹过一般，非常迅速。犯了错误就及时改正，这又好像是拥有雷霆万钧的勇气。该停止的时候就停止，该前进的时候就前进，见到道路可以前行，那么就往前走，见到前方的道路难以通行，那么就尽早放弃。一个人或动或静都合时宜，那么就会获得持续不断的光明，照耀四方。这样说来，兑、巽、震、艮、坎、离这六个卦象都在自身，而不在《易经》中。（《全集》卷五《锡山语要》）

李颙认为天理就是人心的一种状态，学者懂得收敛自己的心，那么易理的千变万化，都在人心当中。因而人心中不能没有关键的主宰，也不能不收敛自己的心，四书中的言论看起来很容易施行，但是反观自身的行为，想从自己身上看到四书精神的体现，这是非常不容易的。况且《易经》的道理极为精深，如果一个人想要身体力行，将《易经》的奥秘运用出来，那岂不是更困难吗？

因此，格物和穷理的事情，实在对修身、齐家、治国、平天下有莫大的益处，学会了这些之后，就可以成为被世人尊重的圣贤。如果一个人只是拥有广博的知识，但是不用在自身上，从行为上体现不出博学，那么他所学的一切东西都是玩物丧志，已经脱离了儒学真道的精神，而且越走越远。

　　李颙在《受授记要》(编者按：书名应为《授受纪要》，附在《全集》卷十五《富平答问》后。)中指出："君子只需重视实际的行为，而不必在乎见闻是否广博，君子只论人品德行，而不必介意有多少才学技艺。君子学习前人的言论知识，了解圣贤的行为作风，原本是为自己积蓄道德品行。一个人的道德品行积累得足够了，那么做事的时候，能够推己及人，对世风人心大有补益。如果一个人见闻很多，知识也渊博，但从来不实施在自己的行为上，也不积蓄道德品行，那么这样的人显然是人品不够好，只是他的才能技艺比较高，专门炫耀自己的才华和优点，对于世风人心没有益处。整天在乡邻中间夸耀自己，在普通人面前十分骄傲，这样的人非常鄙俗，真正的士人君子根本都瞧不起他！"从这些言论中可以了解到李颙的学风，他始终认为，学者应该积蓄人品德行，并且要在生活中实践出来，这才是最重要的。

——· 注 释 ·——

　　1.洙泗家法：因孔子曾在洙水、泗水交汇之地曲阜聚徒讲学，故以洙泗家法指代孔子儒学。

　　2.虞廷精一：据《古文尚书·大禹谟》记载，虞舜传位给大禹时，告诫大禹十六个字，即"人心惟危，道心惟微，惟精惟一，允执厥中"，称为"虞廷精一"之旨。这十六字的大意是，"人心"常处于险地，"道心"又精微难见，只有去除杂念，专一不改，才能真正达到中庸的境界。宋代朱熹非常推崇这十六个字，称之为尧舜之道代代相传的"圣人心法"。但是这十六个字牵扯到理学派和心学派的分歧，到了清代又涉及古文《尚书》的真伪问题，被认为出自伪古文《尚书》。

3. 李延平：即南宋学者李侗（1093—1163年），字愿中，福建南平人。年轻时拜杨时、罗从彦为师，是程颐的二传弟子，世人称他为延平先生。

4. 颜之愚：指颜渊性情纯良，因而显得貌似愚拙。实际上"颜之愚"是赞扬颜渊的君子贤者风范，是后世学者的榜样。颜渊即颜回，字子渊，春秋末期鲁国人。14岁拜孔子为师，是孔子最得意的门生，性情质朴，为人仁善好学，得孔子的称赞最多。

5. 曾之鲁：指曾参性情直率，不拘小节，貌似粗鲁。实际上"曾之鲁"是赞美曾参刚正不阿的君子气节。曾参即曾子，字子舆，春秋末年鲁国人，是孔子的晚期弟子之一，儒家学派的重要代表人物，主张以孝恕忠信为核心的儒家思想，提倡修齐治平、内省慎独、以孝为本。

第三节　曾国藩

一、略传及著书

曾国藩，字涤生，湖南湘乡人。生于清嘉庆十六年（纪元一八一一），卒于同治十一年（纪元一八七二）。道光年间，会试中式进士，授翰林院检讨。累官至礼部侍郎，丁忧回籍。会太平军起，自广西入湖南，锐不可当。在籍督办团练，立湘军；初不过保卫地方，后因屡挫太平军，遂出境御敌。尔时太平军已建都金陵，国藩崎岖戎马，十余年间，恢复沿江各省，卒破金陵，成清室中兴之业。官至大学士，爵为毅勇侯。国藩居翰林时，即与罗罗山（泽南）等，讲程朱之学，各以学行相砥砺，卒以书生，成削平大难之业。当时湘军名将，多数是平时讲学之朋友及门生。其为人公忠朴诚，言行一致，治军居官，未尝一日离开学问，粹然有儒者气象，当时风气，为之一变。其论学不主一派，于考证家之诋斥宋学，固不以为然，而于汉学，亦极推段、王、江、戴诸公。所为诗文，亦不主一家，精深博大，卓绝一代。卒年六十二。谥文正。所著书，诗、文、奏议、书札、日记及经史百家杂钞共百数十卷。门人辑而刻之，曰:《曾文正公全集》。

—— 译 文 ——

曾国藩，字涤生，湖南湘乡人。他生于清嘉庆十六年（1811 年），逝世于同治十一年（1872 年）。道光年间，曾国藩参加会试，并考中了进士，授官翰林院检讨。后来升迁到礼部侍郎，因为父亲去世，他离开朝廷回家乡守孝。这时正赶上太平天国起义造反，太平军从广西一路攻入湖南，军队战斗力强，锐不可当。曾国藩在家乡组织了团练兵勇，并且督办练兵，逐步建立了一支湘军队伍。最初，湘军只是为了保卫湖南地方，后来因为屡次打败太平军，于是从湖南出境去外省，与太平军征战对抗。这时太平天国已经建都南京，曾国藩亲自带兵攻打太平军，经过十多年的征战，尽管战事十分坎坷艰难，但最终从天平军手里夺回了沿江各省，并且很快攻破南京，为清朝统治奠定了中兴的基业。

后来曾国藩不断升迁，成为朝中的大学士，并敕封了毅勇侯的爵位。当初曾国藩在翰林院做官时，曾经与罗泽南等人一起研究程朱理学，他一生学以致用，将所学的知识在实际中运用出来，学问与德行互相磨合砥砺。正因为如此，曾国藩能凭借文人书生的身份，最终为朝廷平定叛乱，建立功勋，成就一番伟大事业。而且当时湘军中名将，大多数是曾国藩平时讲学的朋友及门生弟子。曾国藩为人公正忠诚质朴，而且言行一致，他无论是管理军队，还是在朝中做官，没有一天离开过学问，因而他的学问十分纯粹精深，有儒者大家的气象。受到曾国藩的影响，当时的世俗风气也有所改变。

曾国藩谈论学术时不主张坚守一家一派，当时的考证学家都贬低、驳斥宋学家，他对此不以为然。但同时他也不反对汉学，而且极其推崇段玉裁、王念孙、江藩、戴震等考证学家。曾国藩写诗做文章，也不遵循某一派别，他的诗文博大精深，超越了当时的一代文人。

曾国藩逝世时年仅 62 岁，朝廷赐谥号文正。他撰写的著作，包括诗、文、奏议、书札、日记及经史百家杂钞等，总共有一百数十卷。他的门生将这些著作编辑起来，刊刻成《曾文正公全集》。

二、学行

自汉学极盛，攻击宋学，不留余地，门户之见至深。乾隆以来，宋学二字，几为学人所不道。但汉学大家，如戴震等，不特学术超越前古，即人格亦足为一世模范，故能压倒宋学。至其末流，则考证之途，已达于止境；学者支离破碎，徒以辨析名物为事，而薄视躬行实践。于是浮薄之士，乐其无所拘束，率以汉学家自命，渐惹人心之厌恶，尔时老成贤达之士，遂欲和会汉宋，力矫轻浮之弊习，曾国藩即为折中派之领袖；彼支持清末数十年之学风，孜孜为学，终身不倦，虽未尝有特创之学说，然其宗旨，本在调和汉宋，且极重实践，乃兼容并包之折中派也。

其治学之宗旨，略见于其所著之《圣哲画像记》，有云："自朱子表章周子、二程子、张子，以为上接孔孟之传；后世君相师儒，笃守其说，莫之或易。乾隆中，阎儒辈起，训诂博辨，度越前贤，别立徽志，号曰汉学；摈有宋五子之术，以为不得独尊；而笃信五子者，亦屏弃汉学，以为破碎害道；断断焉而未有已。吾观五子之言，其大者多合于洙泗，何可议也；其训说诸经，小有不当，固当取近世经说，以辅翼之；又何可屏弃群言以自隘乎！"而其《致刘孟容书》（孟容名蓉亦湘乡人）、《覆夏弢甫书》（弢甫名炘，安徽当涂人，著有《述朱质疑》等书），亦皆反覆陈明此旨。（具见《文集》）可见其兼采汉宋之长，以成文质得中之学派，不以当时之门户攻击为然，确为包容众流之大家也。且不独对于汉宋之争主调和，于程朱陆王之争，亦主调和。是时唐鉴（字镜海）著《国朝学案小识》，尊程朱而排陆王，国藩尝从鉴问学，而于鉴之主张，则非之。尝云："朱子主道问学，何尝不洞达本原？陆子主尊德性，何尝不实征践履？姚江宗陆，当湖宗朱（当湖指陆陇其），而当湖排击姚江，不遗余力；当湖学派极正，象山姚江亦江河不废之流"（《覆夏弢甫书》），此盖与小儒拘守门户之见，截然不同者也。其博采众长之处，且不限于儒学。其《日记》中有云："以庄子之道自怡，以荀子之道自克，其庶为闻道之君子乎！"又曰："以禹墨之勤俭，兼老庄之静虚，庶于修己治人之术，两得之矣"；又曰："周末诸子，各有极至之诣，其所以不及孔子者，此有所偏至，即彼有所独缺，亦犹夷惠之不及孔氏耳。若游心能如老庄之虚静，治身能如墨翟之勤俭，齐民能如管商之严整，而又持之以不自是之心，偏者裁之，缺者补之，则诸子皆可师，不可弃也。"于此可见其博大；其身心实践，亦悉与以上所言相合；且每日必静坐数息百入，则又采用道家功夫者也。

　　国藩生平，极服膺桐城姚姬传鼐，故《圣哲画像记》并尊顾、秦、姚、王，顾即昆山顾亭林，秦则无锡秦蕙田，王则高邮王念孙父子也。然姬传称学问之途有三，曰：义理、考据、词章；义理指宋学，考据指汉学。而国藩则云："有义理之学，有词章之学，有经济之学，有考据之学。义理之学，即宋史所谓道学也，在孔门为德行之科。词章之学，在孔门为言语之科。经济之学，在孔门为政事之科。考据之学，即今世所谓汉学也，在孔门为文学之科。此四者阙一不可。"（见《日记》）惟其局量广大，故其门下，才智毕集，一艺一长，靡所不揽。学识则广于程朱，事功则越乎阳明，伟成中兴之业，决非偶然。以现在眼光批评，一若以汉人辅佐满清，杀戮同胞，为大不道，其实时势使然，不足以损其学问人格也。

——• 译 文 •——

从汉学开始发展，一直到极盛时期，汉学家们不遗余力地攻击宋代理学，汉学和宋学之间产生了极深的门户之见。乾隆年间以来，宋学这两个字，几乎所有的学者都不堪提及。而汉学的大学者们，比如戴震等人，不仅学术水平超越了前代古人，而人格德行也足以称作一代楷模，因此汉学家从学问到人品都能压倒宋学。但是传到汉学的末流分支，考据学的路径已经达到了极致的境地，学者们研究学问都支离破碎，单单以辨析考证名物为主，不重视对学问的亲身体验和实践。因此社会上出现一些浅薄轻浮的文人，他们乐在汉学无所拘束，就自命为汉学家，他们的行径逐渐引来世人的厌恶和反感，败坏了汉学家的名声。当时有一些老成稳重的贤德学者，看到这样的学术风气，就想要促成汉学和宋学合流为一，极力矫正学术轻浮的弊端和陋习，这就是所谓的折中派。

曾国藩作为折中派的领袖人物，他支撑着清末时期数十年的学术风气，一辈子做学问孜孜不倦。他虽然没有开创出新的学说观点，但他研究学术的宗旨就在于调和汉学和宋学之间的矛盾，而且自身极其重视学术实践，采取兼容并包的态度，是正统的折中派。

曾国藩的治学宗旨，大多数都收录在他所著的《圣哲画像记》中，他曾经说道："自从朱熹宣扬表彰了周敦颐、程颢、程颐、张载的理学思想，认为他们的学说上承孔子、孟子的道统，传承了正统儒家思想，后世的君主、名相、师者、大儒都坚守朱熹的说法，没人能够取代，或者改变这些学说。乾隆年间，大儒们相继出现，他们训释经典，考辨博古，在学术上的成就一度超越了古代圣贤，因此别立一个标帜称号，叫作汉学。汉学排斥宋代周敦颐、程颢、程颐、张载、朱熹这五位大儒的理学思想，认为他们不应该受到后人的尊崇。而当时笃信理学五子的学者，也都摒弃、斥责汉学，认为汉学的研究支离破碎，有害于道统的传承，这两派学者互相争辩，没完没了。我看宋代理学五子的学说，他们在大方向上多半是符合孔子之道的，怎么能随便非议他们的言论呢？虽然他们在阐释经书的时候，偶尔出现一些小的谬误，解释得不太妥当，但也应该参考近代大儒的解说、研究他们的学说，怎能因此就摒弃呢，这反倒显出自己的思想非常狭隘。"曾国藩的《致刘孟容书》（刘孟容名蓉，也是湖南人）《覆夏弢甫书》（夏弢甫名炘，是安徽当涂人，著有《述朱质疑》等书），也都是反复陈述表明他的学术宗旨。（见《文集》）

可见曾国藩的学术兼采汉学和宋学的长处，巩固了文质兼备，而且合为中道的折中学派。当时派别门户相争，汉宋之间彼此攻击，曾国藩对此不以为然，因此他的确可以称作包容众派的大儒。他的学问不单单调和汉学和宋学之争，而且对于程朱理学和陆王心学之间的分歧，也主张调和。当时唐鉴（字镜海）著《国朝学案小识》，尊崇二程和朱熹，对陆九渊和王阳明极力排斥，曾国藩曾经在唐鉴门下求学，但他对于唐鉴的学术立场和主张并不认同，他曾说："朱熹重视以道统求学问，这何尝不是对理学本体有深刻的洞见？陆九渊重视人性的德行，这又何尝不是亲身实践，履行道德？王阳明继承了陆九渊的心学，陆陇其尊崇朱熹的理学，本来都无可非议，但陆陇其极力排斥抨击王阳明，甚至不遗余力贬低心学，这就有所偏颇。陆陇其所坚守的程朱理学派极为正统，但陆九渊、王阳明的心学派也是源远流长，江河不废。"（《覆夏弢甫书》）这样的主张与当世小儒拘泥狭隘的门户之见的做法，截然不同。

曾国藩博采众家的长处，不仅仅限于儒学，他在《日记》里曾说道："用庄子的养生之道自怡自乐，用荀子的笃志之道自我克制，这差不多就成为领悟真道的君子了。"他又说："学习大禹和墨子的勤俭习惯，兼有老子和庄子的静虚心态，这样对于修身养性和治理他人的方法，可以说是二者兼得。"他又说道："东周末期的诸子百家，各自都有达到极致的学问，但很多学派之所以比不上孔子儒学，是由于他们的学术理论不完善，要么在这一观点上有偏颇，要么在那一问题上有缺漏，这就如同伯夷、柳下惠，两人虽然是道德高尚的君子，但总也比不上孔子是圣贤。如果修心养性能像老子、庄子一样虚静，修身治家能像墨翟一样勤俭，管理百姓能像管仲、商鞅一样严整，而且能够持守内心，做到不自以为是，如果有偏颇的地方，立即加以更正，如果有缺失的地方，立刻进行查补。这样的话，诸子百家都可以成为老师，也不必摒弃他们的学问。"由此可见，曾国藩的学问极其博大，而他重视身心实践，他一生的德行都与以上的言论相合。此外，他每天必定修养内息，去除心中妄念，静坐数息达到百下，这是道家修炼内息的功夫。

　　曾国藩生平极其佩服桐城的姚鼐，因此他在《圣哲画像记》中将顾、秦、姚、王四人并尊为圣，顾就是昆山顾炎武，秦则是无锡秦蕙田，王是高邮王念孙父子。姚鼐认为治学有三种路径，分别是：义理、考据、词章。义理指的是宋学，考据指的是汉学。而曾国藩则说道："治学的道路，有义理之学，有词章之学，有经济之学，有考据之学。义理之学，就是宋史中所说的道学，在孔子门下称为德行科目。词章之学，在孔子门下称为言语科目。经济之学，在孔子门下称为政事科目。考据之学，也就是今世所谓的汉学，在孔子门下称为文学科目。这四者缺一不可。"（见《日记》）

　　正因为曾国藩的格局度量广阔博大，因此他的门生弟子都是才智兼备的人才。儒者的每一种技艺和优点，曾国藩没有哪一样不是精通和拥有的。他的学识比程朱更为广博，事业功绩也超越了王阳明，因而他能成就清朝的中兴伟业，这绝不是偶然形成的。以现今的眼光进行批判，曾国藩的功绩似乎是以汉人的才智辅佐满清政府，帮助异族朝廷杀戮同胞，是大逆不道的事情，但是从当时的形势来看，曾国藩的所做所为受时局和身份的影响，这也是必然的，无可厚非，也不足以损害他的学问和人格。

——• 注 释 •——

1. 丁忧：根据儒家传统的孝道观念，朝廷官员在职期间，如果遇到父母去世，必须辞官回到祖籍，为父母守孝 27 个月，称作丁忧。

2. 段王江戴：指清代四位著名汉学家，段玉裁、王念孙、江藩、戴震。

3. 姚江宗陆：指的是王阳明遵从陆九渊的心学。王阳明是明代姚江学派的创始人，宋明心学的集大成者。

4. 夷惠：指的是古代廉正君子伯夷和柳下惠，他们都是传统道德的典范。

5. 静坐数息：古代道家和佛家修炼内息的诀窍。"数"是数数字，"息"是一呼一吸为"一息"。以一息为一数，把散乱的心思专注在数字上。当呼吸一次时数一下，从一数至十，然后再重新开始。通过这样的修炼方法让内心平静，修炼内息。

第四章　关洛闽学派

第一节　王夫之

一、略传及著书

王夫之，字而农，号姜斋。生明神宗万历四十七年（纪元一六一九）。崇祯十五年，中式举人。明亡，桂王监国驻桂林，大学士瞿式耜辅佐之。夫之往从，授行人官。后以母病辞归。而桂王覆亡，式耜亦殉节于桂林。夫之遂隐遁不出，展转于湘西、郴、永、涟、邵间，与苗瑶杂处。晚乃居衡阳之石船山，杜门不出。学者称船山先生。清康熙三十一年卒（纪元一六九二），年七十四。自题其墓曰：明遗臣王某之墓。

著书有《周易内传》十二卷《周易外传》七卷《周易大象解》一卷、《周易稗疏》二卷、《周易考异》一卷、《书经稗疏》四卷、《尚书引义》六卷、《诗广传》五卷、《诗经稗疏》五卷、《诗经考异》一卷、《礼记章句》四十九卷、《春秋稗疏》二卷、《春秋家说》七卷、《春秋世论》五卷、《读春秋左氏传博议》二卷、《四书义训》三十八卷、《四书稗疏》二卷、《四书考异》一卷；此外尚有《张子正蒙注》《思问录内外篇》《俟解》《噩梦》《黄书》等，均收入《船山遗书》中。

<h1 style="text-align: center">—·译 文·—</h1>

　　王夫之，字而农，号姜斋。生于明代神宗万历四十七年（1619年），于崇祯十五年（1642年）考中举人。明朝灭亡以后，桂王（朱由榔）在桂林监国，大学士瞿式耜辅佐他。王夫之跟随瞿式耜前往桂林，被授予行人的官职。在这之后，因母亲生病，王夫之辞官归乡。桂王的政权覆亡后，瞿式耜也在桂林殉节身死。王夫之从此就隐遁起来，不再出世为官，后来辗转居住于湘西、郴州、永州、涟（湖南中部地名）、邵（湖南中部地名）等地，与苗人、瑶人杂居。他晚年居住在衡阳的石船山，闭门不出，因而学者称他为船山先生。王夫之于康熙十一年（1692年）去世，终年74岁。他自题碑文墓名为"明遗臣王某之墓"。

　　王夫之的著作有《周易内传》十二卷、《周易外传》七卷、《周易大象解》一卷、《周易稗疏》二卷、《周易考异》一卷、《书经稗疏》四卷、《尚书引义》六卷、《诗广传》五卷、《诗经稗疏》五卷、《诗经考异》一卷、《礼记章句》四十九卷、《春秋稗疏》二卷、《春秋家说》七卷、《春秋世论》五卷、《读春秋左氏传博议》二卷、《四书义训》三十八卷、《四书稗疏》二卷、《四书考异》一卷；此外还有《张子正蒙注》《思问录内外篇》《俟解》《噩梦》《黄书》等书，均收录在《船山遗书》中。

二、学说

　　夫之之学，由关而洛而闽，力诋殊途，归宿正轨。其《张子正蒙注序》云："张子之学，上承孔孟，如皎日丽天，无幽不烛。惜其门人未有殆庶者，其道之行，曾不逮邵康节之数学，是以不百年而异说兴。"于此可见夫之实崇拜张子之关学，而有意继承之者。其作《大学补传》

为之衍曰:"经云事有终始,知所先后,则近道矣。递推其先,则曰在格物;物格而后知至,知至而后意诚,以及于天下平,皆因焉。是事之始,为先所当知者明矣。故以格物为始教,而为至善之全体,非朱子之言也,经之意也。……君子之所谓知者,吾心喜怒哀乐之节,万物是非得失之几,诚明于心而不昧之谓耳,非君子之有异教也。人之所以为人,不能离乎君民亲友以为道,则亦不能舍夫人官物曲以尽道,其固然也。今使绝物而始静焉,舍天下之恶,而不取天下之善,堕其志,息其意,外其身,于是而洞洞焉,晃晃焉,若有一澄澈之境,置吾心而偷以安。又使解析万物,求物之始而不可得;穷测意念,求吾心之所据而不可得;于是弃其本有,疑其本无,则有如去重而轻,去拘而旷,将与无形之虚同体,而可以自矜其大。斯二者乍若有所睹,而可谓之觉;则庄周瞿昙氏之所谓知,尽此矣。然而求之于身,身无当也;求之于天下,天下无当也。"此其抉剔释老之弊,亦与张子《正蒙》中所说"蔽其用于一身之小,游其志于虚空之大者"相同。故唐鉴之《国朝学案小识》,称夫之为由关而洛而闽也。

又云:"彼自为说,而为君子之徒者,未有以为可与于圣人之教也。有儒之驳者起焉,有志于圣人之道,而惮至善之难止也。……于是取大学之教,疾趋以附二氏之涂,以其恍惚空明之见,名之曰:此明德也,此知也,此致良知而明明德也;体用一,知行合,善恶泯,介然有觉,颓然任之,而德明于天下矣。乃罗织朱子之过,而以穷理格物,为其大罪。天下之畏难苟安,以希冀不劳无所忌惮而坐致圣贤者,翕然起而从之。"此则明明斥王学之依附释老,而推尊朱子。故又云:"夫子博文约礼之教,千古合符,精者以尽天德之深微,而浅者亦不歭叛于圣道。圣人复起,不易朱子之言矣。"夫之之学,归宿于闽,于此益见。

其衍《中庸》曰:"《中庸》《大学》,自程子择之《礼记》之中,以为圣贤传心入德之要典。迄于今学宫之教,取士之科,与言道者之所宗，虽有曲学邪说，莫能违也；则其为万世不易之常道久矣。乃《中庸》之义，自朱子之时，已病乎程门诸子，背其师说，而淫于佛老……朱子《章句》之作，一出于心得，而深切著明，俾异端之徒，无可假借，为至严矣。……数传之后，朱门之余裔，或以钩考文句，分支配拟，为穷经之能事。……其偏者则以臆测度，趋入荒杳，堕二氏之郛廓，而不自知。……明兴，河东、江右诸大儒，既汲汲于躬行，而立言之未暇。降及正嘉之际，姚江王氏始出焉，则以其所得于佛老者，殆攀是篇，以为证据。其为妄也，既莫之穷诘，而其失之皎然易见者，则但取经中片句只字，与彼相似者，以为文过之媒。至于全书之义，详略相因，巨细毕举，一以贯而为天德王道之全者，则茫然置之而不恤。迨其徒二王、钱、罗之流，恬不知耻，而窃佛老之土苴，以相附会，则害愈烈；而人心之坏，世道之否，莫不由之矣。夫之不敏，深悼其所为，而不屑一与之辩也。故僭承朱子之正宗，而为之衍，以附诸章句之下。庶读者知圣经之作，朱子之述，皆圣功深造体验之实，俾学者反求自得，而不屑从事于文词之末，则亦不待深辩，而驳儒淫邪之说，亦尚息乎！”此其摈斥阳明及王门诸子，尤为深切著明者也。

夫之自己之学说，多见于《思问录内外篇》《俟解》二书。其言性，则曰：“尽性以至于命，至于命而后知性之善也。天下之疑，皆允乎人心者也；天下之变，皆顺乎物则者也；何善如之哉！测性于一区，拟性于一时，所言者皆非性也，恶知善。”盖谓性是普遍的，不可于一方面测之，不可于一时间拟之，必推极至于命，而后可知性之全体也。其言心，则曰：“天下何思何虑，言天下不可得而逆亿也；故曰：无思，本也；物本然也。义者，心之制，思则得之；故曰：思，通用也，通吾心之用也。死生者，亦外也；无所庸其思虑者也。顺事没宁，内也；思则得之者也。不于外而用其逆亿，则患其思之不至耳；岂禁思哉！”又云：“欲修其身者，先正其心，圣学提纲之要也。勿求于心，告子迷惑之本也。不求之心，但求之意，后世学者之通病；盖释氏之说，暗中之。呜呼！舍心不讲，以诚意而为玉钥匙，危矣哉！"（以上皆《思问录内篇》）王氏盖本乎孟子"心之官则思"之说，谓心之用在于思，不能用逆亿之意。后世学者之病，是舍心而求意，此其蔽也。其言性与气之别，则曰："末俗有习气，无性气；其见为必然而必为，见为不可而不为，以婷婷自任者，何一而果其自好自恶者哉！皆习闻习见而据之，气遂为之使者也。习之中于气，如瘴之中于人，中于其所不及知。而其发也，血气皆为之澎涌。故气质之偏可致曲也；嗜欲之动，可推以及人也；唯习气移人，为不可复施斤削。"（《俟解》）此则推衍孔子性相近习相远之说，而穷究习气之流弊，不觉其言之痛切也。

译 文

王夫之的学说，以宋代张载的思想为基本立场，然后吸纳了二程思想，最后归结到朱熹的思想中。他尽力抵制其他观点不同的学说，使学术思潮归于理学正统。他在《张子正蒙注序》中说："张载的学说，上承孔孟之学，好像晴天丽日，可以明察这世上的隐微之处。可惜他的后人并没有继承他的贤德，导致他的学说精髓无法延续下来，比不上邵雍的'数学'理论，因此还未等传承百年，就偏离正道，产生很多异途邪说。"从这段话可以看出，王夫之非常推崇张载的关学，并且主动想要继承他的学问和遗志。他为朱熹的《大学补传》做注解时说："《大学》经书内提到，天地万物都有开始和终结，对知识的掌握也有先有后，如果能够明白事物的本末、始终及顺序，就能够接近参透《大学》中所讲的道理了。对事物始末的考究，应始于对事物原理的探究，也就是格物。探究事物原理之后，才可以全面地了解事物，这就是致知。然后让自己的态度端正真诚，成为一位圣贤之后，之后就可以修身养性，一直到达匡扶天下太平的至高境界，这些事情都是有先后顺序的。所以，在刚刚开始做事情的时候，应该先明白它的基本情况，获取相关的知识，弄懂其中的某些道理。因此儒家以格物作为君子教化的开端，格物是至善的总纲，能让君子成圣之路达到完全的境界。这些并不是朱熹最早提出来的理论，而是在《大学》中就早已言明了。……君子认为，'智者'应该是这样的，他心里对于自己情绪的起伏，以及万物是非得失的分寸都很明确，而不会受到表面现象的蒙蔽，儒家经典中原本就表明了这样的道理，并不是君子自己提出的异端邪说。人之所以被称为'人'，是与万事万物有联系的，他不能为了追求至高的真理，而脱离君主、万民和自己的亲友，也不能不遵循人和万物运作的规律、原则，这是最基本的道理。现在的人可不是这样，他要将自己与万物隔绝，把自己置于绝对清净的境地里，既要远离世间的'恶'，也不向世间的'善'学习，因而导致心志和意识全都堕落了。他将自己置身于万物之外，也就把自己的状态变得混混沌沌、迷迷糊糊，好像进入了一个澄澈的状态里，然后再把自己的心思意念都放入这样的状态中，享受到一种所谓的不为人知的安宁心境。也有的人在解析万物事理的时候，极力追考事物的原始样貌，但没有得到任何结论，虽然他尽可能地追寻意念的本源，还有自己内心发展变化的依据，但这些依据根本没有任何结论，于是他不得不放弃对事物本源的追索，甚至提出质疑，认为万物的本源就是'无'。这样的做法其实就是回避了主要问题，只谈事物当中无关轻重的某一方面，又比如说，人们对事情的发展不加以控制，任其放纵，这样终会导致自身步入一种无形、虚无的状态中，最后变得自我夸耀、傲气凌人。如果偶然见到了这两种行事风格的人，那就要警告他们觉醒。而道家庄周和佛教瞿昙氏所谓的智慧，就是这副模样的。如果以这种观点立身修道，那么自身根本达不到真理的高度；如果以这种观点立国治国，那么国家也会变得不稳定。"

这是王夫之针对佛教和老庄思想，指出其中的缺点和问题，这些主张和张载在《正蒙》中所说的是一样的道理。张载认为，佛教和老庄思想对于个人的价值是非常有限的，它们会使人的志向缥缈游离，最后散发到广阔的虚无当中去。因此，唐鉴的《国朝学案小识》认为，王夫之的学说是以张载思想为基本立场，然后吸纳了二程思想，最后归结到朱熹的思想中。

王夫之还说过："他们（陆九渊和王阳明）自认为是儒家君子的继承者，但他们没有可以传递圣人思想的载体。陆王心学的后继者兴起，他们虽然有志于传递圣人的思想，但又担心无法达到完善的最高境界。……于是采纳《大学》中'格物致知'的观念，又依附于佛老二氏，认为佛老思想中追求心外无物的空明澄净状态就是'明德'和'致知'的境界，认为这就是《大学》所说的最高本体的良知以及道德意志。王阳明学说认为，这种混合了佛老思想的'良知'观念，还是本体与外用的合一、内心与行为的合一，可以泯灭善恶的界限，可以在生活日常中时时发现'善'和圣人，因此后来的王学儒者对这种观点的发展不加任何限制，认为这种思想可以使天下人都达到道德的最高境界。这种错误的观点曲解了朱熹的意思，他们甚至认为朱熹最大的错误在于让人追求事物的本源，这是毫无意义的。受到陆王心学的影响，天下人因为畏惧入世建功立业的艰难，从而趋向佛老二家的思想，抱有消极苟安的生活态度，希望不必付出实际的行动，通过自修自悟，就能找到成为圣贤的途径，因此陆王心学在极短的时间内就吸引了众多追随者。"

王夫之的这种观点鲜明地斥责了王学依附佛老之学而引起的弊端，并进而推尊朱熹的学术思想。因此，王夫之又说："朱熹学问广博，他遵守礼法的观念，是符合自古以来儒家传统的，如果一个人深刻领会朱熹的学问，就可以领悟天地间大德的深微奥妙，即便是领悟较浅的人，也不会走向离经叛道的路上去。我认为就算圣人重生，也不会觉得朱熹的言论是错误的。"由此可见,王夫子的学术思想最终可以归结到朱熹的思想。

他为《中庸》做补充说:"程颐择取《礼记》中的《中庸》和《大学》两篇,作为圣贤传扬自我心志和提高道德修养的要典。这两篇文章至今仍被用作学校官定教科书和科举考试的必读书,它们也是心学儒者们所推崇的经典,虽然有一些心学儒者对这两篇文章存在曲解的观点,但大致上并没有违背经典的规范,由此看来,《中庸》和《大学》中的道理,传承千世万代也不会改变的。在朱熹讲学的时期,程门后人已经开始曲解《中庸》的概要了,他们背离了二程对《中庸》的解说,而将《中庸》的思想引到佛老的歧途去……朱熹写作《四书章句》,其目的之一,就是记录自己读书的心得,但他注书字句严谨,义理深刻,这使想要借'四书'传播异端思想的人没有可以依托的材料,可见朱熹对'四书'的态度是非常严谨的。……朱熹的思想在朱门内传播几代人以后,后人或追求语言文字的考索,或不按照原意拆分句子,以这种方法尽可能地发掘中其中的深层含义。……这样的研究方法使有些人步入歧途,过度地猜测经典的含义,最终走向虚无的境地,被佛道思想所遮蔽,但自己却不知道。……明代初期,河东和江右地区的著名儒者们,他们非常勤勉于自身行为的修行,但没有时间提出具有真知灼见的观点。到了正德、嘉靖时期,姚江地区的王阳明推进了心学的发展,他受佛、道思想的影响,用佛、老注释《中庸》,成为传扬自己思想的载体。他的做法是妄自尊大的,他既没有深入探究经典的奥义,也没有领悟儒家作品中表层的浅显道理,只是择取经典中能与自己思想相印证的只言片语,作为自己曲解经典的载体。至于对全书宗旨的把握,无论详略、巨细都一贯解释为'王德'和'天道',对道理的深度和广度十分茫然,全无所知。王阳明的徒弟王艮、王襞、钱德洪和罗汝芳等人,更加狂妄自大,根本不知道自身的错误,他们用佛、老思想中的糟粕附会儒家思想,对士人思想的危害越来越严重。心学的这种发展泛滥，导致人心和世道都越来越坏。我虽然不是一个聪慧机敏的人，但非常不齿他们的做法，也不屑于与他们争辩。所以，我希望能发扬朱熹的正统思想，对他的主张进行补充和传播，并把我对朱熹思想的补充缀在《四书章句》之后。普通百姓和读书人都知道，儒家经典及朱熹对它的注释解说，都是至圣的功业，这是朱熹不断探求、体验而得到的真理。心学的儒者们反驳朱熹的思想，而自己去探求所谓的真理，他们不屑于在文章词语的细枝末节处做学问，也不想深入辩解经典中的真知灼见，只是得出一些与传统儒家思想不同的淫邪之说而已，这种风气应该停止了！"这段话是王夫之质疑并批评王明阳及王门后人的言论，思想尤为深刻，而且立场鲜明。

王夫之自身的学术思想，大多保存在《思问录内外篇》《俟解》二书之中。他对于万物性质以及人性的看法是这样的："极力探究人的本性，以至于能够通晓人性变化的自然规律，也就是人的命运，通晓人性的自然规律之后，便可知晓人性的本质是善。天下万物中无法解释的地方，都可以从人心的世界中找到答案；天下万事万物的变化，都是顺应事物自己的规律，有什么比这种解释更准确的吗？在一个区域内或在一段时间内考察人性，所得到的结论都是不全面的，也不会得到正确的结论。"由此可知，人性的本质和运行规律是一种普遍现象，不能用一个区域，或者一个时间段内的答案来概况本体，必须深刻了解人性的自然规律，然后才可能获知人性变化的全部规律。王夫之对于人心的看法是这样的："《周易·系辞下》中有'天下何思何虑'一句，是说天下有数亿事物是不可探知的，所以周敦颐说'无思，本也'（事物的性质与规律，是不因人的思考而改变的），因为事物本身就蕴含着自身的性质与规律。事物的外在含义，是人为制定的，是人心的思考，所以才得出事物的含义。所以周敦颐说'思，统也'（思考可以连接人的内心和世界万事万物），思考可以沟通人与世间万物。生死消亡，是事物的外在形式，不应该因此搅扰对真理的追寻。张载曾说'顺事没宁'（活着的时候，我自当事奉、思索宇宙万物；死去时我便归于安宁），这种想法才是正确地追求真理的方式，用这样的方法，才可以有所收获。一个人不要通过事物的外在形式就随意猜测事物本质，他应该担心自己不能思索，就无法得到事物的本源真理。但是即便如此，难道我们可以像心学儒者一样，放弃对真理的追索吗？"王夫之还说："一个人想要修养身心，应该先使自己的内心端正态度，这是圣人思想中最重要的部分。后世心学的学者普遍存在的毛病，就是不追求对内心真理的求索，不解决自己思想中有迷惑的部分，不寻求内心的反省和修正，反而追求去实现个人欲望，而佛教的观点正好与这种思想相契合。可悲啊！不追求自我内心修正，将人的欲望视为最重要的东西，心学的发展一定会带来危害的！"（以上内容均出自《思问录内篇》）

王夫之的学说源自孟子"心之官则思"（人的内心是思维器官）的说法，他认为人应该用自己的内心进行思考、反省和修正，而不能任由思维进行发散想象。至于后世的心学家，他们学说的弊端就在于舍弃了内心的修正，追求个人的无限欲望，这是很严重的问题。关于"性"与"气"的区别，王夫之认为："不良的社会习气是受到社会整体风俗的影响，而不是每个人自身脾气秉性决定的。允许做的事情就做，不可以做的事情就不做，一个染有恶习的人，往往根据自己的是非观念做事情。而他的是非观念，通常是在社会习俗的影响下形成的，社会习气对一个人脾气秉性的影响，就如同一个身处瘴气中的人一样，中了瘴气的毒而不能自制。当毒素发作的时候，体内的血气中都涌满了毒素。所以，人的个性气质虽有偏颇，但有缺点的人可以使其纠正错误。欲望强大会对自己产生不良的影响，但也可以通过推己及人进行改正，而当一个人的某种习惯养成之后，再想改变就很困难了。"（《俟解》）

王夫之这种说法，源自孔子"性相近，习相远"的观点，当时社会上盛行歪风邪气，偏离正统的现象非常严重，因此我并不觉得王夫之的观点过于极端。

——·注 释·——

1.行人：古代官职。明朝设立行人司，有司正及左右司副，下有行人若干人，一般以进士充任，掌管捧节、奉使的差事，凡是颁诏、册封、抚谕、征聘等事都归行人掌握。行人的官职地位虽低，而声望较高，升迁极快。

2.二王钱罗：指王阳明的心学弟子王艮、王襞、钱德洪和罗汝芳。

3.土苴：指渣滓、糟粕。出自《庄子集释》卷九《杂篇·让王》："道之真以治身，其绪余以为国家，其土苴以治天下。"

4.无思，本也；思，通用也：出自周敦颐《通书·洪范》，意思是事物的性质与规律，是不因人的思考而改变的；思考可以连接人的内心和世界万事万物。

5.顺事没宁：出自宋代张载《西铭》："生，吾顺事；没，吾宁也。"意思是活着的时候，我自当事奉、思索宇宙万物；死去时我便归于安宁。

6.心之官则思：出自《孟子·告子上》，意思是人的内心是思维器官。

第五章　考证学派

第一节　考证学之渊源

　　考证学之渊源，出于顾炎武，兹举其研学之特色：第一，其研究方法，即为归纳的、科学的；第二，以不吸古人之糟粕，而以独创的主张为生命；第三，力求研究之所得，可以施于实用，所谓致用之精神；此三者是其主要之特色也。第一归纳的，是就事迹、文物、文句、文字等，俱一一博引旁证，总合研究其异同，以期入手即无谬误，而后归纳之以为定说，用意十分周到。第二独创的，则以窃取古人已阐明之遗说为耻，务自己独创之见解，以立新说。《日知录·自序》曰："常谓今人纂辑之书，正如今人之铸钱；古人采铜于山，今人则买旧钱，名之曰废铜，以充铸而已；所铸之钱，既已粗恶，而又将古人传世之宝，舂锉碎散，不存于后，岂非两失之乎！……承问《日知录》又成几卷，盖期之以废铜，而某自别来一载，早夜诵读，反复穷究，仅得十余条，然庶几采山之铜也。"由此可知其独创的精神。全祖望亦曰："凡先生之游，必载书自随，至阨塞之所，即呼老兵退卒，询其曲折，或与平日所闻不相合时，即发书而对勘之。"（《鲒埼亭集·亭林先生神道碑》）似此周游天下，前后且三十年，如此，其实证之精神，可以想见。所以《四库全书提要》曰："炎武学有本原，博赡而能贯通，每一事必详其始末，参以证佐，而后举之于书，故引据浩繁，而少抵牾，非如杨慎、焦竑诸人之偶然涉猎，得一义异同，知其一不知其二也。"其造诣之深，及论断之精赅的确，又可想见。第三致用，则以为学者一切研究，不可单止于断理，尤当使之适于实用之谓。由来孔孟为学之精神，都是实用主义，不是纯理思辨之学；至宋明全然埋殁孔孟之本旨，学者远于世用，惟尚空谈，是为大病故；不可不复于孔孟当年，亦以经世致用为宗旨。其所著《天下郡国利病书》，即其致用方面之代表。

以炎武此种归纳的独创的致用的精神为中心，而续起者，即为考证学派。此派自阎若璩、胡渭而后，至乾隆时，惠栋、戴震而大成，特尊之为汉学，以排斥宋学。惠栋是吴人，承其祖周惕、父士奇三世相传之经学，世称吴中三惠，其学号称为吴派。戴震是皖人，其学号为皖派。此外尚有段若膺、王怀祖及其子引之等，人才辈出，号称极盛。至此时，考证学于"为学问而学问"之精神，发挥极多；致用之精神则缺焉。

—— · 译 文 · ——

考证学的渊源出自顾炎武，在这里可以举出他研究学问的特色：第一，他的研究方法是采用科学的归纳总结；第二，他的研究主旨是不吸取古人学术中的糟粕，在学问方面一定要有独立创新的精神；第三，他力求在研究中的所得所知，能够用于实践，也就是发扬所谓的经世致用精神。这三点都是顾炎武研究学问的主要特色。

其中第一特色是采用归纳的方法，也就是将历史事迹、文物、文句、文字等，全都纳入严格考证的范围，逐一进行博引旁证，并汇总历代研究结论的相同点和不同点，最终目标是凡经过他研究的内容，就一定没有谬误，而后进行归纳总结，定一个结论，这样的方法在研究学问方面考虑得十分周到。

第二特色是独创性，顾炎武向来认为，如果学者窃取古人已经阐明的理论，这是非常可耻的事情。一个学者一定要有自己独创的见解，以此来推演立定新学说。他在《日知录·自序》说道："我经常说如今的学者纂辑著作，就好像今天的人铸钱一样，古人从山中采铜铸造钱币，但如今人们则是买来旧铜钱，美其名曰是用废铜重新铸造新钱。但是他们所铸的新钱，工艺、质量都非常粗陋，而且又将古人所铸的传世古钱全都捣碎损毁，令这些堪称宝物的古铜钱不复存在，无法流传于后世，这岂不是一举两失吗？……有人问我《日知录》又写成几卷了，他的意思是指望我用废铜重新铸新钱，但自从上次分别，我这一年以来，从早到晚读书，反复研究穷理，只获得十几条心得，这根本不是用废铜铸新钱，而是相当于自己进山采铜矿，然后用来铸钱。"由此可知顾炎武在学问方面的独创精神。全祖望也曾说道："只要是顾炎武先生出游，一定随身携带书籍，走到了边关要塞的地方，就招来当地的老兵或退伍军人，仔细询问边塞历史和以往战事的曲折坎坷，如果跟他以往听闻的故事并不相合，就立刻把书找出来，逐一进行校勘核对。"（《鲒埼亭集·亭林先生神道碑》）

就是这样，顾炎武周游天下，前后有30年左右，每次走到一个地方，都用这个方法勘校古书中的谬误，他的实证精神由此可见一斑。所以《四库全书提要》中说："顾炎武的学问追求事物的本原，不仅博览远瞻，而且能够融会贯通，他每当考证一件事物，必定要仔细研究事件的过程和始末，然后把这些作为参考和佐证，在自己的著作中当作事例列举出来。正因为如此，他的著作引用的证据十分丰富浩繁，而且极少出现互相矛盾的地方。顾炎武不像杨慎、焦竑等人，他们只是偶然涉猎某一件事，考证出某一含义的异同，其实得出的结论是比较片面的，而且只知其一不知其二。"顾炎武的学问造诣极深，而且他论断一件事情，见解非常精赅准确，都是由于溯本求原的方法。

第三个特色就是学以致用，顾炎武认为，学者的一切研究，不应该仅仅体现在判断理论正误方面，更应该将学问应用于解决实际问题。自古以来，孔子和孟子倡导的儒学精神，都是以实用主义见长，不是那种纯粹的研究理论思辨的学术。儒学发展到了宋明理学阶段，学者们完全埋没摧毁了孔孟的实用主义宗旨，这些理学家研究学问，他们的理论不结合实际用途，唯独崇尚空谈理论，这是儒学发展的一大弊端和祸患。如今学者研究学问，不能不恢复古时候孔子和孟子的实用精神，也应该以经世致用作为研究学问的宗旨。顾炎武所著的《天下郡国利病书》，正是阐述他学以致用学说的代表著作。

后世一些学者继承顾炎武的研究精神，坚守这种具有归纳总结、独创精神、经世致用特点的学术路径，并以此作为研究学问的核心和出发点。这些与顾炎武有相同主张的学者，就是所谓的考证学派。这一派学者从阎若璩、胡渭开始，到乾隆年间出现的惠栋、戴震，在考证学问方面获得较大的成就，学者特别尊称他们为汉学家，并用他们进行对比，排斥贬低宋学。惠栋是吴地人，继承他祖父惠周惕、父亲惠士奇两代相传的经世学问，世称吴中三惠，这一派学者的称号为吴派。戴震是安徽人，这一派学者的称号为皖派。除此以外，还有段若膺、王怀祖和王引之父子等学者，可谓是人才辈出，汉学的名声达到极盛。到了这一时期，考证学在针对"为学问而学问"的精神方面，发挥和研究极多，贡献很大，但是学以致用的精神非常缺乏。

—— 注 释 ——

1. 段若膺：即段玉裁（1735—1815 年），字若膺，号懋堂，江苏金坛人。清代训诂学家、经学家，是龚自珍的外公。段玉裁在乾隆年间中举人，曾拜戴震为师，爱好经学，精于文字、音韵、训诂、校勘，是徽派朴学大师中的杰出学者。

2. 王怀祖：即王念孙（1744—1832 年），字怀祖，江苏高邮人，清代著名经学家。王念孙于乾隆四十年（1775年）考中进士，是汉学家代表人物之一，与当时的钱大昕、卢文弨、邵晋涵、刘台拱有"五君子"的称誉。

3. 王引之（1766年—1834年）：字伯申，号曼卿，江苏高邮人，是王念孙的长子，清代著名汉学家，以治名物训诂著称。曾奉旨勘订《康熙字典》讹误，撰成《字典考证》。

第二节　考证学之内容

考证学研究经子之方法，大别之可分为训诂、校勘二种：前者是书中字义之整理贯通，后者是书本之整理。训诂之学是惠栋一派"汉学"者之所长，取古义古训之同一事类、同一用法，多方搜集，而比较归纳之；其法虽与古来之训诂学不相甚远，然研究之深广，及客观的态度，是其特色。兹举例如下，即此派之中坚戴、段、二王所用之方法，应用于"小学"属于文字、音韵、文法三方面者；或则参照古训之义理，而比较归纳，以作定说者。

（一）"文字"上之研究。是根据古义，将古字典、古笺注及古书之同类事项，比较综合之谓。

［例］《老子》三十九章，"为天下正"。

侯王得一以为天下贞，河上公本，贞作正，注云：为天下平正。念孙（怀祖字）案：《尔雅》曰：正，长也，《广雅》曰：正，君也、《吕氏春秋·君守篇》：可以为天下正。高《注》曰：正，主也；为天下正，犹《洪范》言为天下王耳。下文天无以清地无以宁，即承上文天得一以清，地得一以宁言之。又曰：侯王无以贞而贵高将恐蹶，贵高二字，正承为天下正言之，是正为君长之义，非平正之义也，王弼本正作贞，借字耳。(《读书杂志·余篇上》)

以上取古字典二条，古书同类二条，注一条，考证"正"字之字义。

（二）以"音韵"为根据，对于文字之研究。其法用假借、声类、通转等用例为证。意谓古字通用，由于音韵之不大相违，所以要明古字之意义，不可不明古来音韵变迁之理。其说顾炎武、江永、钱大昕、孔广森等力倡之，以后音韵学遂大兴。

［例］《庄子》"培风"。

《逍遥游篇》，风之积也不厚，则其负大翼也无力，故九万里，则风斯在下矣，而后乃今培风。《释文》曰：培，重也；本或作陪。念孙案：培之言冯也，冯，乘也。（见《周官·冯相氏》注）风在鹏下，故言负；鹏在风上，故言冯；必九万里而后在风之上，在风之上而后冯风，故曰而后乃今培风。若训培为重，则与上文了不相涉矣。冯与培声相近，故义亦相通。《汉书·周緤传》，更封緤为鄗城侯。颜师古曰，鄗，吕忱音陪，而《楚汉春秋》作冯城侯；陪冯声相近，是其证也。冯字古音在蒸部，陪字古音在之部，之部音与蒸部音相近，故陪冯声亦相近。《说文》曰：陪，满也；王注《离骚》曰：冯，满也；陪冯声相近，故皆训为满。

此引古字典、古书注各数条，辨证"冯""陪"古音相近，字义相同如此。

（三）"文法"上之研究。取助字、介字、连字、状字等，都解作名字、代字等实字，以匡正其义之方法之谓。此方面之大成者，是王怀祖父子，所著《经传释辞》，尤其代表之作。

[例]《老子》三十一章，"夫佳兵者不祥之器"。

　　《释文》：佳，善也；河上公云：饰也。念孙案：善饰二训，皆于义未安。古所谓兵者，皆指五兵而言；故曰，兵者不祥之器；若自用兵者言之，则但可谓之不祥，而不可谓之不祥之器矣。今案：佳，当作隹，字之误也；隹，古唯字也；唯兵为不祥之器，故有道者不处。上言夫唯，下言故，文义正相承也。八章云：夫唯不争，故无尤；十五章云：夫唯不可识，故强为之容；又云：夫唯不盈，故能敝不新成；二十二章云：夫唯不争，故天下莫能与之争；皆其证也。古钟鼎文，唯字作隹，石鼓文亦然；又夏竦《古文四声韵》，载《道德经》唯字作𡥈，据此，则今本作唯者，皆后人所改；此隹字若不误为佳，则后人亦必改为唯矣。（《读书杂志·余篇上·老子》）

　　以上三例，不过示"考证学"之片鳞，然由此片鳞，读者当可悟到考证所研究，是科学的、客观的，且用意亦极周到。训诂方法，不独如上所述，或引史上事例，或引证金石彝器钟鼎之款识。又如惠栋一派之汉学家，考证汉代之古义古训，其方法依人而异，不仅上述之方法而止。上所述三例，是因其在小学及其他方面，使用最多，故特标出之。

　　至于校勘古书，则与训诂学正有密切关系，专以勘校本文之正确为事。集古刻之善本多种，厘正其异同，及误字误句等，其方法则述本书上之通用义例，及类书中之引用文，及本文上下之文义文法等，详加考察，而匡正其谬误。此事业亦收盛大之效果。

─ · 译 文 · ─

考证学研究经学和诸子百家，研究方法大体可以分为训诂、校勘两种：前者是将经书中的字义进行整理，达到字义贯通的程度，后者则是将书籍本身进行整理。训诂学是惠栋一派"汉学"大家擅长的研究方法，他们从各个方面着手，把古义古训中的同一事物类别和相同的用法搜集起来，对字义进行比较归纳。这种方法虽然跟古往今来的训诂学相差不远，但研究的深度和广度都有所提升，而且保持极为客观的态度，这是训诂学一派的优势特点。在这里举一个例子，就是训诂派的中坚学者戴震、段玉裁、王念孙父子所用的训诂方法，应用在"小学"方面，属于文字、音韵、文法三个方面的训诂研究，这种研究方法也可以参照古训诂中的义理分析，对字义、字音、文法进行比较归纳，最后得出一个定论。

（一）"文字"方面的研究。训诂派是根据字的古义，从古字典、古笺注以及古书中搜集同类事项，然后进行比较、综合，并得出结论。

[例]《老子》三十九章，"为天下正"。

"侯王得一以为天下贞"这句话，在河上公所注释的《老子》版本中，把"贞"解释为"正"的意思，他的注释这样说：贞就是天下平正。王念孙（字怀祖）提出的看法是《尔雅》中说正的意思是长，而《广雅》中说正可以代表君王。在《吕氏春秋·君守篇》中说，可以为天下正，意思就是可以作为天下的君王。高诱《吕氏春秋注》中认为，"正"就是"君主"的意思，"为天下正"，就像《洪范》中所说的"为天下王"，这二者是同一个含义。下文中谈到"天无以清地无以宁"，就是承接上文中提到的"天得一以清，地得一以宁"，是针对这一点而言。他又说：在"侯王无以贞而贵高将恐蹶"一句中，所要表达的含义是，侯王如果没有得道，虽然天下太平，但恐怕很快就要倾覆。原文中的"贵高"二字，正是承接了"为天下正"的上文，因为"正"是君王官长体现出来的义，并不是"平正"的意思，而王弼的《老子》注本把"正"写成"贞"，是借助了"贞"字的含义。（《读书杂志·余篇上》）

以上的内容从古字典里摘取了二条，从古书同类词义中摘取二条，还有注释一条，都综合起来，用以考证"正"字的字义。

（二）以"音韵"作为依据，对文字进行考证研究。这一方法是用假借、声类、通转等作为例子，然后进行考证。这里所强调的是古字通用，因为古字的音韵有不同之处，所以如果想要弄明白古字的意义，就不能不研究从古至今的音韵演变过程。这种说法得到顾炎武、江永、钱大昕、孔广森等人的极力提倡，所以使得后来的音韵学很快兴盛起来。

［例］《庄子》"培风"。

在《逍遥游篇》中说，"风之积也不厚，则其负大翼也无力，故九万里，则风斯在下矣，而后乃今培风。"（编者注：风聚积的力量不够雄厚的话，它所托负的巨大翅膀便达不到足够的力量。所以，鹏鸟能高飞到九万里，是因为狂风就在它的身下，然后它才凭借风力飞行。）《释文》中解释道："培，是重的意思。原本的写法大概是'陪'。"王念孙提出的看法是："培所说的意思是指'冯'，什么是'冯'呢，'冯'也就是乘驾。"（见《周官·冯相氏》注）风在大鹏的身体下边，所以可以解释为风负着大鹏，同时，大鹏在风的上面，就可以解释为大鹏冯着风。因为大鹏必须要高飞到九万里，然后才会在风的上方，在风的上方之后就是冯风，因此《逍遥游篇》说："而后乃今培风。"如果把"培"解释成"重"，就与上文所说的事情没有关系了。"冯"与"培"的音韵发声相近，所以它们的字义也是相通的。在《汉书·周绁传》中，封绁为鄘城侯。颜师古解释说："郷，吕忱注为陪音。"而《楚汉春秋》写成冯城侯。陪和冯的读音相近，这可以作为一条证据。冯字的古音在蒸部，而陪字的古音在之部，之部的发音和蒸部的发音非常相近，所以陪和冯的发音也是相似的。《说文》中认为："陪的意思是满。"王逸注《离骚》中认为："冯的意思是满。"因为陪和冯的发音相近，所以古人都解释为满的意思。

这是引用古字典、古书注释中数条证据，对"冯"和"陪"的古音相近进行考证辨析，最后得出两个字的字义也相同的结论。

（三）在"文法"方面的考证研究。将文章中的助词、介词、连词，以及做状语的字词等，都解释成名词和代词等实词。学者使用这个方法，据说是为了匡正字义。在文法考证方面，集大成的人是王念孙父子，王引之所著的《经传释辞》，尤其是其中的代表著作。

［例］《老子》三十一章，"夫佳兵者不祥之器"。

《释文》中解释：佳，是善的意思。河上公说：佳，是美饰的意思。王念孙提出看法：善和饰的两种解释，都无法准确地阐释佳的文法字义。古时候所谓的兵器，大都指的是五种兵器。所以说，兵器是不祥的器物。如果这里的兵，指的是用兵的兵，那么只能说不祥，不能称为"不祥之器"。所以我的看法是，佳这个字，其实应该是"隹"字的误写。"隹"在古代就是"唯"这个字。"唯兵为不祥之器，故有道者不处"这句话中，上半句说"唯有"，下半句说"因此"，上下句的文义刚好是相承相合的。《老子》八章说："夫唯不争，故无尤。"《老子》十五章说："夫唯不可识，故强为之容。"又说："夫唯不盈，故能敝不新成。"《老子》二十二章说："夫唯不争，故天下莫能与之争。"用的都是"唯……，故……"，可以作为证据。古时候的钟鼎文上，把"唯"字写作"隹"，在石鼓文上也是这样写。此外，夏竦的《古文四声韵》记载，《道德经》中的"唯"字写成"崔"是根据这些证据可以推测，如今的《老子》版本中都写成"唯"字，其实都是后人改写的。要不是这里的"佳"字被误写成"佳"字，那么这些人一定也会把它改写成"唯"字。（《读书杂志·余篇上·老子》）

以上三个例子，只不过是展示一下考证学的片鳞半爪，但是从这一点片鳞半爪中，读者就能够领悟到考证学所研究的内容和方法，都是科学的、客观的，而且用意极为周到全面。训诂的方法，不单局限于上面引述的例子，也可以引用历史上的事例，或者用金石彝器钟鼎的落款标识作为引用的证据。又比如惠栋这一派的汉学家，他们考证汉代的古义和古训诂，方法也是因人而异，不仅仅使用上述的方法。以上所述的三个例子，是因为在小学研究以及其他考据方面使用得最多，所以特别标注出来而已。

至于汉学家校勘古书的方法，则与训诂学有着密切的关系，他们专门勘校本文是否正确，并以此为本领。校勘派的汉学家们搜集古代刊刻的各种善本，对其中的异同之处进行逐一厘正，修改里面的错字和错句等，用这样的方法来记述底本书上的通用义例，还有类书中引用的文句，以及底本文句的上下文义、文法等方面，都加以详细的考察辨析，最后匡正其中的谬误之处。这种校勘法的研究成果，也是极为丰富的。

—— · 注 释 · ——

1. 河上公本：老子《道德经》的著名版本之一，名为《老子河上公章句》，是西汉时期道家学术著作。皇甫谧在《高士传》记载："河上丈人，不知何国人，自隐姓名，居河之湄，著老子章句，号河上丈人，亦称河上公。汉文帝时结草为庵于河之滨，常读老子《道德经》。文帝好老子之言，有所不解数句，遣使问之，公曰：道尊德贵非可遥问。帝即驾从诣之，河上公即授素书《老子道德经章句》二卷，原注不分章。"
河上公本的《道德经》注文简明清晰，意境空灵，重在解释老子的意旨，
没有字词的考证，语言朴实流畅，通俗易懂。

2. 五兵：指古代的五种兵器——刀、剑、矛、枪、戈。

3. 夏竦（985—1051年）：字子乔，江州德安人。北宋大臣、古
文字学家。

第三节　戴　震

一、略传及著书

考证学虽分吴皖两派，而皖派戴震，初亦从惠栋游，厥后自成一家。
但考证学家多致力于训诂文字方面，于思想实无可述，故于哲学上关系
极少。惟戴震则稍有涉及思想方面者，本章略述之。

戴震，字慎修，一字东原，安徽休宁人。生于清雍正元年（纪元
一七二三），殁于乾隆四十五年（纪元一七八〇）。彼为考证学大家，因
受时代之影响，毕生致力于此。然其博大彻底之精神。亦有出于考证学
之外，而致其思索者。彼嫌宋人以一己之胸臆解经义，于是以"唯求实
事不主一家"之科学的精神，解读古书。故于宋儒混杂老释之思想，以
依附孔孟，及舍欲言理，排情固性之见解，概斥为非。而著《原善》三
篇、《孟子字义疏证》三卷，以期揭出孔孟之真正面目。（此书收在《戴
氏遗书》四帙中）

<h2 align="center">── 译 文 ──</h2>

考证学虽然分为吴派和皖派，但是皖派的戴震，最开始的时候也是跟从吴派的惠栋学习，到后来才自成一家。一般来说，考证学家多半致力于训诂文字的研究方面，在思想方面的造诣实在没什么值得一提的，因此考证学派很少能跟哲学扯上关系。唯有戴震的学术稍微涉及思想研究的方面，本章简略地叙述一下。

戴震，字慎修，又字东原，是安徽休宁人。生于清雍正元年（1723年），逝世于乾隆四十五年（1780年）。戴震是考证学大家，因为他受到时代学术潮流的影响，毕生都致力于考证学。但是戴震的学术博大精深，又有钻研到底的精神，所以他也有超越于考证学之外的学术成就，也是他的学术思想。让戴震产生独特学术思想的原因，是他厌嫌宋代人凭借自己主观的胸臆对儒家经典进行阐释，于是他以"唯求实事不主一家"的科学精神为宗旨，对古书进行全面解读。因此，戴震针对宋代儒者混杂老子道家以及佛教的思想，打着依附孔孟儒家正统的招牌，对于舍弃人性欲望方面的学说理论，以及排斥情感和人类本性的一些说法见解，统统进行斥责、批判。他著有《原善》三篇、《孟子字义疏证》三卷，目的就是为了揭开孔孟学说理论的真正面目。（此书收在《戴氏遗书》四卷中）

二、人生哲学

代表震之思想，即以上二书。著此书之动机，乃为破宋儒空疏之谬见，而高倡儒学根本精神，为实用经世之术者也。

震先就宋学之根本"理"为之说曰："程朱以理言性，其见性也。以为人心中有一物，此物即为理，而此理又即为得之于天，具之于心者。

吾人求理时，不外体贴天意；而体贴天意以明理，又不可不去人欲。"（《戴氏遗书》卷九附录《答彭进士书》）但理字之说六经及《论》《孟》中，多不散见，要为宋儒独得之思想，与孔孟之本旨，初无关系。例如宋儒立理欲之辩，以为不出于理，则必出于欲；不出于欲，则必出于理；而除去一切情欲，即为本然之性，即为理。但古之圣贤，未尝有涸竭民情之语，但说当使人各遂其情，而得中庸，以期社会之进步。宋儒去欲之说，要为混杂老佛虚无之证据，孔孟决不将情理区而为二也。是则"理也者，情之不爽失也；未有情不得而理得者也"。（《疏证》上卷）情者，自是性之"分理"，以性之静者当天理，则人欲者，性之动者也。从而绝此性之动，即是绝人之理，岂圣人之道哉！毕竟性之中含有知、情、欲三者，性之名字，方得存在。古人言性，但以气禀为言，亦未尝明言惟理义为性。理义之说，虽由于孟子，是因当时异说纷起，就方便上，取此理义以为圣人治道之具。故孟子说："养心莫善于寡欲"，明乎欲之不可无也，寡之而已。人之生也，莫病乎无以遂其生，欲遂其生，亦遂人之生，仁也。欲遂其生，至于戕人之生而不顾者，不仁也。不仁实始于欲遂其生之心；使无此欲，必无不仁矣。然使其无此欲，则于天下之人，生道穷蹙，亦将漠然视之。己不必遂其生，而能遂人之生，无是情也。然则谓不出于正，则出于邪；不出于邪，则出于正，可也；谓"不出于理，则出于欲；不出于欲，则出于理不可也。何以故？欲其物，理其则也。若谓不出于邪而出于正，犹往往有意见之偏，未能得理；况更谓不出于理而出于欲乎"。（《疏证》上卷）事实上，自宋以来，言理欲之人，徒以为正邪之辩；其不出于邪而出于正，要为以理应事之言。但理与事不可分为二；分而为二，则必害事无疑。夫事至而应者心也；心有所蔽，则于事情未之能得，又安能得理乎？

　　盖人类生存以上，若禁止其情欲，要为至难之事。饥寒、愁怨、饮食、男女之常情，以及一切隐情曲绪，皆称之为"人欲"；然此种人欲，如尽除去，则非根本上否定人生，当不可能。抑天道者，要不外阴阳五行；人之生也，分此阴阳五行而为性，是以有血气，有心知，从而又有情欲。此心知与情欲，有密切相关。故知、情、欲（意）三者，要为心之三大作用；去其一，则人生不得完全。故云：

记曰："饮食男女，人之大欲存焉"；圣人治天下，体民之情，遂民之欲，而王道备。人知老庄释氏，异于圣人，闻其无欲之说，犹未之信也。于宋儒则信以为同于圣人，理欲之分，人人能言之。故今之治人者，视古圣贤，体民之情，遂民之欲，多出于鄙细隐曲，不措诸意，不足为怪。而及其责以理也，不难举旷世之高节，著于义而罪之；尊者以理责卑，长者以理责幼，贵者以理责贱，虽失谓之顺；卑者、幼者、贱者，以理争之，虽得谓之逆。于是下之人，不能以天下之同情，天下所同欲，达之于上。上以理责其下，而在下之罪，人人不胜指数。人死于法，犹有怜之者；死于理，其谁怜之！呜呼！杂乎老释之言以为言，其祸甚于申韩如是也。《六经》孔孟之书，岂尝以理为如有物焉，外乎人之性之发为情欲者，而强制之也哉？（《疏证》上卷）

戴氏取宋儒以理为性之本质心之主宰之误谬，指摘无遗。心是知、情、意三者之合体，去其一，心且失其为心，于生物之体，而去其欲情时，是否定其生存也。人不可不去情欲之论，孔孟皆未言及，谓君子之治天下也，使人各得其情，各遂其欲，勿悖于道义。君子之自治也，务使情与欲一于道义，夫遏欲之害，甚于防川；绝情去智，仁义充塞；要为老释之言，非吾儒本旨。吾儒但主张去其欲之私与蔽，而归于欲之中庸。以为修为之要谛，决无此种无欲与绝欲之主张。盖孟子之所谓"性"，即宋儒之所谓"才"，俱指气禀而言；此才不尽，则有二患：一曰私，二曰蔽，世所谓善不善，要由于此二者，而非才之罪。故学礼义可以去蔽，而强制可以去私，圣人之教化，要为如此。而吾儒四德之意义，亦是求欲情之得其中，而下此工夫。戴氏盖对于人性之本质，始终立足于人生观上，以自然的、生理的下其观察；不似宋儒由本体的伦理的而作抽象论。其结果对于混杂老佛之宋儒理学，极端反对，以明孔子之真传，可谓卓识。而分心为知、情、意三面，以解释心体，合乎近世之心理学，尤足见其思想之致密也。

·译 文·

戴震学术思想的代表著作，就是上面提到的两本书，他著这些书的动机，是为了破除宋代儒者空疏错谬的见解，同时极力提倡儒学的根本精神，因此可以称为是经世实用的方法和途径。

戴震先举出宋儒论述的以"理"为根本的学说，他认为："二程和朱熹以天理来解释人性，从天理中窥见人性。他们认为人的心中天然存在一件东西，这就是理，而这种理的来源是天，人天生就把理放在心中。因此，当人们寻求理的时候，无非是要体会并贴近天意，而体贴天意的目的是为了明白天理，所以在这个过程中，必须要去除人的欲望。"(《戴氏遗书》卷九附录《答彭进士书》)但对于"理"字的解说，从六经到《论语》和《孟子》的经书中，并不多见，也就是说，关于"理"的阐释，是宋儒独创的思想要点，与孔孟学说的原本宗旨，起初并没有任何关系。

例如，宋儒创立了"理欲之辩"的命题，认为人生经历的事情如果不出于天理，就一定出于人欲，如果不来自人欲，就一定出自天理。这样一来，除掉人性中的一切情欲，就能恢复人的纯粹本性，也就是理。但是古代的圣贤们从来没说过要人们禁止情欲，他们只是说一个人应该让七情六欲自然流露，用中庸的办法将人性和情欲控制在一个合理范围内，这样才会使整个社会获得发展和进步。

所以，宋儒提出除去人欲的学说，把这些作为思想学说要点，正是他们混杂佛道虚无理论的证据，因为孔孟绝不会将情和理进行区分，变成两种对立的东西。古人说："所谓的理，就是让人的情欲能得到控制，不至于放纵，出现差错。从来没有不得情却得理的情况。"（《疏证》上卷）而所谓的情，本来就是人性中"部分的理"。在人性当中，静的一面可以表现出天理的特征，而动的一面则是人的欲望和感情，这两个方面合在一起，构成了人性中的"理"。如果把人性当中动的状态全都去除，那就是断绝了人性之理，这哪里是圣贤提出的道理！

毕竟在人性当中包含了智力、情感和欲望三种东西，正因为有了这些，人性的名称才能存在。古代圣人所说的人性，指的是一个人天生的禀性，从来没公开宣称人性是由理和义构成的。关于理义的学说，虽然最初来源于孟子的思想，但也是因为战国时期异端邪说四起，为了方便宣扬儒家思想，孟子专门用理和义作为工具，以维护儒家圣人的治国之道。所以孟子曾经说："修心养性最好的方法就是减少欲望。"但孟子说得非常明白，不是要完全消除欲望，只是减少欲望而已。

人生中最大的痛苦就是没有办法随心所愿，让欲望得到疏解，也就是让人生获得慰藉，这是儒家倡导的"仁"。让自己随心所欲，以至于达到摧残人生、不顾性命的程度，这是对自己"不仁"的做法。实际上，"不仁"之所以会产生，最开始是因为想让自己能够随心所愿，如果人心中没有这些欲望，也就不会出现"不仁"的状况。

然而，如果让人摒除欲望，对于天下所有人来说，都会陷入穷途末路、无法生存的境地，即便如此，也要漠然对待这种情况吗？自己没有生活的欲望，却让整个人生过得畅快，根本没有这样的情况。所谓的不出于正，就是出于邪，不出于邪，就必然出于正，这么说或许可以。但是戴震认为，"宋儒所说的不出于天理的，则是出于人欲，不出于人欲，就一定是出于天理，这是为什么呢？欲是针对事物，理是针对原则，如果有人说不出于邪，一定出于正，那么大家都认为这是偏颇的意见，不是真正的道理。更何况宋儒的言论是，不出于理就一定出于欲，这更是不全面的说法。"（《疏证》上卷）

事实上，自从宋代以来，谈论天理和人欲的学者们，都以为他们自己辩论的是正邪之分。只要一件事不是出于邪，而是出于正的，就可以用天理来印证这件事的正确性，这才是宋儒学说的基本要点。但是，天理和事情不能一分为二，如果把它们分成两种东西，对事情的分析必然是有害处的。一件事发生的时候，对它产生反应的是人心，人心有愚昧的一面，对于事情本身都不能完全掌控，又怎能透彻地明白其中的天理呢？

在人类生存的问题上，如果想要禁止人的情欲，这是一件极为困难的事情。饥饿寒冷、愁苦哀怨、喝水吃饭、男欢女爱等，这些人性中固有的感情，以及一切隐藏在内心中的各种情绪，都被称作"人欲"。然而，如果把这些人欲全都去除净尽，而又不从根本上否定人的生命，这当然是不可能做到的。在所谓的天道之中，最重要的东西无非是阴阳五行，而人类的生命，就是从天道中分离出阴阳五行，蕴化成为人性，必然是有血肉气息，有心灵智力的，从中又生出感情欲望。在人性当中，心灵智力与感情欲望的关系极为密切。因此，人的智力、情感、欲望（意志）这三件东西，是人心作用的三种重要体现，不管去除其中的哪一种，人的生命都不是完整的。所以戴震认为：

《礼记》中说："吃饭喝水、男欢女爱，这些都是客观存在的人欲。"圣人治理天下的时候，总是体恤民情，让百姓的合理欲望得到满足，这就是完备的圣王之道。人们知道老子、庄子，以及释迦牟尼这些人，都跟圣人有所不同，听到他们宣扬遏制欲望的学说，百姓还没完全理解信服。到了宋代的儒者，却认为佛道观点跟古代圣人思想是一样的，从那以后，天理和人欲之间的区分，几乎每个人都能说得头头是道。因此，如今的君王统治者，把古圣贤体恤民情，满足百姓欲望的事情，都当作是琐碎隐微的小事情，根本不放在心上，这也不足为怪。而他们用"天理"来责罚百姓，很容易举出天底下高风亮节的实例，并赋予道义的名号去责罚不合天理的事情。这样一来，地位高的人用天理责罚地位低的人，年老的人用天理责罚年轻人，身份尊贵的人用天理责罚身份卑贱的人，就算他们责罚得不对，也是顺应"天理"的。而那些地位低的人、年幼的人，还有身份卑贱的人，如果以"天理"进行辩解争论，就被认为是忤逆行为。于是，这些处于下风的人们，根本没法传达出天下百姓都拥有同样的情感和欲望，上面的统治者也不会知晓这些情况。在上位的人用天理责罚在下的，而在下的人所犯的罪过，就会遭到所有人的指责。一个人如果因触犯法律而死，多少还会获得一些同情怜悯，但是一个人如果因触犯所谓的"天理"而死，那么有谁会去同情可怜他！唉，儒家思想中混杂了佛道的主张，并以此作为天理，这样的祸患比申不害、韩非等人的法家之祸更严重。六经是孔子、孟子遵循的儒家经典，这些典籍何曾把天理当作一件实有的东西，更不是作为人性情欲的外在标准，而对人性情欲采取强行遏制的手段。（《疏证》上卷）

戴震分析宋儒以天理为人性本质，为人心主宰，这些主张存在很多错误、荒谬之处，他把这些问题逐一指摘出来，没有遗漏。他认为人心是智力、情感和意志的合体，如果去除其中的一项，人心就不再是人心。对于一个人类生命而言，如果去除他的情感和欲望，就是在否定他的生命存在。人类不能不去除情欲的这种言论，孔子、孟子从来没有说过，他们认为，君子想要治理天下，就得允许百姓表达情感，满足他们的欲望，只要人的感情和欲望不违背伦常道义就可以。君子自己修身养性，管理自己的时候，也要强调情感和欲望合乎道义。事实上，遏制人的欲望是极其有害的，比堵塞河川而引起的水患还严重。断绝情感，去除智力，那么仁义道德就必然遭到堵塞，这是佛道两家的思想言论，绝非儒家思想的本意和宗旨。

真正的儒家思想主张去除欲望中的私利和愚昧，将欲望纳入中庸的范围之内，认为这才是一个人修身行为的关键所在，绝没有提出什么无欲绝欲的主张。而孟子所说的"人性"，就是宋代儒者所说的"才性"，也就是"材质之性"，指的都是人的天然气息秉性。这种"才性"如果发挥得不得当，就会出现两种祸患弊端：一种是私利心，一种是愚昧。世间所说的善或者不善，主要都是针对这两种弊端，而不是"才性"本身的罪过。所以，一个人学习礼义廉耻，就可以去除愚昧，然后用强制灌输的手段除掉人的私利心，古圣人坚持要以伦理道德教化百姓，主要就是为了这一点。儒家宣扬的四德，也就是仁义礼智，它的重要意义也是将人情欲望纳入规范当中，所以圣人专门在这方面下功夫。

戴震讨论人性的本质问题，始终立足于在人生观上，以人类的自然生理需求作为观察点，而不像宋代儒者，他们是把伦理的本体特征抽象化，然后提出天理人欲的主张。这样一来，戴震研究人性的结果，就是严厉批判宋儒理学混杂佛道思想，极力宣扬阐明孔子的儒家真道的传承，可以说，他的见识是十分卓绝的。此外，戴震把人心分为智力、情感和意志三个方面，用来解释人心的本体特征，这也合乎近代的心理学分析，尤其可见他的思维方式是非常缜密的。

三、伦理观

戴氏于宋儒混和释老之心性说，既唾弃之，而以经世实用之学，善导天下之民，造成文质彬彬之文化社会，实现孔孟之精神，当然为其理想。故主张不可不使民遂其情，调节欲望而保其中庸；但如何而此情可遂，此欲可达，在实践伦理上，人生知、情、意三者，如何可以保其调和。戴氏曾言去私去蔽，制御欲情，此两条是其教育观及伦理观。尝曰：私生于欲之失，蔽生于知之失，释氏尚无欲，儒家尚不蔽；释氏以为主静可至于君子，儒家则强恕以去私，问学以去蔽，主忠信，而明其善，则养其心而去其私，即得欲之中庸。其言曰：

　　夫过欲之害，甚于防川；绝情去智，仁义充塞。人之饮食也，养其血气；而其问学也，养其心知，是以自得为贵。血气得其养，虽弱必强；心知得其养，虽愚必明；是以扩充为贵。君子独居思仁，公言思义，动止应礼，竭其所能谓之忠，明所履谓之信，施其所平谓之恕，驯而致之谓之仁且智，仁且智者，不私不蔽者也。君子之未应事也，敬而不肆，以虞其疏；事至而动，正而不邪，以虞其伪；必敬必正，以致中和，以虞其偏且谬。戒疏在乎恐惧，去伪在乎慎独，致中和在乎达礼。精义至仁，尽天下之人伦，同然归之于善，可谓至善矣。若夫以理为学，以道为统，以心为宗者，探之茫茫，索之冥冥也。曷若反求之六经耶！（《原善》）

　　以六经匡心知，以物质遂欲而养血气，正所谓健康之精神，宿于健全之身体者也。明乎此义则养其中和之德，则私蔽自去，孟子所谓大丈夫之境地自达。其思想，正通于近代之"自然主义"与"功利主义"。所谓"以人之欲，为己欲之界；以人之情，为己情之界"之说，尤为极自然的见解，其中默含功利思想，自不待言。

114

·译 文·

　　戴震唾弃宋儒用佛道心性学说混杂儒家思想，同时他以经世致用的实学，善意引导天下的百姓，建立一个文雅质朴的文化型社会，最终实现孔孟提倡的儒家精神，这理所当然成为他的理想。所以，戴震主张不能不让百姓的情感获得满足，要调节他们的欲望，让人欲保持在中庸状态。但是怎样才可以让情感获得满足，让欲望达到中庸，在伦理的具体实践上，人生的智力、情感、意志三个方面，怎样才可以确保三者的调和？

　　戴震曾说，要去除私利和愚昧，也要做到控制驾驭情欲，这两条分别体现出他的教育观和伦理观。他曾经指出：私利来源于欲望失控，而愚昧来源于缺少智力，佛家崇尚没有欲望，儒家则主张没有愚昧。佛家认为注重沉静可以修养成君子，而儒家则强调用宽容的性情去除私利心，通过增进学识去除愚昧，儒家注重忠心和信义，以此来阐明内在的善，这样的话就能修心养性，去除私利，使欲望达到中庸状态。他又说道：

　　遏制欲望的害处，比堵塞河川而引起的水患还严重；断绝情感，去除智力，仁义道德就必然遭到堵塞。人类需要用饮食滋养身体血气，而增进学识是为了滋养心灵智力，这是以获得自我培养为贵。一个人的血气得到饮食滋养，即便身体虚弱，也必然会变得强壮。如果心灵智力得到学问的培养，即便一个愚昧的人，也会变得聪明，这是以自我扩充为贵。君子一个人的时候，要考虑"仁"的问题，在公众面前发表言论的时候，要考虑"义"的问题。行动或者不行动都要符合礼的标准，竭尽所能做事，这才可以称作"忠"，明确自己应该履行的责任，这就是"信"，将施舍怜悯当作平常做的事情，可以称作"恕"，循序渐进做事，可以称作"仁"而又"智"，这样具备"仁"和"智"的人，既没有私利心，也不愚昧。君子在没有答应一件事之前，态度恭敬而又不放肆，以防产生疏漏错误；一旦开始行动，就坚持正直而不偏斜，以防产生虚伪浮夸。做到坚守恭敬和正直，道德修养才会达到不偏不倚的和谐境界，防止产生偏狭和谬误。防止出现疏漏，就在于存敬畏恐惧之心，去除虚伪浮夸，就在于谨慎一人独处的态度。道德修养不偏不倚，就在于知晓懂得礼义。儒家思想的精义所在，就是达到仁的境界，并贯彻到天下的人伦关系中，最终一同归于善，也就是最崇高的善。如果以天理为学问，以宋儒道学为正统，以心学为宗旨，那么探索起来就会茫然，寻求道理也不清不楚，这样的话，为什么不反过来研究六经呢！（《原善》）

以儒家六经匡明人的心灵智力，以物质满足人的欲望，用来滋养身体血气，这才是所谓的让健康的精神附着在健全的身体中。明白这其中的道理，就能培养不偏不倚的德行，私利和愚昧自然就去除了，而孟子所说的大丈夫的境界，自然也就达到了。戴震的思想，贯通了近代的"自然主义"和"功利主义"，强调"用人的欲望作为自己欲望的边界，用人的情感作为自己情感的界限"这一说法，尤其展现出戴震重视人性自然的见解，这其中隐含了功利思想，不必多说也很明显。

第四节 洪亮吉

一、略传及著书

经史学家而具深湛之思想者，戴震而外，尚有洪亮吉。亮吉字君直，一字稚存，江苏阳湖人。生六岁而孤，家贫，就外家读，聪颖倍常儿。年二十四，补诸生，始好词章，继乃兼治经史。性至孝，常橐笔游公卿间，节所入以养母。母卒后，遇忌日，辄不食。居陕时，至友黄景仁病笃，驰函托以身后事。四昼夜驰七百余里，往料理其丧；扶其枢回常州，为营葬焉。乾隆庚子中顺天乡试。庚戌成进士，授翰林院编修。旋提督贵州学政，其教士敦厉实学；由是黔人皆知好古读书。嘉庆初，川楚教匪作乱，上求直言。乃上书谓圣躬兢业于上，在勤政远佞；臣工惕厉于下，毋奔竞营私；语过激直。上震怒，下军机刑部会讯，拟大辟。特恩，免死，戍伊犁。就道之日，居民围观于马前，相与叹息曰："此所谓不怕死之洪翰林也。"后赦回，自号更生居士。从此一意著述，放浪于山水者十年。卒年六十四。

所著书有《左传诂》二十卷，《公羊榖梁古义》二卷，《六书转注录》十卷，《汉魏音》四卷，《比雅》十卷，《传经表》《通经表》各二卷；此外尚有《地理志》及《诗文集》《词》《乐府》等，合刊为《洪北江遗书》。

———• 译 文 •———

清代的经史考证学家，同时具备深湛的学术思想，这样的学者除了戴震以外，还有洪亮吉。

洪亮吉字君直，又字稚存，江苏阳湖人。他6岁的时候失去父亲，家里非常贫穷，寄居在外祖父家里读书，而他聪慧异常，智力超出普通孩子几倍。他24岁的时候，考取秀才入学，最开始的时候他喜好文学，后来又兼顾研究经史学问。洪亮吉一生极其孝顺，他经常为王公大臣撰写文章，把赚到的酬金节省下来奉养母亲。他母亲去世之后，每年遇到忌日的时候，他就不吃不喝，以守孝道。洪亮吉居住在陕西时，他的至交好友黄景仁病逝，临终前曾派人送信给他，委托他帮忙料理身后事。洪亮吉收到挚友书信，骑马四天四夜，疾奔700多里路，去黄景仁家里料理丧事，并且亲自护送好友的棺椁灵位返回常州老家，安葬妥当。

乾隆庚子年（1780年），洪亮吉考中顺天乡试，乾隆庚戌年（1790年）考中进士，授官翰林院编修。后来很快升为贵州提督学政，他严格地教化生员士人，敦促研究实学，于是贵州当地的好古风气大兴，文人学士都喜好读古书。嘉庆初年，教徒在四川、湖北一带叛乱，皇帝向大臣征求谏言。于是洪亮吉递上奏章，认为皇帝应该亲自料理国事，兢兢业业，勤于政事，远离佞臣小人。大臣们应该警惕自身，严厉约束属下，不要结党营私、争竞倾轧。洪亮吉的谏言过于激烈直率，惹得皇帝大发雷霆，把他囚禁狱中，由军机处和刑部会审，拟定处以死刑。后来皇帝特许开恩，免洪亮吉一死，将他发配伊犁。洪亮吉出发去伊犁那一天，城中居民百姓都来马前围观，互相叹息说："这就是传闻中的那个不怕死的洪翰林啊！"后来洪亮吉被朝廷赦免，返回家乡，自己取一个号叫作更生居士。从此以后，他一心一意著书立说，在山水间游历了10年，直到 64 岁去世。

洪亮吉的著作有《左传诂》二十卷,《公羊穀梁古义》二卷,《六书转注录》十卷,《汉魏音》四卷,《比雅》十卷,《传经表》《通经表》各二卷。此外还有《地理志》及《诗文集》《词》《乐府》等作品,合刊为《洪北江遗书》。

二、学说

亮吉文集中,有《意言》二十篇。其中《真伪篇》有云:"今世之取人也,莫不喜人之真,厌人之伪,是则伪不可为矣;而亦不然。襁褓之时,知有母而不知有父,然不可谓非襁褓时之真性也;孩提之时,知饮食而不知礼让,然不可谓非孩提时之真性也。至有知识而后,知家人有严君之义焉;其奉父也,有当重于母者矣。饮食之道,有三揖百拜之仪焉;酒清而不饮,肉干而不食,有非可径情直行者矣。将为孩提时之真乎?抑有知识时之真乎?必将曰:孩提之时虽真,然苦其无知识矣。是则无知识之时真,有知识之时伪也。吾以为圣人设礼,虽不导人之伪,实亦禁人之率真。何则?上古之时,卧倨倨,兴盱盱,一自以为马,一自以为牛,其行蹢蹢,其观瞑瞑,可谓真矣。而圣人必制为尊卑上下寝兴坐作委曲烦重之礼以苦之;则是真亦有所不可行,必参之以伪而后可也。且士相见之礼当矣,而必一请再请,至固以请,乃克见。士昏之礼,当醴从者矣,亦必一请再请,至固以请,乃克就席。乡射礼,知不能射矣,而必托辞以疾。以至聘礼,不辱命,而自以为辱。朝会之礼,无死罪,而必自称死罪。非皆禁人之率真乎。总之:上古之时真,圣人不欲过于率真,而必制为委曲烦重之礼以苦之;孩提襁褓之时真,圣人又以为真不可以径行,而必多方诱掖奖劝以挽之;则是礼教既兴之后,知识渐启之时,固已真伪参半矣。而必鳃鳃焉以真伪律人,是又有所不可行也。"

此其言真伪，与世之言真伪者绝不同，颇近荀子性恶善伪之说。然在《形质篇》，则又谓："嗜欲益开，形质益脆；知巧益出，性情益漓。"其意又似相反，一若所说之伪道，毕竟不可以久，去伪日近，离真愈远，吾人宜复归于真者方可也。

亮吉之经济思想，尤极缜密，其《意言》中之《治平篇》云："人未有不乐为治平之民者也，人未有不乐为治平既久之民者也。治平至百余年，可谓久矣。然言其户口，则视三十年以前，增五倍焉；视六十年以前，增十倍焉；视百年百数十年以前，不啻增二十倍焉。试以一家计之；高曾之时，有屋十间，有田一顷，身一人，娶妇后不过二人。以二人居屋十间，食田一顷，宽然有余矣。以一人生三子计之；至子之世，而父子四人；各娶妇即有八人；八人即不能无佣作之助，是不下十人矣。以十人而居屋十间，食田一顷，吾知其居仅仅足，食亦仅仅足也。子又生孙，孙又娶妇，其间衰老者或有代谢，然已不下二十余人。以二十余人而居屋十间，食田一顷，即量腹而食，度足而居，吾知其必不敷矣。又自此而曾焉，自此而玄焉，视高曾时，口已不下五六十倍。是高曾时为一户者，至曾玄时不分至十户不止。其间有户口消落之家，即有丁男繁衍之族，势亦足以相敌。或者曰：高曾之时，隙地未尽辟，闲廛未尽居也；然亦不过增一倍而止矣；或增三倍五倍而止矣；而户口则增至十倍二十倍。是田与屋之数，常处其不足；而户与口之数，常处其有余也。又况有兼并之家，一人据百人之屋，一户占百户之田；何怪乎遭风雨霜露饥寒颠踣而死者之比比乎？曰：天地有法乎？曰：水旱疾疫，即天地调剂之法也。然民之遭水旱疾疫而不幸者，不过十之一二矣。曰：君相有法乎？曰：使野无闲田，民无剩力，疆土之新辟者，移种民以居之，赋税之繁重者，酌今昔而减之。禁其浮靡，抑其兼并，遇有水旱疾疫，则开仓廪悉府库以赈之。如是而已。是亦君相调剂之法也。要之，治平之久，天地不能不生人，而天地之所以养人者，原不过此数也。治平之久，君相亦不能使人不生，而君相之所以为民计者，亦不过前此数法也。然一家之中，有子弟十人，其不率教者常有一二。又况天下之广，其游惰不事者，何能一一遵上之约束乎！一人之居，以供十人已不足，何况供百人乎！一人之食，以供十人已不足，何况供百人乎！此吾所以为治平之民虑也。"此以户口之增与田屋之增不相比，累率以计算，十分精审。近世经济学者竭尽脑力，研究数十年而卒无方法以善其后者，即此问题。亮吉生于乾嘉极盛之时，而思深虑远，若已见及天下危乱之机，诚可谓卓见。且彼时亦初不知有所谓经济学、统计学，而其思虑之周密如此，尤不得不使人叹服也。

——·译 文·——

在洪亮吉的文集中，有《意言》二十篇。其中《真伪篇》说道："如今我们与人结交，都喜欢真诚坦荡的人，讨厌虚伪的人，这样看来，做人是不应该虚伪的。然而情况不一定是这样的，襁褓中的婴儿只知道有母亲，而不知道有父亲，这并不能说当他不是婴儿的时候，这是他的真性情。一个人在孩童时期，只知道吃喝，而不知道礼仪谦让，也不能说等他过了孩童时期，这是他的真性情。一个人学习知识之后，才会知道家人关系中有父母之义，而且尊奉父亲，应当重于尊奉母亲。学习知识之后，才会了解饮食之道，在饮食文化中有三揖首和百叩拜的礼节与仪式。尤其在聘礼的宴席上，要教训人谦恭节俭，喝酒吃肉是不合礼仪的，即便宴席上的酒已经变清了，也不能饮用，即便宴席上的肉已经风干了，也不能食用。这种情况下，人们该怎样遵循自己的真性情做出选择？是依照孩童时期的真性情选择任意吃喝？还是依照有知识之后的真性情克制自己？所以，事情应该这样分析，孩童时期虽然有真性情，但可惜没有掌握知识。因此，对于孩子来说，没有知识时显得很率真，有了知识时倒显得虚伪。我认为，古代圣人设置了各种礼仪规矩，虽然不至于使人都变得虚伪，但实际上也是禁止人保持率真。为什么这样呢？上古的时候，人们夜晚躺卧没有思虑，白天做事兴致冲冲，也不讲究什么智巧，有时把自己当成马一样，或者把自己当成牛一样，做事稳当踏实，对世界的看法也懵懂迷糊，这就是所谓的真性情。但是圣人制定了各种规矩，让人懂得尊卑上下、寝兴坐作的礼仪，学习一些复杂、烦琐的礼节，让人苦不堪言。这种情况下，即便有率真的性情，也不能随意而行，必须在真性情中掺杂一些虚伪的礼节，然后按照订立的规矩做事。士人之间见面要讲究礼节，必须要盛情邀请一次，然后再邀请一次，以至于坚持邀请到底，才能勉强同意见面。士人娶亲的礼节也是如此，参加婚礼的人，必定是主人一再邀请，而且坚持邀请到底，才勉强同意出席婚宴。在乡射礼上，明明知道自己不擅长射箭，但一定要以生病为借口推辞。在媒人行聘礼中，明明已经完成双方婚配的使命，却偏要说自己没有完成行聘的使命和嘱托。在朝廷礼仪上，大臣没犯死罪，但自己必须要说犯了死罪。这些都是圣人定下的制度，禁止人们展现率真之情。概括说来，上古时人们的确都有真性情，圣人不想让人过于率真，必然要制定一些复杂、烦琐的礼节，用来约束人。婴孩时期有真性情，圣人又认为这种真性情不能一直发展下去，必然要用引导、诱惑、奖励、劝勉等各种办法改变真性情。于是礼教兴起之后，人们的知识逐渐得到启蒙，人的性情已经是真假参半了。这样一来，人们做事时总是诚惶诚恐，用率真和虚伪的比例来衡量人，又有很多事都不能做。"

　　洪亮吉谈论"真伪"，与世上其他人分析真伪的观点迥然不同，他的思想主张与荀子"性恶善伪"的学说极为相近。然而洪亮吉在《形质篇》一文中，又说道："越是放纵嗜好欲望，身体就越容易变得脆弱；越是提高智慧和技巧，性情就越容易变得淡薄。"这里的意思好像又与前面的观点相反，他提出的观点是，用虚伪的道学教化人，毕竟不能长久，但是人们如果刻意去除虚伪，就反倒离率真越来越远了。我们应该返归于率真，这样才可以。

洪亮吉主张经世济用，这些尤为缜密，他在《意言》中《治平篇》说："人没有不想成为升平盛世下的百姓，人没有不想成为长久升平盛世下的百姓。盛世达到百年以上，就可算是长久了。然而说起如今盛世的人口，相比三十年以前，增加了五倍，相比六十年以前，增加了十倍，相比一百年或一百几十年以前，不止增加了二十倍。

试着用一户人家来计算，在高祖父曾祖父的时候，有十间房屋，田地一顷，独身一人，娶妻之后不过只有两人。两人居住十间房屋，靠一顷田地出产的粮食为生，是富裕有余的。以一个人生养三个儿子来计算，到儿子这一辈，父子已经四口人，各自娶了妻子，共有八口人。一家八口人就不能不雇佣仆人帮忙料理家事，这样就不下十人了。十人居住十间房屋，靠一顷田地的粮食养活。我知道他们的房屋仅够居住的，粮食仅够吃饱的。儿子又生孙子，孙子又娶媳妇，在这期间有年老的也有去世的，但一家人已经有二十多口。这二十多口人住在十间房屋里，共食用一顷田地出产的粮食，就只能控制食量吃饭，勉强挤在一起居住，我知道他们必然入不敷出，吃住不足。后面又生曾孙子，又有玄孙子，到这时为止，跟高祖父、曾祖父的时期相比，人口已经多了五六十倍。高祖、曾祖时只有一家一户，到曾孙、玄孙的时候已经分出来十多户不止。在这个过程中，有的家庭人口凋零，但也有人丁繁衍兴旺的大族户，强弱之势足以互相抵消。或者说，高祖、曾祖的时候，家里的田地没有完全开垦出来，很多闲置的房屋都没有住人，然而这种情况只能维持到人口增加一倍的时候，或者维持到人口增加三五倍的时候。而事实上，后来的人口增加了十几二十倍，所以田地和房屋的数量，经常是不够用的，而家庭与人口的数量，经常是过多的。何况又有兼并数倍田地房屋的家庭，一人占据了百人的房屋，一户占据了百户的田产，也难怪世上因遭受风雨霜露、饥寒颠踣而死的人比比皆是。

有人说：天地难道没有自然法则吗？有人说：水旱疾疫的灾难，就是天地调节人间兴衰的自然法则。但是百姓遭受水旱疾疫而死的人，只不过是十分之一二。有人说：国家君相难道没有法度吗？有人说：让旷野没有闲田，让百姓没有多余的劳动力，开辟新的疆土田地，把老百姓都移居过去，居住耕种，凡是赋税过于繁重的，酌情对比过去的赋税进行缩减。禁止民间的浮靡奢侈风气，抑制兼并田产房屋的行为，遇到水旱疾疫的灾情，各地府库就开仓放粮赈灾。如此这些办法，都是国家君相调节贫富的策略。这样做至关重要，因为升平盛世一旦持续久了，人口不可能不增加，而天地自然要养活的人口，是有数量限度的。盛世持续长久之后，君王臣宰也不能让人禁止生育，而君王臣宰能够为百姓谋划的办法，也不过就是前面说过的这些方式。然而一个家庭之中，有儿子兄弟十人，其中不遵教化的败家子常有一二人。况且天下之大，懒惰游荡不事生产的人，怎能让他们遵守国家颁布的每一条法令策略。一个人住的房屋，供十个人居住已经不够用了，何况要供百人居住？一个人吃的食物，供养十人已经不够吃，何况要供养百人？这就是我为盛世的百姓担忧思虑的事情。"

洪亮吉用家庭人口的增幅与田产房屋的增幅进行对比，二者不成正比，积累几代进行计算，这种方法十分精审。近代的经济学者费尽了脑力，研究数十年却还是找不到方法，无法妥善解决人口增长之后吃住的问题，正是洪亮吉指出的这件事情。洪亮吉生于乾嘉盛世的时期，他思深虑远，已经看到了天下危机祸乱的问题所在，真可以说是深有卓见。而且那时候人们还不知道有所谓的经济学、统计学，洪亮吉的思虑能如此周密，让人不得不感叹佩服。

注 释

1. 橐笔：古代的书史小吏，手持囊橐，把笔当簪子插在头上，侍奉在帝王大臣左右，以备随时记事，称作持橐簪笔，简称橐笔。后世也指文士靠笔墨为生。

2. 酒清而不饮，肉干而不食：传统古礼的一种规矩。《礼记·聘义记》曰："聘之礼，至大礼也。酒清人渴，而不敢饮也；肉干人饥，而不敢食也。"古代聘礼指聘宾之礼，此礼节是教人谦恭节俭。

3. 倨倨：无思虑的样子。

4. 眄眄：无智巧的样子。

5. 蹎蹎：稳重踏实的样子。

6. 瞑瞑：迷迷糊糊的样子。

7. 鳃鳃：恐惧的样子。

8. 不啻：不止。

第五节　俞樾（附孙诒让）

一、略传及著书

俞樾，字荫甫，号曲园，浙江德清人。清宣宗道光二年（纪元一八二二）生，光绪三十三年（一九〇七）卒，年八十有六。三十岁成进士，入翰林。咸丰七年，提督河南学政，革职，寓居苏州读书，始有志著述。治经之外，旁及诸子。著有《春在堂全书》，其中《群经平议》三十五卷、《诸子平议》三十五卷，最有价值。此外有《第一楼丛书》

三十卷《诗词编》《宾朋集》等百七十六卷,《宾朋集》卷四十五有《性说》上下二篇,可以见其讲学之态度。盖其眼中,以为孔子初不判定性之善恶,至孟荀始有善恶之主张,彼则有取于性恶说,而不取性善说者也。

── 译 文 ──

俞樾,字荫甫,号曲园,浙江德清人。清宣宗道光二年(1822年)出生,光绪三十三年(1907年)去世,时年86岁。俞樾30岁考中进士,入翰林做官。咸丰七年,任河南提督学政,后被革职,暂住在苏州读书,从这时开始著书立说。俞樾除了钻研儒家经书之外,还涉及诸子百家的学问。著作有《春在堂全书》,其中包括《群经平议》三十五卷、《诸子平议》三十五卷,这是最有价值的部分。此外还有《第一楼丛书》三十卷、《诗词编》《宾朋集》等一百七十六卷。在《宾朋集》第四十五卷中有《性说》上下两篇文章,从中可以窥见他讲学的态度。在俞樾的观念中,认为孔子最初并不判定人性的善恶,到了孟子和荀子,儒家思想中才开始有了善恶分辨的主张。俞樾自己则是支持性恶说,而不支持性善说。

二、学说

(一)论性与才之别

曲园谓民之初生,如禽兽然;圣人惧之,故教以五伦之道,设礼制刑,荀子之言,实已尽之。夫使人性本善,则圣人何必如此?或难之曰:圣人教人,以人性本善也;若人性不善,则教无所施,今将执禽兽使知五伦之道,其可得乎?吾则曰:此非性之异,才之异也;禽兽无人之才,故不能为善,亦不能为大恶。人则不然,其才能役使万物,方其未有圣人之时，天下之人，率其性之不善，又佐之以才，盖其为恶，十百倍于禽兽也。圣人曰："是能为恶，亦将能为善，不如禽兽之冥顽不灵，吾无从施其教。"于是以其所能，教人之不能；以其所知，教人之不知；人之才果足以及之。然则人之可以为圣人者，才也，非性也。性者，人与物之所同也；才者，人与物之所异也。禽兽之不及人，非其性之不足，其才之不足也。曲园之伦理说，为性恶一元论，视性甚轻。自性言之，则人类与下等动物，悉皆同一；惟才有优劣，故人类为万物之灵长，而动物则为人之使役也。且惟人之才多，故为恶亦远胜于禽兽；是故当求善良之方法，以谋屈性伸才。是彼之政治教育之要旨，亦可谓之轻性重才说。

（二）驳孟子

曲园谓孟子所云："人之所不学而能者，其良能也；所不虑而知者，其良知也。"而以孩提之童之爱亲敬兄为证据，其说非也。何则？孩提之童，其母乳之，其父燠咻之，故自然能爱其亲，此爱非良知良能，乃昵其所私耳。及长则对于其亲，偶有同异之见，而憎爱即起；至于兄弟之间，友悌破裂，时起争斗，乃是常事，此适足以表明性之不善也。又云：孟子说"人无有不善，水无有不下，今夫水，搏而跃之，可使过额；激而行之，可使在山；是岂水之性哉？其势则然也！人之可使为不善，其性亦犹是也"。呜呼！使世人而皆圣贤，其愚者不失为君子，为恶者仅千百中之一，则孟子之言信矣。今天下之人，为善者少，为恶者多，何其性之善变耶！夫水，搏之过额，俄顷即复其故；人性岂如是耶？强之如是，固决不能持久，而人之为恶，将终其身焉，则孟子之说非也。又谓人之善恶恰如寿夭，孟子曰："人皆可以尧舜"，此无异说人皆可以保百年之寿，呜呼！何其言之轻易也。

（三）孟荀比较

孟荀二子之性说，于根柢则正相反对，而其修为之极度，得达于圣人之域则同。孟子曰："人皆可以为尧舜"；荀子曰："涂之人可以为禹。"于是曲园本其自家之见地，以判断二家之说曰："荀子必取于学者也；孟子必取于性者也。从孟子之说，将使天下之人，恃性而废学，而释氏之教，得以行于其间。《书》曰：'节性，惟日其迈。'（《周书·召诰》）《记》曰：'率性之谓道。'（《中庸》首章）孟子之说，率其性者也；荀子之说，节其性者也。夫为君子之责者，在使人知率其性；人者，在使知节其性者也。故吾人论性，不从孟而从荀也。"由是观之，曲园之性说，乃自政治教育之功利见地上以立言也。

——译 文——

（一）论性与才的区别

俞樾认为，人刚出生的时候，跟禽兽的性情一样，圣人对此很忧心，于是用五伦的道德来教化百姓，制定礼仪、制度和刑法。关于这一点，荀子的思想理论已经讨论得很全备了。如果人天生性情本善，圣人何必要制定礼仪制度？或者有人要反驳说："圣人教化百姓，就因为人性本善的缘故，如果人性中没有善，那么教化也没法施行，今天抓一些飞禽走兽过来教化，让它们懂得伦理道德，看能不能成功？"对此，我认为，人和禽兽之间的区别，并不是本性的差异，而是才能的区别。禽兽没有人的才能，所以不能懂得行善，但也不会有大恶。人却不一样，他的才能可以役使万事万物，在没有出现圣人之前，天下人任由本性的恶肆意而为，同时又有才能佐助，因此人如果作恶的话，比禽兽更坏十倍、百倍。

因此，圣人说："人既可以作恶，也可以学会行善，不像禽兽一般冥顽不灵，因为我们根本无法对禽兽施以教化。"于是圣人凭自己所拥有的才能，教化没有才能的百姓；圣人凭借自己拥有的知识，教化那些

128

没有知识的人。人的才能可以达到圣人的程度，然而人之所以能成为圣人，是人本来拥有这种才能潜质，而不是本性决定的。在本性方面，人和动物全都相同，在才能方面，人和动物有所差异。禽兽比不上人的地方，不是它们的本性不如人，而是它们的才能不足。俞樾提出的伦理说，是性恶一元论，将人的本性看得很轻。从本性来说，人和下等动物全都相同，唯独在才能方面有优劣之分，所以人类是万物的灵长，而动物只能被人类役使。同时，因为人类的才能更多，所以作恶的程度也比禽兽更严重，这样的话，我们应当寻找适合求善的方法，控制本性恶的发展，彰显学习行善的才能。这就是俞樾政治教育理论的关键要旨，也可以称作是"轻性重才"学说。

（二）驳孟子

俞樾评价孟子所说的："人不用学习就懂得一些道理，是因为拥有天生的善能；人不用思考就知道一些事情，是因为有天生的良知。"孟子用孩童对父母兄弟的敬爱作为证据，其实他的理论是不正确的。为什么这样说呢？孩子小的时候母亲乳养哺育他，父亲抚慰呵护他，所以孩子自然而然爱他的父母，这种爱的感情并非天生的良知善能，而是由亲昵的感情产生出来的。孩子长大以后，偶尔跟父母的意见相合或相悖，这个时候真正的爱憎之情就产生了。至于兄弟之间，友爱的感情破裂，时而引起争斗，这都是常有的事情，这些事例正可以说明人性本来就不是善的。又有人说，孟子认为"人没有不善的，水没有不往低处流的，假如拍打水，让它飞溅起来，就可以让水高过人的额头；假如堵住水道，让它倒流，就可以将水引上高山，这难道是水的本性吗？这是形势造成的结果，人之所以去做坏事，变得不善，是由于他的本性也像这样，受到了形势的逼迫"。

唉！如果世上的人都是圣贤，即便愚钝的人也至少是君子的话，那么在成百上千人中只有一个作恶的，孟子的这些话是可以令人信服的。

但是如今的天下，行善的人少，作恶的人多，怎么会有这么多人被迫改变本性了？拍打水面的时候，水流飞溅起来，高过人的额头，但很快又恢复原状，人性难道也是这样吗？水向上激荡起来，这种强势向上的状态，绝对不可能维持很久。但一个人作恶，却能持续一辈子当恶人，所以说孟子的理论是不对的。俞樾又提出，人的善恶就好像长寿和夭折一样，孟子说："人人都可以成为尧舜。"这种理论就等于说每个人都可以长命百岁一样，唉，他把行善说得也太容易了。

（三）孟荀比较

孟子和荀子关于人性的学说，从根本上来看，两人的观点正好是相反的，但是对于人性修为的极致来说，能达到圣人境界的程度是相同的。孟子说："人人都可以成为尧舜。"荀子说："通过教化和教育，普通人也可以成为大禹。"因此，俞樾根据他自己的见解，对孟子和荀子两人的观点进行评价，说道："荀子的教化方式侧重于学习，而孟子的教化原则侧重于本性。从孟子的学说来看，让全天下人都持守善的本性，而不必学习和教育，那么佛教的理论学说，刚好也是这种说法。《尚书》中说：'节制性情，每天都能取得进步。'（《周书·召诰》）《礼记》中说：'率性而为才是真正的道。'（《中庸》首章）孟子的学说，是让人率性做事，而荀子的学说，是让人节制性情。对于一名有责任感的君子而言，让他知道率性而为就可以了，但是对于普通人，就要让他学会节制性情。因此，我谈论普遍的人性时，不跟从孟子的学说，而是支持荀子的主张。"由此可见，俞樾的人性学说，是他从政治教育的功利角度和立场出发，提出自身的见解，然后加以阐述的。

三、结论

荀子出于周末，唱性恶一元的伦理说，后儒非之者多，绝无一人左袒之者；隔千九百余年后，曲园独毅然赞同之，不可谓非隔世之知音也。近代西洋之利己说，实即与性恶说，同一见地；而在我国，则古今来惟有荀俞二氏，主张此说耳。曲园当清代诸儒醉心于程朱糟粕之际，独不肯盲从，而排斥宋明以下诸大家，遥应荀子，不可谓非卓见，岂得谓其好奇乎？然曲园始终尊崇孔子，其辨性与才曰："性恶者，才可为善可为恶者也。"惜于性与才之关系，尚未有彻底之解释。以此说比较孟子之性情才皆善说，固大不同；以之比较荀子之天性恶人为善之说，则曲园之辨析性与才，有加一层阐明之功。以图解之如下：

荀子　天性 —— 恶
　　　人为 —— 善

曲园　性 —— 恶
　　　才　善
　　　　　恶

依吾人今日之见，究竟古来性善性恶二说，孰近真理？则答曰两者不过各含一部分之真理，而未完全者也。盖性之本体浑然，无所谓善恶；善恶者，其后起之作用也。各就作用之一面，以认本体，而执为善为恶之说，是不免见其一不见其二；故以孔子言"性相近，习相远"，最为适当。若执其一偏，而互相诋排，恰如执着爱己主义、爱他主义，各偏于一方相似。然在儒家之立场，惟以性善说为最正，故古来无数学者，罔不欢迎孟子；独有曲园敢于千百余年后，阐发荀子之说，其自由研究之精神，有足多者。

曲园曾主讲浙江诂经精舍，有大弟子曰孙诒让，卓然为考证学之殿将，其造诣之精，几驾乎乾嘉诸大师之上；特附述之。

孙诒让，字仲容，浙江瑞安人，太仆依言之子。少好六艺古文，太仆讽之，使为经世致远之学。诒让谓"先汉诸黎献，风义嚼然，经训固未尝不可通于洽也"。太仆乃授以《周官经》，其后作《周礼正义》，实自此始。年二十，中同治丁卯乡试，援例得主事。从父官江宁，与德清戴望、仪征刘寿曾等游，学益进。从来治经者，以《礼》为最难。诒让则独长于《礼》，所著《周礼正义》八十六卷，宏深精博，冠绝古今。又著《古籀拾遗》三卷，以金石文字，辨正六书。兼推阐古人造字之精意，成《名原》二卷。又辨析龟甲，成《契文举例》二卷。又以《墨子》脱误乖舛，几不可读，乃集合诸家校本，一依小学形声通假之例，逐加诠释，成《墨子间诂》十五卷；今人得以通墨子者，端赖此书。此外著述甚多，大抵不出经学小学范围。诒让诚不愧为清代三百年最后之朴学大师也。光绪三十四年（纪元一九〇八）五月，病中风卒，年六十一。

译 文

荀子生在东周末年，倡导性恶一元的伦理学说，后代的儒者多数都反对他的观点，没有一个人支持他。过了 1900 年之后，唯独俞樾毅然站出来赞同荀子的思想，不得不说，他们两人称得上是隔世的知音。近代从西方传来"利己"学说，在本质上与性恶说有相同的主张。而在我国思想家中，从古到今，只有荀子和俞樾两人主张这样的说法。俞樾处于清代儒者们都醉心于程朱理学的糟粕的时期，但唯独他不愿意盲从众人，极力排斥宋明以来的大儒们，而是与荀子遥相呼应，不得不说他的见识高远卓越，而不是单为了独辟蹊径，故意追求奇特。然而俞樾始终尊崇孔子，他在辨析"性"与"才"时说："虽然人性本恶，但在才能方面，人既可以选择行善，也可以选择作恶。"可惜的是，对于"性"和"才"

之间的关系，俞樾还没有进行彻底的解释。用俞樾的学说来比较孟子的"性情才"都是善的学说，二者在本质上有所不同。再比较荀子"天性恶人可以为善"的学说，俞樾所提出的辨析"性"与"才"的理论，对荀子理论又增加了一层阐明的功用。用图解分析如下：

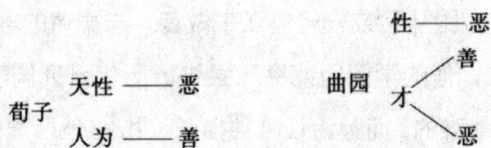

```
                                          性 —— 恶
                                              善
          天性 —— 恶              曲园  才
  荀子                                         
          人为 —— 善                      恶
```

　　依照我如今的观点看来，古人提出的性善和性恶两种学说，究竟哪一种接近真理？回答说，两者都只不过是各包含了一部分真理而已，并没有囊括全部的真理。因为人性的本体是浑然无知的，没有所谓的善和恶之分，人的善与恶，都是后来才出现的，在人的成长和行为中发生作用的。如果以人的一种善恶行为当作人性本体，然后坚持人性为善，或者人性为恶的学说，未免过于片面，只见其一不见其二。用孔子的话来说，"人的本性相近，但后天沾染的习性差别甚远"，这种观点最为适当。如果偏执地坚持性善或性恶的一端，双方互相诋毁排挤，这就好像坚持"爱己主义"或"爱他主义"，各自偏执一方面，都是一样的道理。

　　然而在儒家思想的立场来说，只有坚持人性本善的学说才是正统，因此古往今来无数的儒家学者，没有一个不赞同孟子的观点。唯独俞樾敢于在千百年之后，阐发荀子的性恶学说，可见他这种自由研究精神，丰富而有充余。

　　俞樾曾在浙江诂经精舍主讲经学，有一位大弟子名叫孙诒让，他取得的成就卓越，可以称为考证学派的最后一名干将。孙诒让的学术造诣精深，几乎可以凌驾于乾嘉诸位考证大学者之上，因此特别附录进行介绍。

　　孙诒让，字仲容，浙江瑞安人，太仆寺卿孙依言之子（编者注：有误，应为孙衣言）。孙诒让在少年的时候喜欢六艺古文，父亲批评建议，让他专研经世致用的学问。孙诒让说："汉代以前那些从平民中出来的贤者，他们风骨纯然，道义洁净，对于儒经训导也能理解，融会贯通。"因此他的父亲教他学习《周官经》，孙诒让后来著《周礼正义》，积累就是从这时候开始的。孙诒让20岁的时候，考中同治丁卯年的乡试，按例获得主事一职。跟从父亲一起去江宁做官，与德清的戴望、仪征的刘寿曾等人有来往，他的学问因此突飞猛进。历代研究儒家经书的学者，都认为《礼》是最难的，而孙诒让唯独擅长《礼》，他所著的《周礼正义》八十六卷，宏博深精，足以冠绝古今。他又著《古籀拾遗》三卷，用钟鼎碑碣上的古文字，对象形、指事、会意、形声、转注、假借六书进行辨析考证。并且推断、阐释古人造字的精意所在，著有《名原》二卷。孙诒让又辨析龟甲文字，编成《契文举例》二卷。又因为世传的《墨子》一书有错误、缺失之处，几乎没办法阅读，于是他汇集《墨子》的各种校本，依照汉学文字形声通假的例子，对错误逐一进行诠释、改正，著成《墨子间诂》十五卷。如今人们想通读研究墨子的学问，全都依靠孙诒让的这本书。除此以外，孙诒让的著述非常多，基本上都在经学和汉学研究的范围之内，他不愧为清代三百年最后的朴学大师。光绪三十四年（1908年）五月，孙诒让患病中风去世，时年61岁。

---· 注 释 ·---

1. 燠咻：抚慰、呵护。
2. 颡：额头。
3. 黎献：百姓中的贤者。
4. 皭然：洁白、干净的样子。

第六章　实用派

第一节　颜元

一、略传及著书

汪中有《六儒颂》，举昆山顾炎武、德清胡渭、宣城梅文鼎、太原阎若璩、元和惠栋、休宁戴震六人。但可与六人并肩齐驱者，更有余姚黄宗羲、衡阳王夫之、无锡顾祖禹、大兴刘献廷，皆一世之大儒，除黄、王二子外，余二人称为思想家，当有不类。此外又有颜元其人，倡特异之学说。其学超出"宋明性理学"之范围外，直参孔孟经世之学，欲以谋天下国家之公利。然其内容，不如孔孟之为理想的，而为意志的、努力的及节用公利之点，与墨子极多类似之处。

颜元，字浑然，号习斋，直隶博野人。生于明崇祯八年（纪元一六三五）。父昹，事迹不明，然在习斋幼时，已远往辽东，且在该地再娶。习斋五十岁，曾寻访其父，有银工金某之妻，告以墓所在，祭而归。（《颜氏遗书·年谱》）其生母何时殁，不可得而考。但其幼时养于蠡县刘村朱翁家，备尝贫苦，当是事实。八岁就学，刻苦勉励，异于常人，学业因以日进。稍长，慨国事日非，因研究战守攻取之略。二十一岁时，读《通鉴》，忘寝食。二十四岁，开家塾，教子弟。初著《存知篇》（编者按：颜元所著《四存编》中只有"存性""存学""存治""存人"四编，合称《四存编》）；翌年著《存性篇》；又续著《存学篇》；树立其学说之根本。后又著《存人》《存治》篇。且躬耕讲学，一世皆仰其人格。

康熙四十三年殁（纪元一七〇四），年七十岁。弟子有李塨最著。著作则有《颜氏遗书》，收在《畿辅丛书》中。此外又有合刻之《颜李遗书》。

——·译 文·——

汪中著有《六儒颂》，共推举了六个人。他们分别是江苏昆山的顾炎武、浙江德清县的胡渭、安徽宣城的梅文鼎、山西太原的阎若璩、江苏吴县的惠栋和安徽休宁的戴震。能与这六个人并驾齐驱的人，还有浙江余姚的黄宗羲、湖南衡阳的王夫之、江苏无锡的顾祖禹和江苏大兴的刘献廷，这些都是当今有名的大儒。但除了黄宗羲和王夫之二位先生，其他两位被称为思想家，恐怕有些不妥。此外又有颜元这个人，提倡一些特立独行的理论学说，但是他所主张的内容与孔子和孟子为个人理想不同，他是为个人的意志力、勤奋努力，以及节俭实用、公众利益等方面著书立说，与墨子思想有较多类似之处。

颜元，字浑然，号习斋，直隶博野县（今属河北省）人。他生于明崇祯八年（1635 年）。父亲颜昹，生平事迹不明，但在颜元小时候就已经远迁辽东一带，并在当地另外娶了妻子。颜元到了 50 岁的时候，曾经去寻访父亲的踪迹，有一位姓金的银匠妻子跟他说了父亲的墓在什么地方，颜元前去拜祭之后才返回。(《颜氏遗书·年谱》）他的生母死于何时已经无法考证了，但是他小时候曾经被蠡县刘村一个姓朱的老翁收养，生活非常贫寒凄苦，这应该是真实的事情。颜元八岁入学，比普通人都要刻苦勤勉，学业也日益长进。等他稍微年长的时候，常常感慨国家的前景一天不如一天，因此就开始研究战争中的攻守之道。他 21 岁时读《资治通鉴》，经常读到废寝忘食。24 岁时，颜元开设私塾招收弟子，并著《存知篇》(编者按：颜元所著《四存编》中有"存性""存学""存治""存人"四编，故合称《四存编》)；第二年他又著了《存性篇》，后来又续写《存学篇》，这些著作树立了颜元学说思想的根基；后来颜元又著有《存人》《存治》篇。他一生兢兢业业，耕田讲学，当时的人都非常尊崇他的人格。颜元死于康熙四十三年（1740年），享年70岁。他的弟子当中数李塨最为有名，著有《颜氏遗书》，收录在《畿辅丛书》中，此外还有与颜元联合刊刻的《颜李遗书》。

二、实用主义

颜氏生长穷境，志气强固，行事彻底，诚有墨子当年气象。尝谓"立言，但论是非，不论异同。是则一二人之见，不可易也；非则虽千万人之所同，不随声也。岂惟千万人而已哉！虽千百年同迷之局，我辈亦当以先觉觉后觉，不可附和雷同也"。（《遗书·学问篇》）颜氏见解，与顾黄二子相同，皆有鉴于明季心学之流于放纵，欲矫其弊害，以破斥空疏之学。但黄子虽戒"王学"末流之空疏，而未尝认王学为非；顾子虽斥明学为非，而未尝攻及宋学；颜氏则不然，彼于宋之理学，明之心学，一概排斥，以为此种学问，要为纸上之空论，无益于躬行实践。孔子教人学六艺，不是口头之学，是率弟子实地练习，然后各就所得而为体验之谈，此实得之体验，即孔子之教导也。故孔子之弟子，皆能应用其学，为当时社会有用人才。若如近世之性理学，毫无体验，仅口头学问，直是佛性论之剽窃，佛家所谓幻觉之性，实一种死学，究何所益。故学宜以实用为旨，而教科则宜以《周礼》乡三物为归，如是则死学庶可变为活学。

仆妄谓性命之理，不可讲也；虽讲，人亦不能听也；虽听，人亦不能醒也；虽醒，人亦不能行也。所可得而共讲之，共听之，共醒之，共行之者，性命之作用，如《诗》《书》、六艺而已。即《诗》《书》、六艺，亦非徒列坐讲听，要惟一讲即教习，习至难处，来问，方再与讲，讲之功有限，习之功无已。孔子惟与弟子，今日习礼，明日习射，间有可与言性命，亦因其自悟已深，方与言。盖性命非可言传也，不特不讲而已也。（《遗书·存学篇》）

又谓程朱由理气说明性之善恶，要为根于释氏"六贼之说"而然。若孔孟之言性，则合于身而言之。盖有物斯有则，放形而言性，不自觉其陷于抽象的佛说也。彼云：

尧舜周孔之言性也，舍身言之，故曰有物有则。尧舜性之，汤武身之，尧舜率性而出，身之所行，皆性也；汤武修身以复性，据性之形以治性也。孔门后惟孟子见及此，故曰"形色天性，惟圣人然后可以践形"。形，性之形也；性，形之性也；舍形则无性矣，舍性亦无形矣。（下略）（《遗书·存人篇》）

颜氏为实用主义之学者，此种批难，自是必然之结论。但彼之学说，缺于思辨，不足以破程朱之壁垒，此是其长处，亦是其短处也。《年谱》中载习斋曾习程朱学，及南游时，与诸学者交，见人人禅子，家家虚文，直与孔门敌对。于是憬然悟程朱之学为非，以为必破一分程朱，始可近一分孔孟；乃判定程朱与孔孟，截然两途。于是脱出心斋坐忘之非，而以实践事功为学。其对于宋明性理学之反动，恰与先秦墨子对于当时儒者，忘却孔子本旨，徒拘于繁文缛礼之末节，起而一洗其弊害者正同。二人虽相去数千年，确是绝好对照，故颜氏又确是一个革新的思想家。尝谓"人之岁月精神有限，诵说中度一日，便习行中错一日，纸墨上多一分，便身世上少一分"。（《存学篇》）又谓"静闲而久爱空谈之学，必至厌事；厌事必至废事，遇事即茫然。故误人才败天下者，宋学也"。（《年谱》下）此数语即彼之中心思想。盖彼以为学必兼实用，立足于实用主义上，论旨堂堂，毫不暧昧，极类墨子而更痛切。彼以为人之认读书为学者，固非孔子之学；以读书之学解书，并非孔子之书。

孔子是主张做事，主张为做事而读书，除却做事，即无所谓学问。故其教弟子，以《周礼》大司徒乡三物为中心：一曰六德，知、仁、圣、义、忠、和。二曰六行，孝、友、睦、姻、任、恤。三曰六艺，礼、乐、射、御、书、数。而尤重六艺，务使弟子熟习其一，以养成实务人才。彼二十二岁时，为贫而学医，学成后，率弟子躬耕以自活，此点又与墨子相同。而"生存一日，当为生民办事一日"之标语，又与现代"劳动神圣，不工作则不得生活"之社会主义之思想相同；此点亦似墨子。在此意味上，可知彼极端反对宋明思辩之学，而主张实践，是以活学代死学者也。

—— **译 文** ——

颜元出生成长在穷苦之家，但他志气远大，做事慷慨透彻，很有当年墨子的风采。他曾经说过，"一个人著书立说，只需讨论是非对错，不必去纠缠观点相同或者不同的问题。如果观点正确，即便是一两个人的见解，也不可更改。如果观点错误，虽然是千千万万人共同的看法，但也不能随声附和。但是支持错误观点的又岂止千万人！即使千百年来众人的思想都局限在这样的看法中，我们也应当负起责任，因为我们先明白真理，就要去教育那些后明白真理的人，决不能随声附和，更不能跟别人雷同。"（《遗书·学问篇》）

颜元的看法与顾炎武、黄宗羲两位先生相同，都考虑到明代心学发展到后来，出现放纵恣肆的趋势，所以想要矫正其中的弊端，打破空洞浅薄的学术倾向。黄宗羲的思想虽然避免了王学末流中的空洞浅薄，但是他并不认为王学的观念是错误的。顾炎武虽然斥责"明代心学"是错误的，但是他并不攻击、驳斥宋代理学。而颜元就不是这样了，他对于宋代理学、明代心学，全部都排斥，认为这些所谓的学问，实在是纸上谈兵的空论，对个人的生活实践没有一点用处。孔子教人学习六艺时，并不只是口头上说一说，而是亲自率领弟子实地进行练习，然后就自己获得的亲身体验进行讨论，学生可以从中获得实践体验带来的收获，这就是孔子对学生的教导。因此，孔子的弟子都能将自己所学的知识应用起来，成为当时社会上的有用之才。如果像近代的性理学只是口头说说，根本不讲任何亲身实践和体验，那简直就是剽窃佛性论的做法。而佛家所说的"幻觉之性"，根本就是一种死学问，学了之后对人没有任何好处。所以说，学习就应当以实用为第一要旨，而教育就应当以《周礼》中的"六德、六行、六艺"为依归，这样一来，死学问就可以变得活学活用了。

我大胆谈一些关于人性和命数的道理，但这些道理有时却讲不清楚。即使讲了，人们也不一定愿意听；即使愿意听了，人们也不一定会明白；即使弄明白了，人们也不一定去实行。就像《诗经》《尚书》以及"六艺"等学问一样，关于人性和命数的道理，也应该拿出来一起讲解、倾听、领悟，并且共同将理论实践出来。即使是《诗经》《尚书》以及"六艺"等学问，也并不是学生们一排排坐好就可以开讲开听的，而是要随教随学，学到有疑难的地方，学生就立刻上前去问老师，解决了问题之后，老师再继续讲，这样一来，讲授的时间虽然有限，但是学生学到的知识就无穷无尽了。孔夫子在教弟子的时候，今天学礼仪，明天学骑射，中间有空闲再跟他们谈一谈性命之理，这也是因为学生已经领悟得比较深刻，所以孔子才跟他们谈这些内容的。所以说，人性和命数的道理并不是不能用话语传授，只是没有出现特别的时机，不涉及这些内容，所以不必多讲而已。(《遗书·存学篇》)

又有人说二程、朱熹根据天理和气运来阐明人性的善恶，他们的主要思想来源于佛家所说的"六贼之说"。这就像孔子、孟子谈论人性，是从人性合乎人身的道理作为出发点的。也就是说，世间万物都有自身存在的法则和规律，抛开人的形体去谈论人性，这样的理论不知不觉就会陷入抽象的佛家学说。颜元说：

> 尧、舜、孔子、周公谈论人性，都是将人性结合身体而谈的，这就是万物均有可依循的法则。尧、舜凭着人的天性管理天下，而商汤和周武王则用身体力行治理百姓。尧、舜率性而为，他们的身体做出来的事情，都合乎他们的人性。商汤和周武王修养身心来归附本性，是根据人性的外在表现来展现人性。孔子后世的门人弟子中，只有孟子的主张涉及这些问题，因此他说："人的身体容貌都是天生的，唯独圣人能够展现这种天生的本性，让天性通过身体和各种外在的实践得到最大程度的开发。"身体，是人性的外形展现；人性，则是身体的本性。舍弃人的身体就无法谈论人性问题，而舍弃人性也无法谈论身体。（下略）（《遗书·存人篇》）

颜元是一位实用主义的学者，他对理学做出这种批评，也是必然的结果。但是，他的学说思想缺乏思辨的力度，还不足以攻破程朱理学的壁垒，这一点既是他的优势和长处，也是他的劣势和短处。在《颜元年谱》中，记载颜元曾经研究过"程朱理学"，他游历南方的时候与许多学者广泛交游，但是发现学者们不是谈论佛家，就是研究道家，几乎要与孔子学说针锋相对。他这才恍然大悟，原来程朱理学的很多思想见解是错误的。颜元认为，只有一点点地攻破程朱理学，才能一点点地靠近孔孟的儒学，他判定区分程朱理学与孔孟之学，认为这是截然不同的两种学说。于是颜元脱离了庄子"心斋坐忘"的修道方法，抛弃以往的错误思想，开始学习实践和应用的道理。

颜元反对宋明时期的性理学，这恰好与先秦时期墨家反对当时的儒家学者一样，因为那时的儒者已经忘却了孔子思想中最根本的旨意，他们只是拘泥于繁文缛节，专注于儒学的细枝末节，于是墨家思想奋起驳斥，一改当时儒家的弊端与错误。颜元与墨子虽然相隔了几千年，但是两人的确是很好的对比，从这一点来说，颜元也确实是一名有革新精神的思想家。

颜元曾经说过，"人的生命和精神都是有限的，多过一天诵读学说的日子，就少一天实际践行的日子，在纸墨上多花一分功夫，在身体力行中便会少花一分功夫。"(《存学篇》)他又说："一个人静坐空闲的时间久了，就会喜欢上空谈，也一定会厌烦世事。如果厌烦世事，就一定会荒废世事，那么遇到事情就会茫然无解。因此，宋代理学真是贻误人才，坏了天下大事。"(《年谱》下) 这几句话就是他的核心思想。他认为学习就一定要兼顾实用，立足在实用主义之上，核心思想理论要堂堂正正，清清楚楚，不要有一丝一毫的模糊不清，这种主张就与墨子思想极为相似，甚至比墨子更为恳切。颜元认为，一些人认为只有读书才堪称学者，其实这并不是孔子传下来的学问，而以读书获得的学问来解说书籍，这也并不是孔子的著作。

孔子主张做实事，主张为做实事而读书，除了做实事以外，便都称不上是学问。因此孔子教弟子的时候，以《周礼·大司徒》中的"乡三物"作为学问的核心：其一是六德，即知、仁、圣、义、忠、和；其二是六行，即孝、友、睦、姻、任、恤；其三是六艺，即礼、乐、射、御、书、数。其中孔子又最重视六艺，让他的弟子务必熟悉其中一种，成为务实的人才。颜元 22 岁时，由于家里贫穷而学习医术，在他学成以后，就率领众弟子亲自耕种土地，自给自足，这一点又跟墨子一样。而"生存一天，就应该为百姓办事一天"与现代的"劳动神圣，不工作则不能生活"的社会主义思想是相同的，这一点也很像墨子。从这个意义上说，可知颜元确实是极力反对宋明的思辨学问，他极力主张实践，也是用活学问代替死学问的人。

三、政策论

颜氏谓吾用力农事，不遑食寝，邪妄之念，亦自不起，若用十分心力，时时往天理上做，则人欲何自主哉！信乎力行近乎仁也。（《年谱》上）

颜氏重实利实行，且以劳动为神圣，故对于世之徒食懒惰者，极为厌恶。社会上贫富不均之问题，亦曾用力研究；故于社会政策，主张用周朝之制度井田法，及汉以后之屯田制。彼以为社会之病源，大多数生民之涂炭，要由于"富者兼并"而成。略述其《井田论》《屯田论》如下：

颜氏当时，富之增殖，大部分是依于地力，经济上之问题，与土地问题，关系最切。然自周代井田法破坏以来，土地变成私有制，人口相伴而繁殖，富力日趋于垄断。此反比例之所及，土地遂次第为少数之贵族富豪所兼并，社会上可憎可悲之现象，殆无法挽救；要皆由于富之兼并，及井田制破坏之故。当二千余年之前，曾虑及土地之兼并，欲复活古代井田之制，孟子曾主张之。盖土地本是天与，所谓天惠之物，决非一人所得而私有。人之初生，本赤裸裸无一物；何以小部分之人，当终身温饱荣华，而大多数之人，转呻吟于困苦穷乏之中，至于老死，此果出于天意乎？君主，民之父母也；倘一子生而为富民，他数子生而为贫民，为父母者其能坐视，而不力图改偏救正乎！为君主者如此，则其治道，犹可说合于王道顺于人情乎！故土地之私有，自当禁止，齐私田而一租税，方是正道。

天地间田，宜天地间人共享之，若顺彼富民之心，即尽万人之产而给一人，所不厌也。王道之顺人情，固如是乎！况一人而数十百顷，或数十百人而不一顷，为父母者，使一子富而诸子贫可乎！……况今荒废之地，至十之二三，垦而井之，移流离无告之民，给牛种而耕焉，田自更余耳。(《遗书·存治篇》)

其次论及兵制，彼谓古时唐有府兵，明有卫制，然能维持其兵力，亦惟限于创业之初；过此以后，则将只知营私，流于偷惰；士卒等于鼠贼，临阵未遇敌，而先已鸟兽散矣。其弊皆因兵农分立，兵士与田里，毫不相关，而爱国之精神，遂全失矣。故当复行古之屯田制，寓兵于农。其方法则与井田制，有密切关系；每井中抽调壮丁，于农隙时，选适当之地点，分文武二科训练之；且使之明节义，养成有理解之兵士。其结果一可以富国节用，二可以得爱国死敌之兵。此见解，在经济上、国防上、兵制上，皆可为卓识。且其主张之政策，皆具体立言，与纸上空谈者，迥异其趣。其实用经国之才，确有可表见者也。

─·译 文·─

颜元说，我在农事上用了很多力气，来不及吃饭睡觉，也就自然不会有邪妄的念头。如果一个人用上十分的心力，行为时时刻刻都要符合天理，那么人的欲念和意志力要怎么自主呢？一个人努力行善，就几乎能够接近仁了，这话实在是太正确了。(《年谱》上)

颜元重视实利和实行，而且认为劳动是神圣的事，因此他极其厌恶世上那些白吃白喝又十分懒惰的人。他也曾经专心研究社会上贫富不均的问题，因此对于社会政策，他主张沿用周朝时的井田法和汉代以后的屯田制。他认为社会的问题根源，以及大多数生灵涂炭的状况，都要用

"富者兼并"的方法来解决。下面简要介绍他的《井田论》和《屯田论》：

颜元当时所处的年代，人们的大部分财富增殖，来源都是依靠土地，经济问题与土地问题息息相关。然而，自从周代井田法遭到破坏，土地变为私有制以后，人口繁殖逐渐增多，社会财富也渐渐被一些人垄断了。人口和财富的增长成反比，土地也逐渐被少数贵族和富豪兼并，这是社会上最令人深恶痛绝、可悲可叹的现象，但也已经无法挽救。最关键的问题是社会财富被贵族兼并，而这是井田制被破坏所造成的。在两千多年前，孟子就曾经忧虑土地兼并所带来的严重后果，他一心想要恢复井田制，并提出一系列的主张。土地本来就是上天赐给万民的，正所谓天赐恩惠，绝不是个人的私有财产。人一生下来都是赤条条的，身外没有一件东西，但为什么偏偏少数人能一辈子享受荣华富贵，而大部分人却只能穷困潦倒，在贫困中苦苦呻吟，一直熬到年老，悲哀地死去。难道这真的是天意吗？一国的君王，也就是百姓的父母；如果一个人生来就是富人，他的万千子民却生来是穷人，作为父母怎能坐视不理，他能不想办法改变这样的局面吗？作为君王如果这样做了，那么他的治国之道，才可以说得上是合乎王道，顺应人情！因此，君王应当禁止土地私有制，把私有田产统一收归国家，并统一纳税，这才是正道。

天地之间的田地，应该由所有的人共同享有，如果为了顺应那些富人的心意，就算把万人的田产全部归给他一人，他也不会满足的。君王之道就应该顺应民心人情，而且本来就该这样。况且，如果一人拥有数百顷田地，而另外数百个人却没有一顷田地，作为父母能让一个孩子富裕，而让其他孩子贫苦吗？……再说如今有十分之二三的田地已经荒废了，如果能开垦土地，并且划分井田，转交给流离失所的百姓，让他们用牛耕种，田地自然而然增加，也就越来越富余了。（《遗书·存治篇》）

其次，再来谈谈颜元的兵制观念吧，他说在古代的时候，唐朝有府兵制，明朝有卫制，但是国家能维持兵力，也只是在建国之初的时候。发展到后来，国家的将领就只知道营私舞弊，变得越来越偷懒怠惰，而士兵们也都胆小如鼠，临阵杀敌还没遇到敌人，就如鸟兽散了。这些弊端都是因为兵农分离，士兵与田地丝毫没有关系，于是他们也就慢慢失掉了爱国精神。因此，政府应该恢复古时候的屯田制，将兵与农结合起来。这个方法与井田制关系密切，农闲的时候，从每一井之中抽调壮丁，在合适的地方，分开训练文、武二科，让他们明白节气和义气，久而久之，就成了有见识的士兵。这样的话，一来可以让国家富强，节省开支用度，二来可以训练出爱国杀敌的士兵。颜元的这些主张，无论在经济上、国防上、兵制上，都称得上是高明之见。而且颜元主张的这些政策，都有具体的实行方法，与那些纸上空谈的理论派截然不同。所以说他是一位经世治国的人才，的确是因为他有可夸赞的地方。

四、结论

颜氏之学，皆是切于实用，补救宋明以来学者之缺点，一洗社会之弊风，自是对症之药。而社会上经济上之政论，虽今日犹占极有价值之地步。惜当时不能见诸实行，及其弟子李塨一死，其学且至于中绝无闻，可惜也。

—— • 译 文 • ——

颜元的学说，都是切合实用的，在很大程度上弥补了宋明以来学者的缺陷，一洗当时社会的弊病，可以称得上是对症下药。尤其他提出的那些关于社会和经济的政论，即使在今天，也依然具有相当大的价值。

可惜颜元的学说在当时并没有付诸实践，等到他的弟子李塨一死，这些学说就中断灭绝了，不被世人所知，真是太可惜了。

——• 注 释 •——

1. 汪中（1744—1794年）：字容甫，江苏扬州人，清朝著名经学家、文学家、史学家，与阮元、焦循同为扬州学派的杰出代表。

2. 幻觉之性：佛教思想认为，自我根本无明，它只是被误认为真实，其实是一种幻觉。因此，凡是从自我产生的一切，都是无明与幻觉。自我永远越是要它自己的存在，越显示出它的不稳定。自我天生缺乏安全感，永远害怕失去它的本身、领域、所有物和关系，而这一切都是幻觉之性。

3. 乡三物：指儒家教化百姓的六德、六行、六艺。

4. 六贼：佛教语，即六尘——色、声、香、味、触、法。《楞严经·卷四》说："谓此六尘能以眼、耳等六根为媒介，劫掠'法财'，损害善性，故称。"

5. 心斋坐忘：原本是庄子思想的基本范畴，强调修养历程由外而内、层层递进的内省过程，主要内涵是虚静空明，终极目标是与道合一。孔子用此来教育学生修养身心。

6. 井田法：即井田制，是中国古代社会的土地国有制度，最早出现于商朝，到西周时已发展成熟，其本质是一种以国有为名的贵族土地所有制。春秋时期，由于农业发展等诸多原因，井田制逐渐瓦解。

7. 屯田制：国家强制农民和士兵耕种国有土地，征收一定数额的田租。发源于西汉，至曹魏形成一套完整的制度。

8. 府兵：即府兵制，是中国古代兵制之一。主要特点是兵农合一，府兵平时为耕种土地的农民，农隙训练，战时从军打仗。府兵参战用的武器和马匹全都自备。府兵制由西魏权臣宇文泰创立，历北周、隋至唐初期而日趋完备，唐太宗时期达到鼎盛，唐玄宗天宝年间停废，历时约200年。

9. 卫制：即卫所制，是明朝最主要的军事制度，为明太祖朱元璋创立，构想来自于隋唐时代的府兵制。

第二节　李塨

一、略传及著书

李塨，字恕谷，别字刚主，直隶蠡县人。生清顺治十六年（纪元一六五九），卒雍正十一年（纪元一七三三），年七十五。塨以父命，师事习斋，尽传其学。康熙三十九年，举于乡。习斋足不出户，不轻交一人。塨则常往来京师，广交天下贤士，如万季野、阎百诗、胡朏明、方灵皋辈，均有往还。时季野负盛名，每开讲习，列坐皆满。一日，众方请季野讲"郊社之礼"。季野则推尊恕谷，请其讲真正圣学。王昆绳才气不可一世，自与塨为友，受其感动，以五十六岁老名士，亲拜习斋之门为弟子，遂为习斋学派下有力人物。故此派虽创自习斋，实得恕谷，然后完成者也。习斋律己待人，一律严峻；恕谷则谓交友须令可亲，方能收罗人才，广济天下。习斋取与不苟，主张非其力不食；恕谷则主通功易事。习斋排斥读书；恕谷则谓礼、乐、射、御、书、数等，有时非赖考证不明，故书本上学问，亦不可废。此皆对于其师补偏救弊之处，然学术大本所在，则未尝有出入。塨有友曰郭金汤，作桐乡知县；杨勤为陕西富平县令，均先后聘塨入幕。塨曰："学施于民物，在人犹在己也。"欣然前往，郭、杨用塨言，政教大行。但李光地，为直隶巡抚，招之不往；年羹尧开府西陲，两次来聘，皆以疾辞。习斋生平不著书，今传者惟《四书正误》《习斋余记》并《存学》《存性》《存治》《存人》四篇。恕谷亦尚躬行，不喜空文著述。晚年因问道者众，乃著《小学稽业》五卷，《大学辨业》四卷，《圣经学规纂》二卷，《论学》二卷，《周易传注》七卷，《诗经传注》八卷，《春秋传注》四卷，《论语传注》二卷，大学、中庸《传注》各一卷，《传注问》四卷，《经说》六卷，《学礼录》四卷，《学乐录》二卷，《拟太平策》一卷，《田赋考辨》《宗庙考辨》《禘祫考辨》各一卷，《阅史郊视》五卷，《恕谷文集》十三卷。其门人冯辰、刘调赞共纂《恕谷先生年谱》四卷。同治中，德清戴望，撮取颜李之说，为《颜李学记》。近东海徐氏，汇刻《颜李遗书》。又命其门客为颜、李《语要》各一卷，《颜李师承记》九卷。

──·译 文·──

　　李塨，字恕谷，别字刚主，直隶（今河北）蠡县人。生于顺治十六年（1659年），雍正十一年（1733年）去世，享年75岁。李塨遵从父亲的命令，拜颜元为师，一生尽得他的真传。康熙三十九年（1700年），李塨参加乡试，考中举人。颜元平时足不出户，不轻易结交朋友，而李塨则是常常往来于京师，广交天下的贤能之人，比如万斯同、阎若璩、胡渭、方苞等人，与他们之间均有往来。当时万斯同已经名气很大，每次他开座讲习，都是座无虚席。有一天，众人请万斯同讲"郊社之礼"，万斯同就推举了李塨，请他来讲真正的圣学。当时王源的才气出众，傲然不可一世，他自从与李塨结交朋友以后，就深受李塨思想的感染，以56岁高龄的名士身份，亲自拜颜元为师，成为颜派弟子，后来还成为颜元学派中最有影响力的人物之一。因此，这个学派虽然是颜元创立的，但却是李塨付出了更多努力，最终才得以完善的。

颜元平日对待自己和别人要求都非常严苛，而李塨则说，结交朋友必须有亲和力，这样才能广纳人才，招揽天下学者。颜元在索取和给予的态度方面都很谨慎，一点也不随便，他主张自食其力，不麻烦别人。而李塨则主张与人分工合作，彼此之间互通有无。颜元主张实践，排斥读书，而李塨则认为礼、乐、射、御、书、数等学问，有时必须通过考证才能研究明白，因此书本上的学问也不可偏废。李塨的这些主张，都是对他老师学术中存在的弊端进行补救，但是两人在学术的根本思想上，并没有多少差异。李塨的朋友郭金汤是桐乡的知县，还有一位杨勤是陕西富平县的县令，他们都先后请李塨入府当幕僚，李塨说："只要学习的东西能用于百姓，不管在哪里，也都跟在这里一样。"于是李塨欣然前往。郭、杨二人任用了李塨以后，当地的政教风气大兴。但是在李光地担任直隶巡抚的时候，曾经招纳李塨做幕僚，李塨却不愿意去。而年羹尧在西北做大将军时，也曾两次来请他，他都以身体不好推辞了。

　　颜元生平不著书，如今流传下来的只有《四书正误》《习斋余记》两部著作，以及《存学》《存性》《存治》《存人》四篇文章。李塨一生也崇尚身体力行，不喜欢空谈著书，他晚年因为来向他求学问道的人很多，这才著了《小学稽业》五卷，《大学辨业》四卷，《圣经学规纂》二卷，《论学》二卷，《周易传注》七卷，《诗经传注》八卷，《春秋传注》四卷，《论语传注》二卷，大学、中庸《传注》各一卷，《传注问》四卷，《经说》六卷，《学礼录》四卷，《学乐录》二卷，《拟太平策》一卷，《田赋考辨》《宗庙考辨》《禘祫考辨》各一卷，《阅史郄视》五卷，《恕谷文集》十三卷。李塨的门人冯辰、刘调赞共同编纂了《恕谷先生年谱》四卷。同治中期，德清人戴望摘录了颜元和李塨的理论学说，编成《颜李学记》。近代东海一位姓徐的文人，汇刻了《颜李遗书》，又让他的门客编辑颜元和李塨的《语要》各一卷，还有《颜李师承记》九卷。

二、学说

　　颜李之学，见识之高，胆量之大，古今殆未有其匹。自汉以来，二千年所有学术，均为彼所否认。彼反对读书是学问，尤反对注释古书是学问，乃至反对讲说是学问，反对明心见性是学问，如此自汉以来二千余年之学问，不几全部推翻耶！塨尝云：

　　读书久则喜静恶烦，而心则板滞迂腐；故予人以口实，曰"白面书生"，曰"书生无用"，曰"林间咳嗽病猕猴"，世人犹谓读书可以养身心，误哉！颜先生所谓读书人率皆如妇人女子，以识则户隙窥人，以力则不能胜一匹雏也。

　　又云：

　　后世行与学离，学与政离。宋后二氏学兴，儒者浸淫其说，静坐内视，论性谈天，与孔子之言，一一乖反。至于扶危定倾，大经大法，则拱手张目，授其柄于武人俗士。当明季世，朝庙无一可倚之人，坐大司马堂，批点《左传》；敌兵临城，赋诗进讲；觉建功立名，俱是琐屑。日夜喘息著书，曰：此传世业也。卒至天下鱼烂河决，生民涂炭，呜呼！谁生厉阶哉！（《恕谷文集·与方灵皋书》）

──•译 文•──

　　颜元和李塨见识高明，胆量过人，古往今来没有谁能比得上他们。自汉代以来，两千年的学说几乎都被他们否定了。他们驳斥"读书即是学问"，尤其反对注释古书是学问，甚至反对讲学是学问，反对"明本

心见本性"是学问,这样一来,汉代之后两千多年的学问不就几乎全部被他们推翻了吗?李塨曾说:

> 读书久了,就喜欢安静而厌恶烦躁。这样的话,人心就会趋于呆滞迂腐,因此文人的名声才会落人口实,说什么"白面书生",说什么"书生无用",说什么"林间咳嗽病猕猴"之类的话。既然如此,世人却都说读书可以修身养性,真是一大谬误!正像颜先生所说的,读书人跟女人差不多,他们的见识也只像门缝里看人一样,力气也连一匹刚出生的小马都不如。

他又说:

> 后世之人的学习脱离了实践,学习也脱离了政治。宋代以后程朱理学盛行,儒家学者们也深受影响,整日沉溺于理学当中,静坐反省自己,谈论人性与天性。这些都与孔子的主张相悖。至于到了国家危难之际,朝廷需要学者加以扶持安定,制定出根本的法律和原则,这时儒者们则拱手相让,把权力交给武人,以及那些没读过书的俗人。到了明代,朝廷竟然没有一个可以倚仗的人才,有人身为大司马,却坐在那里批点《左传》,敌军都已经兵临城下,他却还在赋诗谈学,夸夸其谈。当时的人觉得建功立业这些都是小事,不分昼夜地废寝忘食著书立说,并且声称:这才是传世的伟大事业。到了最后,大势已去,天下灭亡已无可挽救,害得生灵涂炭,唉!这到底是谁惹的祸端呢!(《恕谷文集·与方灵皋书》)

<h1 style="text-align:center">注 释</h1>

1. 万季野：即万斯同（1638—1702年），字季野，号石园，浙江鄞县人，清初著名史学家，黄宗羲门生弟子，人称贞文先生。精通史学，曾参与编修《明史》。

2. 阎百诗：即阎若璩（1638—1704年），字百诗，号潜丘，山西太原人，清初著名学者，清代汉学派的重要代表人物。

3. 胡朏明：即胡渭，见第二章注释第一条。

4. 方灵皋：即方苞（1668—1749年），字灵皋，亦字凤九，晚年号望溪，亦号南山牧叟，安徽桐城人。清代著名散文家，桐城派散文创始人，与姚鼐、刘大櫆合称桐城三祖。

5. 郊社之礼：即郊祀祭天之礼，是中国古代国家宗教的核心礼仪。《中庸》记载："郊社之礼，所以事上帝也，宗庙之礼，所以祀乎其先也。明乎郊社之礼、禘尝之义，治国其如示诸掌乎！"因此郊社之礼是帝王和百姓在冬夏两季祭祀天地的重要礼仪。

6. 王昆绳：即王源（1648—1710年），字昆绳，直隶大兴人，清初思想家，是颜李学派的重要成员。

7. 厉阶：指祸端、祸患的来由。见《诗·大雅·桑柔》："谁生厉阶，至今为梗。"

第七章　和会儒释派

第一节　彭绍升（附汪缙、罗有高）

一、略传及著书

　　当汉学风靡天下之际，学者均不肯道宋学，更不敢讲佛学。乃有彭绍升其人，竟由儒入释，不效宋儒之阳儒阴佛，直捷了当，自成和会儒释一派，不可谓非豪杰之士也。

　　绍升，字尺木，又字允初，法名际清，号知归子，长洲人。世为儒，父兄皆以文学官于朝。绍升年二十余，治先儒书，以明先王之道为己任，兼通晦庵、象山、阳明、梁溪之学说，治古文，出入韩李欧曾。以乾隆三十四年，成进士，选知县，不就而归。既而专心净土，尤推重莲池憨山，竭力宏扬佛教。年二十九，即断肉食。又五年，受菩萨戒，自此不近妇人。尝言志在西方，行在《梵纲》。晚岁，屏居僧舍者十余载，日有课程，虽病不辍。卒于嘉庆元年（纪元一七九六），年五十七。

　　著书有《一乘决疑论》，以通儒释之阂；著《华念佛三昧论》，以释禅净之诤；又著《净土三经新论》。此外有《居士传》《善女人传》《净土圣贤录》，皆为世传诵。绍升之文集，专阐扬内典者，为《一行居集》；讲论外典者，为《二林居集》。

译 文

　　当汉学在社会上盛行风靡的时候，天下的学者们都闭口不讲宋学，更不敢谈论佛学。在当时的情况下，彭绍升这个人竟然从儒家思想转而谈论佛学，这与宋代儒者表面遵从儒家，暗地里推崇佛家是不一样的。他的主张直截了当，自成一家，将儒家和释家融会贯通，合二为一，不得不说，他实在很有魄力和勇气，在当时是一位真豪杰啊！

　　彭绍升，字尺木，又字允初，法名际清，号知归子，江苏长洲（今苏州）人。彭家祖上世代为大儒，他的父亲和哥哥都因文学才华出众而入朝为官。彭绍升20多岁的时候，先钻研儒家思想，把阐明古代圣王所讲的道理作为自己毕生的责任，他也通晓朱熹、陆九渊、王阳明、邵宝等人的学说，在学习古文方面，则推崇韩愈、李觏、欧阳修和曾巩等人。乾隆三十四年（1769年），彭绍升考中进士，随后选为知县，但他没有上任就回乡了。从那以后，他就开始专心研究佛学，尤其推崇莲池大师和憨山大师，并竭力弘扬佛家精神。他在29岁的时候开始戒肉食，5年之后又受菩萨戒，自此以后不近女色。他曾说过，自己一生志在西方佛学，行事以《梵纲》作为规范准则。晚年时期，彭绍升一直居住寺庙中，长达十几年，他每天都念经诵课，即使身体患病也不停歇。他于嘉庆元年（1796年）去世，享年57岁。

　　彭绍升著有《一乘决疑论》，打通了儒家和佛家之间的隔阂，又有《华念佛三昧论》，阐释、辨析了禅宗和净土宗之间的争论，还著有《净土三经新论》。此外还著有《居士传》《善女人传》《净土圣贤录》，都被世人传诵甚广。在彭绍升的文集中，《一行居集》专门阐述佛家的内典，而《二林居集》则是专门弘扬佛家的外典。

二、学行

绍升尝曰:

吾于观艮二卦,见圣人之心法焉。《诗》曰:穆穆文王。於缉熙敬止。缉熙者,观也;敬止者,艮也。乾知大始,其观之所从出乎!坤作成物,其艮之所自成乎!是故观艮者,乾坤之门户也。《论语》体之为学识,《中庸》标之为明诚,千圣复生,无以易此矣。(《二林居集·读〈易〉》)

是明明以天台之止观通《易》也。又曰:

知至云者,外观其物,物无其物,是谓物格。内观其意,意无其意,是谓意诚。进观其心,心无其心,是谓心正。由是以身还身,以家还家,以国还国,以天下还天下,不役其心,不动于意,不淆于物,是谓身修家齐国治天下平。(《二林居集·读古本〈大学〉》)

此则以华严之理事无碍通《大学》也。绍升不但究心教理,而且笃修净土,名其居曰二林;一梁溪之东林,为高攀龙讲学之所;一庐山之东林,为释慧远结白莲社之处,莲社实我国净土开宗,故绍升托意于是,明其世间法则有取于梁溪,出世法则有取庐山也。夫自宋明以来,儒者讲学,殆无不参用佛说,而表面则又辟佛,且其所窃取者,大率禅宗,禅宗末流,大率口头参究而缺少行持,明季莲池大师(袾宏)住持云栖,欲挽其弊风,极力提倡净土之教,以实行矫正之,于是云栖之远绍庐山,一时称盛。绍升既不蹈宋明儒者之旧辙,且由儒归禅,由禅归净,提倡实行,更不蹈禅宗之旧辙;其特立独行之概,有足多者。然戴东原则极不以为然，谓其诬孔孟，亦兼诬程朱。（《东原集·答彭进士允初书》）考证家之眼光，当然如是。

汪缙，字大绅，号爱庐，休宁人。居吴，终于诸生。

罗有高，名台山，号尊闻居士，江西瑞金人，乾隆三十年举人。绍升叙《汪子文录》云"予年二十余，始有志于学，其端实自汪子大绅发之"；又谓：

予之于汪子之言也，一以为创获，一以为固然，其不合者希矣。持以示人，人莫测其所谓，独罗子台山，见而识之曰：是无师智之所流也。汪子既乐与余言，及见台山而大乐，遂乐与台山言，又乐与余言台山，其言台山也，不独赞叹而已，诋诃笑谑，无不有也。其于予也亦然，时或与台山言予，诋诃笑谑，无弗有也。（《二林居集》）

是知三人为学之途径，大率相同，其交谊之深，又可想见。惟大绅卒于乾隆五十七年（纪元一七九二），年六十八。台山卒于乾隆四十四年（纪元一七七九），年四十六。皆在绍升之前。

大绅曾以《易》理，融贯净土曰：

众生本来成佛，必以净土为归者，何也？则以阿弥陀佛，为万佛之师，《易》所谓大哉乾元；净土为阿弥陀佛所摄、《易》所谓至哉坤元也；乾坤合撰，万物之所以资始资生也。身土交融，众生之所以去凡入圣也。（《汪子文录·读净土三经私记叙》）

有高有云："物之争也以我，其忘争也以无我，我也者，器之景，昧性而妄有执者也。"（《尊闻居士集》）此则有取于释氏身器之说，而其《无量寿经起信论叙》，则亦极赞净土功德。

要之此三人者，志同道合，其始皆有用世之心，后皆由儒入佛，且皆笃修净土，表里如一，其学行远过于宋明儒者之矫饰，故能自成一派，开后世居士之风，于思想上有重大影响。

——·译 文·——

彭绍升曾说：

我曾在《观》《艮》二卦中，得以窥见圣人的心法传承。《诗经》中说：文王的风度庄重而又恭敬，他行事光明正大而又谨慎。缉熙，是外表光明的意思，也就是观卦；敬止，是严肃谨慎的意思，也就是《艮》卦。《乾》卦让我们知道宇宙的开始、天地万物的开始，《观》卦就是从这里面演化出来。《坤》卦让我们看到身边具体的物品，都是能用五官感受到的东西，《艮》卦就是从这里自然形成的。因此《观》和《艮》这两卦，其实是《乾》《坤》的门户。《论语》的体例是为了方便提升儒者的学识，而《中庸》的根本目的是为了让儒者了解明哲真诚，就算历代千百位圣人都复生了，也不会改变这些道理。（《二林居集·读〈易〉》）

这明明就是以佛教天台宗的止观来阐释《易经》的。他又说：

一个人的知识达到可以表达的程度，那么他从事物的外观进行观察，物就已经不再是物，而是物的本质，就是所谓的物格。他深入探察自己的内在意念，发现心意中不再有复杂的意念，这就是最真诚本质的意念。他进一步观察自己的内心，发现心中已经没有心，因而心归于纯正之道。如果继续这样的过程，那么让身体归于本身，让家归于最初的模样，让国恢复到国的本质，让天下归于安定的天下。也就是说，不受心的驱使，不受意念的推动，不被事物所混淆，这样才能修养良好的品行，把家庭管理好，把国家治理好，最终达到天下太平、和谐的状况。（《二林居集·读古本〈大学〉》）

这是彭绍升用佛家华严宗中的"理事无碍观"来解释《大学》。彭绍升不但研究心学和理学，而且笃信、修行佛教净土宗。他将自己的住处称作二林居，是因为受到两个"东林"的影响，一是梁溪镇的东林，那里曾是高攀龙讲学的地方；二是庐山的东林，也是佛家慧远禅师结白莲社的地方。莲社是我国净土宗的开山之宗，因此彭绍升借此寄托感情，表明在他的佛学思想中，世间法的部分取自高攀龙，而出世法的部分出自慧远禅师。自从宋明以来，儒者讲学的理论都掺杂了佛法，但是表面上又避开佛家。而且儒者们讲学，大多盗用的佛教禅宗的理论。事实上，那些禅宗的末流弟子大多在口头说说佛法，而实际上并不持守佛法的戒律。明代莲池大师（袾宏）在云栖寺当住持，一心想要挽救这样的弊端，就用实践行动纠正禅宗谬误，因此他极力提倡净土宗。云栖寺众僧追随、弘扬庐山慧远大师的佛法精神，一时被大家称赞。而彭绍升钻研佛法，没有重蹈宋明儒家学者的覆辙，而是由儒家确切落实到佛家，由佛家又皈依到净土宗。他提倡实践，也不追随禅宗"立地成佛"的理念，这种特立独行的气度，很值得世人称赞。

但是戴震对此却非常不以为然，说他的理论既抹杀了孔子和孟子的儒家精神，又诬蔑了二程和朱熹的理学思想。（《东原集·答彭进士允初书》）戴震从考证学家的立场眼光看待问题，自然是这样的。

汪缙，字大绅，号爱庐，安徽省休宁县人。他居住在吴县，终生都是一名秀才。

罗有高，名台山，号尊闻居士，江西瑞金人，乾隆三十年考中举人。彭绍升在《汪子文录》中说："我20多岁才开始致力于研究学问，这还是汪缙启发我的。"他又说：

　　我的学术主张跟汪缙理论对比，在两方面体现出一致性：第一，我们的学说在当世都是一种创举；第二，我们的学术中都保存了固守的儒家思想。在这两个方面，我和他的理论主张几乎没有不相合的。汪缙把他的理论主张展示给世人看，但人们根本不知道他在说什么。只有罗有高，看了汪缙的理论后说道："这真是无师自通的大智慧。"汪缙喜欢跟我一起谈论学问，等他见了罗有高就更高兴了，于是也喜欢跟罗有高谈论学问，同时又喜欢跟我谈论罗有高。每当他说起罗有高，不仅仅是赞叹而已，有的时候也会指责和戏谑，什么情况都有。他对我也是这样，有时跟罗有高谈起我，也是指责和戏谑都有的。（《二林居集》）

　　由此可知，这三个人的治学方法大致相同，他们的交情之深也可以想象得出。只是汪缙去世于乾隆五十七年（1792年），享年68岁。罗有高去世于乾隆四十四年（1779年），享年46岁。他们都比彭绍升去世得早。

　　汪缙曾用《易经》中的道理，将佛教净土宗的思想融会贯通，他说：

　　众生生来就可以成佛，但是必须以一抔净土作为归宿，这是为什么呢？阿弥陀佛是万佛的祖师，在《易经》中就说"天啊，是多么广大啊"。而净土是阿弥陀佛所统摄的，是佛学中的用语，在《易经》里又说"地啊，是多么无穷无尽啊！"天地阴阳合一，万物才能滋生成长。阿弥陀佛的身体与净土交融，众生才得以脱离了凡尘进入真佛的境地。（《汪子文录·读净土三经私记叙》）

　　罗有高说过："因为有我，所以我与万物争竞，如果没有我，就没有各种争竞。这个所谓的'我',就是人自我的外在展现,在本质上是愚昧无知的,而且专门执念虚妄的事情。"(《尊闻居士集》)这种观点来源于佛教的"身器之说",而罗有高在《无量寿经起信论叙》中,也是极其赞誉佛教净土宗的功德。

总之,这三个人志同道合,最开始都有经世致用的想法,后来却都由儒家转向佛学,而且都很笃信、修行净土宗,他们的思想和行为表里如一,在学识和实践方面都远远超过了宋明儒学的矫揉造作,因此能自成一派,开启了后来修佛的居士风潮,在思想理论方面产生重大的影响。

—— • 注 释 • ——

1. 晦庵:即朱熹(1130—1200 年),字元晦,号晦庵,世称朱文公。福建尤溪人。宋朝著名的理学家、思想家、哲学家、教育家、诗人,闽学派的代表人物,儒学集大成者,世人尊称为朱子。

2. 象山:即陆象山,见第一章第一节注释第 21 条。

3. 梁溪:即邵宝(1640—1527 年),字国贤,号泉斋,别号二泉,江苏梁溪(今无锡)人。明代学者,人称二泉先生。

4. 观艮二卦:《观》卦是《易经》六十四卦中的第二十卦,主卦是《坤》卦,卦象是地,客卦是《巽》卦,卦象是风。意味着主方是观者,客方是被观者,察言观色,可以看到客方的本质而不仅限于现象,以避免因观察失误而行动错误,以致遭受损失。《观》卦是下坤上巽相叠,风行地上,也暗喻德教遍施。《艮》卦,是《易经》六十四卦中的第五十二卦,是如何抑止自己言行的一卦。意味着当行则行,当止则止,一切必须审慎小心。

5. 止观:是佛教的修行方法。即禅定和智慧的合称。抑制心里因世俗而产生的妄想,使内心保持平静和稳定,集中精神去观察和思维,以达到佛教的智慧境地。

6.诸生：古代经考试录取而进入中央、府、州、县各级学校学习的生员。有增生、附生、廪生、例生等，统称诸生。明清两代的秀才也称为诸生。

7.身器之说：佛教理论认为，世界上一切事物都没有独立的、实在的自体，没有一个主宰"自我"的存在。人只是由五蕴（色、受、想、行、识）组成的，身体是容纳五蕴的器皿，不存在常住不变的"自我"，因而即是"无我"。

第八章 公羊学派

第一节 公羊学派之渊源

清末时，勃兴一大思潮，与西洋民主思想携手，以鼓吹共和革命之精神，遂为辛亥革命之大动力者，厥惟公羊学派。此派之思想，与现今所谓社会哲学相类。求之于古，则墨法二家，颇多相通之处。

此学派发生之动机，最初是因于考证学之途穷，无发展之余地。学界才智之士，欲打破多年之因袭，另辟一新境地；其结果，遂发见西汉之今文学，再转而包容内外之民主思想，应用于实际，遂为社会革命之工具；民国共和之成功，此派之先驱鼓吹，极有关系。然革命成功之后，此学派已无人问及，盖斯学初不过一时利用之工具，宜其有此现象也。

自顾炎武、惠士奇诸人，鉴于明学之空疏，提倡考证学以来，六朝唐学之复古，渐成风尚。其中有阎若璩著《古文尚书疏证》，明断《古文尚书》为王肃伪作。学者遂并疑肃以下六朝之注疏，而信马融、郑玄之学，力求复于东汉。士奇之子栋，即是东汉古文学之中坚。乾隆嘉庆以来，东汉注疏学，达于全盛时期。研究愈进步，又发现新事实，觉此古文学，乃是刘歆媚事王莽，立为官学，而自任校纂之职者，当然不能认为足信之经典，而真正之经典，不能不求于西汉之今文，于是今文学派遂勃兴。但是西汉十四博士之今文经传，在西汉末年，已为当时流行之古文经传所压倒。今文学衰灭之原因，未必如现代公羊学派所说，全由于东汉伪古文之出现。盖西汉今文学者，率皆秦代旧儒，其思想多方士化，有神秘迷信的倾向，谓为得经传之正统，自不可能。而古文学派之大师，如服虔、马融、郑玄等，皆是一代名儒；其中如郑玄，尤为淹博；董仲舒、何休之主观的理想主义之今文派，决非其敌手。况后来晋代之杜预、王肃等，又皆承古文学之绪，西汉之经传，至此遂归堙灭。及唐孔颖达作《十三经注疏》，又悉遵东汉之古文学；一蹶不振之今文学派，仅何休注之《公羊传》，尚流行于世，保其一缕之命脉。何注虽有徐彦之为之疏，然徐疏对于何义，别无发明。何之本色，全然保存。故清代公羊学派，专力何休之注，遂于何之暗示及预言之处，感一种趣味；加以润色，欲更创一新生命，此即"公羊学派"之起源，何休之注，为此派惟一之根据。

《春秋》一书，经孔子生平之精力，笔削而成。其经传之流于后世者，有《左氏》《公羊》《穀梁》三种：汉初盛行《公羊》学，宣元之间，兼立《穀梁》学官、《左传》至西汉末始出世，东汉时方大行于世。《公羊传》自孔门子夏之学统，而传于公羊高，其所以盛行于西汉者，因其笔法有大一统寓尊王之意；且其"西狩获麟"之解释中，有"制春秋之义以俟后圣"之言；汉初公羊派学者，谓此圣人即指汉高祖，因而张皇其说，其书遂大行于世。《左氏传》所以流行于东汉，说者谓因此书昭公二十九年之纪事中，有帝尧之子孙刘累为御龙氏一节记事，刘氏是帝尧之后裔，由此得以证明之故。但此说未必确实，盖刘累之记事，在西汉时已有人奏闻，当时并未弃《公羊》而用《左传》，而谓东汉反因此而有变更，其说自不能成立也。以事实言，殆是学派争持之结果，优胜劣败自然之淘汰。盖西汉末古今文之争，初不仅限于《公羊》与《左氏》，其他五经全体皆如是，东汉初古文学全盛、《左氏传》之压倒《公羊传》，自是意中事也。自此以后、《公羊传》束之高阁，仅有唐朝之啖助、宋朝之孙明复，曾为之解释。(《春秋尊王发微》十二卷，孙明复著，收在《通志堂经解》中。)至清朝则因考证学兴，自惠栋一派之汉学者，经戴段二王尽力发展之后，东汉之注疏学，吸收尽净；故方向一转，武进之庄存与，遂注目及于公羊学；同县有刘逢禄，又加以发挥。彼等之主张，大致亦以为东汉古文学，是郑玄之一家言；西汉之今文学，则确有师承，源出上古，欲得先王之真精神，必于此着眼方可。且从来之考证学，惟以名物训诂为主，而于古书之大义，常忽视之；可见彼等之学，全属部分的研究；而非全体之思想。故求学之精神，当改变其方向，必以探索古书之微言大义为的，此《公羊传》之所以可贵也。此派说公羊学是经义主张之学，考证学是经义疏通之学。

于此中有当注意之问题，即公羊学派之主张，与《公羊传》并不相同。《公羊传》是孔门子夏之弟子公羊高所作之春秋传，其传注是东汉何休之解释，庄刘诸人，对于此传之研究，所谓公羊学派也。在理后者当附承前者，但事实上所谓"微言大义"，两无关系。详言之:《公羊传注》中，有许多奇怪之处，而《公羊传》则惟说孔子之尊王大义而止。例如隐公"元年春，王正月"《传》文曰"王者孰谓？谓文王也；曷为先言王而后言正月？王正月也；曷言乎王正月？大一统也"。明言奉周王正朔，以示尊王大义。然何休解此传文，则谓文王是新受天命而为王、《春秋》是新受命而作王法之书，文王是假名，其实是指鲁王，如此附会，与传义殆无关涉。庄刘等又踵其说，而力求新解；存与著《春秋正辞》十三卷，逢禄著《公羊何氏释例》十卷，所谓"张三世""通三统""绌周王鲁""受命改制"诸义，更次第衍出。此种解释，固然在西汉董仲舒之《春秋繁露》中，已发其端；董是有名之神秘家，其说继承何休，及庄刘等之解《公羊》，亦是何休之说，与《公羊传》本身，均无关系。晚近又有龚自珍其人，与公羊学派以绝大影响。自珍是段玉裁之外孙，初在段处治训诂学；其才性不羁，不修细行，有诗人之风，喜今文，时引其义，以讥讽时政，排斥专制政治。且文辞瑰丽，一时初学者，大受其冲动。（有《文集》十卷，《诗词》四卷。编者按：此说法似不确，可参看《龚自珍全集》。）又有魏源，学公羊于刘逢禄，亦张其说，与龚齐名。今文学遂由此渐达于隆盛。

是时学者，知郑玄、马融、许慎等之古文学，不足以尽汉学；同时辑佚之学亦盛行，搜集古经说之片言只字，不遗余力，又以今文派家法，扩大其范围，研究及于他经，古今之文分野，至此遂益明显。如冯登府之《三家诗异文疏证》二卷，陈寿祺之《尚书大传注》，陈乔枞之《今文尚书经说考》三十六卷、《尚书欧阳夏侯遗说考》一卷、《三家诗遗说考》五十卷、《齐诗翼氏学疏证》二卷，陆续出世；既攻究今文之遗说，复论其家法之异同。魏源著《诗古微》十七卷认《毛传》及《大小序》，皆为晚出之伪作；又著《书古微》十二卷赞同阎若璩之说，认《古文尚书》为东晋晚出之伪作；更断言东汉马融、郑玄等之古文说，亦非孔安国所传之旧本。辞既博辨，对于古文学之攻击，为力甚大。同时邵懿辰亦著《礼经通论》一卷，谓"《仪礼》十七篇"，本是足本，"《古文逸礼》三十九篇"，乃刘歆之伪作。又在魏源以前，刘逢禄曾著《左氏春秋考证》二卷，谓《左氏春秋》与《晏子春秋》《吕氏春秋》等，同一性质，所谓记事之书，并非解经之书。于是《诗》《书》《左氏传》《逸礼》等，凡西汉末刘歆所力争而立学官之"古文经传"，至此皆变成可疑之书。

以上，是今文家竭其研究之精力，所得之成绩，其中可取之点，固然不少。至王闿运、廖平时，其势更张，及康有为其学遂至于大成。

—— 译 文 ·——

清末时期，公羊学派蓬勃兴盛起来，由公羊学派所引发的一股思潮与西洋民主思想联合起来，鼓吹共和革命的精神，成为辛亥革命的重要推动力。这一派的思想主张，与现今所谓的社会哲学十分类似，如果从古代寻找一种思潮与之对应，则公羊派与墨家和法家存在颇多相通之处。

公羊学派的产生，最初的原因是由于当时的考证学已经走向穷途末路，根本没有继续发展的余地，因而当时学术界一些才高智广的文人便想要打破多年的学术因袭，从旧格局中另辟新境。结果，他们发现了西汉的今文经学，并将今文的学术研究方法与国内外的民主思想相互结合，兼容并包，广泛应用于实践，最终推动了社会革命的发展进程。事实上，民国共和的成功，与公羊学派先驱们的极力倡导密切相关，然而当革命成功之后，这一学派却已经无人问津。也许是因为公羊学派的一些思想主张，对当时的社会发展而言，只不过是一种可以利用的工具，因此才会出现这种昙花一现的现象。

清初的顾炎武、惠士奇等学者，他们鉴于明代心学有空疏虚妄的弊端，因而提倡考证学。自那时开始，后来的学术界以六朝和唐代学术为中心，广泛提倡复古，并且逐渐成为一股风尚。其中，阎若璩著有《古文尚书疏证》一书，他明确断言《古文尚书》是王肃的伪作。此后，学者们对王肃以后出现的六朝诸家学者的注疏都持怀疑态度，普遍尊奉马融、郑玄的学术研究，并且力求依照东汉的学术方式进行复古运动。其中惠士奇的儿子惠栋，便是东汉古文经学的中坚力量。到了乾隆、嘉庆时期，东汉注疏学已经达到全盛的境地。然而，随着学术研究的进一步深入，又有学者发现新的事实，他们认为这种古文经学其实是当初刘歆为了谄媚王莽，在他得到宠信后，将古文经学立为官学，古文经学成为一种政治性产物，而当时刘歆自己担任校纂的官职，那么他做出来的学术当然不能被认定为真正的经典。事实上，论及真正的儒学经典，不能不追溯到西汉的今文经学。随着这样的观点广泛流行，于是今文经学流派开始勃兴。

然而，西汉的十四博士所辑的今文经传，在西汉末年已经败给当时流行的古文经传，并在历史长河中被湮没。今文经学衰落、覆灭的原因，未必像现代公羊学派所说的那样，全是因为东汉伪古文经学的出现。事实上，在西汉研究今文经学的儒生们，他们大多都是秦代以来的旧儒。他们的思想中多掺杂了方士理论，神秘迷信的倾向十分明显。如果说这些人深得儒学经传的正统思想，那应该是不可能的，因此这一点必将导致今文经学的衰落。同时，古文经学流派的大师们，如服虔、马融、郑玄等人，都堪称一代名儒。其中郑玄的学识见解，尤为广阔淹博，而以董仲舒、何休这些人为代表的今文经学流派，全都主张虚无的主观理想主义，他们在学识方面绝非古文经派大儒的对手。况且，后来晋代出现了杜预、王肃等人，又都承接古文经学的余脉，将古文经学继续发扬光大，这就直接导致西汉的今文经传衰落到极点，从此湮没无闻。

到了唐代，孔颖达著有《十三经注疏》，也都遵循东汉古文经学的一脉传承，而此时一蹶不振的今文经学派，仅剩下何休注释的《公羊传》还流传在世上，勉强延续着今文经派的一缕命脉。何休注释的《公羊传》虽然有徐彦之为其做疏解，但徐彦之所做的疏解，对于何休注释的分析并没有多少新的见解。也就是说，何休注释的本然思想倾向，全都完整地保存下来。因此，清代公羊学派的学者们专心致力于何休《公羊传》的注解，尤其对何休在注释中提到的一些暗示和预言别有一番兴趣，他们想通过对何休注释《公羊传》的探索研究，进一步加以润色，来创建一种全新的学术。这便是公羊学派的起源，而何休的《公羊传》注解，就是公羊学派唯一的学术根基和依据。

《春秋》这一部著作，是孔子耗费了平生的精力撰写而成。《春秋》传流到后世，有很多人为《春秋》立传，著名的经传有《左氏春秋传》(《左传》)、《公羊传》和《穀梁传》三种：汉代初期盛行的是《公羊传》经学，发展到汉宣帝、汉元帝时期，又兼容并立了《穀梁传》作为官学，而《左传》从西汉末年开始流行于世，到了东汉时期才广泛流行起来。《公羊传》继承了孔子门生子夏的学术传统，这种学统后来传承到公羊高。而《公羊传》之所以能在西汉盛行，实际上是因为它的笔法中蕴含着"大一统"的尊崇帝王之意，而且《公羊传》对于"西狩获麟"的一些解释中，大有"制春秋之义以俟后圣"的内涵。

汉代初期的公羊派学者认为，书中所提及的这位圣人，即是指汉高祖刘邦，因而学者们极力显扬《公羊传》的学说，这样一来，这本著作便在世上流行起来。也有学者认为《左传》后来之所以能在东汉盛行，实际上是因为这本书在鲁昭公二十九年的纪事中，写了一个尧帝子孙刘累是御龙氏的故事，这便证明了刘氏是尧帝的后裔。虽然这一说法未必确实如此，因为关于刘累的记载，在西汉时期已经有人上奏朝廷，皇帝早就得知此事，但当时并未放弃《公羊传》而使用《左传》作为官学，如果说到了东汉反而因为刘累的故事弃《公羊》不用，却用《左传》作为官学，那么这样的说法自然不能成立。

事实上，这也大概是学派之间竞相争论的结果，也是一种优胜劣败的自然发展现象。西汉末年的古文今文之争，最初不仅限于《公羊传》与《左传》，而是涉及全部经学内容，包括《春秋》以外的另外五经：《诗经》《尚书》《礼记》《易经》《乐经》。东汉初期古文经学大获全胜，发展极为兴旺、《左传》全面压倒了《公羊传》，这也在意料之中。自此以后，学者们便将《公羊传》束之高阁，仅有唐代的啖助、宋代的孙明复，曾经为之辩护，并作了一些经解。(《春秋尊王发微》十二卷，孙明复著，收在《通志堂经解》中)。

到了清代，考证学兴盛崛起，以惠栋为代表的汉学派，经过戴震、段玉裁、王念孙、王引之等学者的大力继承发展后，将东汉的注疏学尽都吸收干净。不过，后来学术界的方向发生转变，江南武进的庄存与最先将目光投向了公羊学，而与庄存与同县的学者刘逢禄，又将公羊学进一步发挥。庄、刘等人基本上认为，东汉的古文经学是郑玄的一家之言，而西汉的今文经学确实有师承源流，而且今文经典源于上古时期，因此，后世学者们如果想要获得先王的真精神，就必须从今文经学着眼进行研究，才可以窥见门径。况且自古以来的考证学，大多仅以名物训诂为主，常常忽略了古书中的内涵和大义，由此可知，清代汉学派的学问都属于局部的研究，而并非整体的思想研究。所以，学者们主张应当坚持执着的求学精神，改变求学的方向，必须以探索古书的微言大义为学术的要旨和目的，这便是《公羊传》之所以可贵的原因。此派认为公羊学是研究儒家经义理论的学问，而考证学只是疏通经义的学问。

我们应当注意的问题是，其实公羊学派的理论主张与《公羊传》本身并不相同。《公羊传》源自孔子门生子夏的主张，后来子夏的弟子公羊高作了《春秋公羊传》，东汉的何休又为《公羊传》做了注释，形成了《公羊传注》，而清代的庄存与、刘逢禄等人对《公羊传》的研究，乃是公羊学派。按常理来说，后者应当附庸并继承前者的思想，但事实上，《春秋》的精髓在于"微言大义"，而《公羊传》和公羊学派在对微言大义的解释上，二者并无任何关系。

具体来说，《公羊传注》中存在许多观点奇怪的地方，而《公羊传》则仅仅述说孔子的尊王大义。例如，在《春秋》原文中，隐公"元年春，王正月"一段，《公羊传》正文说："这里面的王者，指的是谁？其实是文王；为什么先说王，然后再说正月？因为要写文王在正月称王；为什么要写文王在正月称王？因为要强调大一统的观念。"这里明确阐述了鲁国公尊奉周王的正统，以表示尊崇君王的大义。然而何休对这一段传文的解释是，文王是新受天命而为王，而《春秋》是孔子受鲁王之命而作的鲁国历史法规之书，因此文王只是假托，其实"王正月"中的"王"指的是鲁王。

何休对《春秋》如此附会，与《公羊传》的传文原意并无任何关系。庄存与、刘逢禄等人继承的就是何休的学说理论，并且力求解出新意。庄存与著有《春秋正辞》十三卷，刘逢禄著有《公羊何氏释例》十卷，他们所谓的"张三世""通三统""绌周王鲁""受命改制"这些微言大义，都是发挥衍生了何休的学说，而且又有进一步的阐释。这样的解释方法，在西汉董仲舒的《春秋繁露》中已经初露端倪。董仲舒是著名的神秘学家，他的学说继承了何休的注解，而庄存与、刘逢禄等人对《公羊传》的注解也是源自何休的理论，这些与《公羊传》本身，全都没有一点关系。

在晚清时期，著名的文士龚自珍也对公羊学派的发展产生了极大的影响。龚自珍是考证派学者段玉裁的外孙，最初他跟随段玉裁学习研究训诂学。他才华横溢，性情不羁，而且生性不拘小节，大有诗人的风骨气度，尤其喜好今文经学。龚自珍经常引申今文经学的微言大义，用来讥讽当局时政，专力排斥清廷的专制政治。而且由于他的诗文辞藻瑰丽，使得当时公羊学派的初学者深受鼓舞和激励。（龚自珍有《文集》十卷，《诗词》四卷。编者按：此说法似不确，可参看《龚自珍全集》）当时，又有与龚自珍齐名的魏源，他跟随刘逢禄研习公羊学说，极力宣扬推崇今文经学的主张。由此一来，今文经学声势壮大，逐渐走向鼎盛。

清代嘉庆和道光年间以后的学者，明白郑玄、马融、许慎等人的古文经学，并不足以囊括汉学中全部的内容。与此同时，辑佚之学也盛行于世，有的学者搜集古代经学书籍上的片言只字，而且不遗余力地采取今文经学派的传统做法，逐渐将研究范围扩大到其他儒学经典上。至此，古文经学和今文经学的分歧区别，也就更加明显了。例如冯登府撰写《三家诗异文疏证》二卷，陈寿祺撰写《尚书大传注》，陈乔枞撰写《今文尚书经说考》三十六卷，《尚书欧阳夏侯遗说考》一卷，《三家诗遗说考》五十卷，《齐诗翼氏学疏证》二卷等，这些经学研究的书籍陆续出版问世。在这些研究著作中，学者既探究了今文经学传承下来的学说，又讨论了今文经学流派各家方法的异同之处。比如魏源著《诗古微》（十七卷），他认为《诗经》的《毛传》及《大小序》，都是西汉后期出现的伪作，他著《书古微》（十二卷），赞同阎若璩的说法，认为《古文尚书》是东晋后期出现的伪作，并且断言东汉马融、郑玄等人的古文经说，根本不是孔安国传到后世的旧本。魏源这个人十分博学，而且擅长对比研究辨析，他的说法主张对古文经学的攻击力很大。与魏源同时期的还有邵懿辰，他著有《礼经通论》一卷，认为"《仪礼》十七篇"原本就是足本，而"《古文逸礼》三十九篇"才是刘歆伪作。另外，在魏源以前，刘逢禄曾著《左氏春秋考证》二卷，他认为《左氏春秋》与《晏子春秋》《吕氏春秋》等书性质相同，都是记载历史事件的书籍，而不是解释儒家经典的书籍。这样一来、《诗经》《尚书》《左传》《逸礼》(《仪礼》) 等儒家经书，凡是西汉末刘歆力争提倡设立学官的"古文经传"，都变成了令人怀疑的伪作。

以上这些，都是今文经学家们竭尽精力、刻苦研究所得到的成绩，其中当然有很多可取之处。今文经学发展到王闿运、廖平时期，势头更为强劲，直至发展到康有为时，今文经学则达到了集大成的高度。

── **注 释** ──

1.今文学：即今文经学，是汉代研究儒家经书而形成的一个学派。由于秦始皇施行焚书坑儒，除了医药、卜筮、种树之书以外，民间所藏的先秦百家之书尽都焚毁。西汉初有一些老儒讲学，儒家经书经口耳传授，用汉代通行的隶书文字重新写成，后来西汉官方设立五经博士，即诗经、书经、春秋经、礼经、易经，他们的经学研究所依据的典籍是西汉文字写成的新编儒经，因而称为今文经学。

2.古文学：即古文经学。秦始皇焚书期间，民间儒生将一些古文经书埋藏起来，到了汉代才陆续发现。汉武帝时期，鲁恭王从孔子故宅的墙壁里发现儒家的古文经籍。到了汉哀帝时期，刘歆负责校对古代秘书，他发现古文经和今文经文字存在差异，因此，他大力批判今文经学，提倡古文经学，并且认为古文经才是真正的儒家经籍。

3.刘歆（约公元前50—23年）：字子叔。西汉末年著名学者，古文经学的继承者，曾与父亲刘向编订《山海经》，在儒学、校勘学、天文历法学、史学、诗歌等方面都堪称大家。

4.十四博士：汉武帝时期，设立了五经博士，在每一经下都设置若干博士，最初五经博士共有七家。汉武帝以后经学日益兴盛，博士的数量也逐渐增加。到了东汉光武帝时期，确定了十四家博士。《后汉书·儒林列传》中记载："于是立五经博士，各以家法教授，《易》有施、孟、梁丘、京氏，《尚书》欧阳、大、小夏侯，《诗》齐、鲁、韩，《礼》大、小戴，《春秋》严、颜，凡十四博士。"十四博士都属于今文经学，他们的官学地位一直保持到东汉末年。

5.方士：古代自称能访仙炼丹以求长生不老的人，他们精通谶纬学说，擅长为帝王祭拜鬼神，炼丹长生，也称为法术之士。后来泛指从事星相、占卜类职业的人。

6.服虔：字子慎，河南荥阳人。东汉著名经学家，著有《春秋左氏解谊》等书。

7.马融（79—166年）：字季长，扶风茂陵（今陕西兴平东北）人。东汉时期著名经学家，东汉名将马援的从孙。擅长古文经学，郑玄等是他的弟子。

8.郑玄（127—200年）：字康成，北海高密（今山东潍坊）人，东汉末年儒家学者、经学大师。跟从马融学古文经学，治学以古文经为主，兼采今文经，遍注儒家经典，使汉代经学进入"小统一时代"，其学术研究被称为郑学，是汉代经学的集大成者。

9.董仲舒（公元前179—前104年）：广川（今河北景县广川镇）人，西汉思想家、政治家、教育家，唯心主义哲学家和今文经学大师。汉景帝时董仲舒担任博士，讲授《公羊春秋》。汉武帝时期，董仲舒提出"天人感应""大一统"学说和"罢黜百家，独尊儒术"的主张，使儒学成为中国社会正统思想。他的学术以儒家宗法思想为中心，杂以阴阳五行说，把神权、君权、父权、夫权贯串在一起，形成帝制神学体系。

10.何休（129—182年）：字邵公，任城樊（今山东兖州西南）人。东汉著名今文经学家，儒学大师。著作有《春秋公羊传解诂》等。

11.杜预（222—285年）：字元凯，京兆杜陵（今陕西西安东南）人，西晋时期著名的政治家、军事家和学者。著有《春秋左氏经传集解》《春秋释例》等。

12.王肃（195—256年）：字子雍，东海郡郯县（今山东郯城西南）人。三国时曹魏著名经学家，曾经拜大儒宋忠为师，给群经做注，对今文经和古文经加以综合研究，编撰《孔子家语》等书宣扬儒家道德价值，他所注的经学在魏晋时期被称作王学。

13.徐彦之：唐代贞元长庆年间学者，对《十三经注疏·春秋公羊传》作疏。

14.公羊高：战国时齐国人。《春秋公羊传》的作者，相传是子夏的弟子。《春秋公羊传》最初仅有口头流传，西汉景帝时期，传至玄孙公羊寿，才将《公羊传》"著于竹帛"，流传于世。

15.微言大义：指的是含蓄微妙的言语，精深切要的义理，包含在精微语言里的深刻大道理。

16.正朔：即正月初一，古代用正朔代表政权的正统和合法性。古时候改朝换代，新王朝常重定正朔。《礼记·大传》记载："立权度量，考文章，改正朔，易服色，殊徽号，异器械，别衣服，此其所得与民变革者也。"

17.《毛传》及大小序：西汉初年，传承诗经的主要有四家，其中一家是毛诗，被认为是大毛公毛亨所传，也称作《毛诗故训传》，简称《毛传》。现存的毛诗有一篇总序，称为《诗大序》，是古代中国诗论的第一篇专著。每篇诗歌前都有一个题解，叫作小序，介绍本篇内容、意旨等。

18. 孔安国（公元前156—前74年）：字子国，孔子十世孙，西汉著名经学家。汉武帝末年，孔府旧宅的墙壁中发掘出《尚书》《礼记》《论语》及《孝经》，都是古代蝌蚪文字，当时无人认识，孔安国对照今文经研究这些文字，并作《尚书》传，定为五十八篇，称为《古文尚书》。

19. 足本：版本学名词，指没有缺佚、删削，内容完整的书籍。

20. 学官：古代主管学务的官员和官学教师，如汉代设置的五经博士、博士祭酒等，都称为学官。

21. 王闿运（1833—1916年）：字壬秋，又字壬父，号湘绮，世称湘绮先生。晚清经学家、文学家。咸丰二年（1852年）中举人，后入曾国藩幕府。辛亥革命后任清史馆馆长。著有《湘绮楼诗集》等。

22. 廖平（1852—1932年）：四川井研县人，王闿运的弟子，近代著名经学家。他一生研治经学，融合古今中西各种学说，建立富有时代特色的经学理论体系。

第二节　公羊学派之内容

据何休注公羊之例、《春秋》中有"五始"（元者，气之始；春者，四时之始；王者，受命之始；正月者，政教之始；公即位者，一国之始）、"三科""九旨""七等"（州、国、氏、人、名、字、子）、"六辅"（公辅天子、卿辅公、大夫辅卿、士辅大夫、京师辅君、诸夏辅京师）、"二类"（人事、灾异）等条例。孔子之理想，即示在此等条例中。公羊家则尤重"三科""九旨"，奉为金科玉律。此二条孔广森在其所著《公羊通义》之叙文中，亦解释之。但与何休之说，则全不同。现在专论何说，则其所谓"三科""九旨"者如下：

新周故宋（殷微子所封之国）以春秋当新王（鲁）是一科三旨也。（通三统之意思）所见异辞，所闻异辞，所传闻异辞，是二科六旨也。内其国而外诸夏，内诸夏而外夷狄。是三科九旨也。

何说如是，其中实只三科八旨，想何氏遗漏内外（夷夏）合一一科，兹就公羊学中诸要点，简单说明之如次：

（一）通三统　　此思想是继承前汉董仲舒之《春秋繁露》而来，谓新王受天命，行其革命时，一面改正朔，易服色，变礼乐，以一新天下之耳目。同时封前二王之子孙，存其王号，合新王为三王。如是则谓之"通三统"。此三王再以前二代之王并合之，则称五帝。更溯而上，则称九皇。但三统之义，要专指新，旧，旧旧，三代而言；其意惟优待与新王相接近之前二代；愈溯及古，则待遇当愈薄。（《春秋繁露》中《三代改制质文篇》，崔适《春秋复始》卷九参考。）

（二）张三世　　即所谓所见异辞，所闻异辞，所传闻异辞三者；其记事出于"隐公元年""桓公二年""哀公十四年"等传中。何休解释此传曰：

所见者，谓昭、定、哀、己与父时事也；所闻者，谓文、宣、成、襄、王父时事也；所传闻者，谓隐、桓、庄、闵、僖、高祖曾祖时事也。异辞者，见恩有厚薄，义有深浅，时恩衰义缺。将以理人伦序人类，因制治乱之法。故于所见之世，恩己与父之臣尤深，大夫卒，有罪无罪，皆曰录之，"丙申，季孙隐如卒"，是也。于所闻之世，王父之臣，恩少杀，大夫卒，无罪者曰录，有罪者不曰，略之，"叔孙得臣卒"，是也。于所传闻之世，高祖曾祖之臣，恩浅，大夫卒，有罪无罪，皆不曰。略之也，"公子益师（无罪而不曰）、无骇卒（有罪而不曰）"，是也。于所传闻之世，见治起于衰乱之中，用心尚粗粗，故内其国而外诸夏，先详内而后治外，录大略小，内小恶书，外小恶不书，大国有大夫，小国略称人，内离会书，外离会不书，是也。于所闻之世，见治升平，内诸夏而外夷狄，书外离会，小国有大夫，"宣十一年秋，晋侯会狄于攒函"；"襄二十三年夏，邾娄、鼻我来奔"，是也。至所见之世，著治大平，夷狄进至于爵，天下远近小大若一，用心尤深而详，故崇仁义，讥二名，晋魏曼多、仲孙何忌，是也。

意谓《公羊传》对于《春秋》十二公，二百四十二年间之事之书法，全以孔子见、闻、传闻之三时代为标准，虽同一事件，而书辞各异。至于"异辞"之理由，则因君臣之恩义，依孔子之见、闻、传闻三时代之关系，有厚薄深浅之分，故记录有详有略，异辞之意义如是。

何休此种解释，得当与否？姑且不论。但公羊学派以此"三世异辞"之说，一转而看作社会进步之过程，诚属创见，其根本思想，亦在此点。公羊学家以为孔子"传闻之世"（孔子之高祖、曾祖时代），是"据乱之世"；所闻之世（祖父时代），是"升平之世"；"所见之世"，是"太平之世"，而所以为"太平"之故，则是因孔子出世而然。此外更加入"不异内外"之说，以发挥大同之精神。是盖根据于何休之说，以为在据乱之世，内其国而外诸夏；升平之世，内诸夏而外夷狄；太平之世，则夷狄进于爵，夷夏合一，天下行一统之治，万民享平等之乐，此为孔子之社会观、理想观。孔子一生，以此太平大同之精神为始终，且本此以从事于教化。盖孔子之社会进步之法式，是由近而远，由亲而疏，远近亲疏之过程，即其社会观所由形成者也。

原来《公羊传》中，"春秋内其国而外诸夏，内诸夏而外夷狄"之言，其意不过是说春秋之书法，有此二种，与公羊学派之"三世说"，初无关系，要之此说类似汉世谶纬家言，不免牵强附会。例如传闻之世，虽确是"据乱之世",然有齐桓晋文之翼戴周室,较胜于所闻所见之世。所闻之世,决不是升平,乱臣贼子,且多于前。所见之世,更不能说是"太平",一内外统夷夏之事实,在昭、定、哀时,决不能发见,苟一读《春秋》,即知此言之无据也。

（三）绌周王鲁　　见上（第一节"公羊学派之渊源"内）。

（四）西狩获麟　　《公羊传》说:"麟,仁兽也;有王者则至,无王者则不至,有以告者,曰:有麕而角者。孔子曰:孰为来哉!孰为来哉!反袂拭面,涕沾袍。"在公羊高之意,孔子此言,是叹周室衰微之意,向来治经者,亦皆如此解释。但公羊学家,则谓"世无王者而麟出现,是希望王者出现之意"。何休且谓"孔子预知汉之代秦,又知有六国之乱,及秦楚驱除之祸,民之罹害者久而泣也"。其专为汉朝立说,及囿于当时预言之思想,殆可不烦言而解。

（五）受命改制　　此是说孔子虽不得在王者之位而行政事,但以素王自任。《传》中"隐公元年春王正月"之王,即指文德之王（孔子）而言。"西狩获麟"之记事,则指孔子预知后世汉朝之当兴,于是预为之制法。《论语·为政篇》中子张与孔子之问答,及《卫灵公》篇中颜渊问为邦二条,公羊家引以为证,谓为微言大旨。然此解释之牵强附会,亦自不待说。子张问十世可知也?孔子曰:"殷因于夏礼,所损益,可知也;周因于殷礼,所损益,可知也;其或继周者,虽百世可知也。"孔子此言,是说易姓革命之事不可免,但小处可以损益,伦理纲常之大旨,则初不可动;固无革命及改革制度之意。公羊学派则始终取孔子之言,从抽象方面,认作孔子之微言大旨,以为孔子是素王,是预言者,是共和革新主义之人。又说孔子不仅于《春秋》说改制,即《论语》《礼记》之记事中,亦改过周礼依殷礼。可见孔子不仅创理论的改制说,即实行之精神,亦如是也。

（六）春秋大九世之仇　　此思想在清末革命,揭兴汉排满之大旆,有绝大影响。其来由则出于"庄公四年，齐襄公吞灭纪国"一条。此条在经文中书"纪侯大去其国"，于齐未说灭，于纪未说奔。于是《左传》解之为"纪为齐附庸，而奉其社稷，故不曰灭；不见迫逐，故不曰奔；大去，不返之辞也"。《公羊传》则解之曰："纪侯大去其国，大去者灭也；孰灭之，齐灭之？曷为不言齐灭之？为襄公讳也、《春秋》为贤者讳。"至于襄公何以得称贤？则因其九世祖哀公，曾被纪侯之先祖进谗言，见杀于周。襄公此次灭纪，因为复九世之仇之故。故孔子于《春秋》不书灭，寓赞美襄公之意。谓此种复仇，正是春秋之大义，于是兴汉排满，恰好借题发挥，揭为标帜，士气大为鼓舞，结果遂使清朝退位，革命成功。此思想与其所主张"孔子大同主义"之精神，当根本不相容。今民国要以五族四万万同胞组织之，此思想当然不能适用而消灭矣。

以上是公羊学派之大略。大概是推衍孔子"仁"之精神，将自来无人注意之汉族民主大同之说，尽量发挥之。然在学理上，理论与材料，未能十分精炼；主观的独断，与谶纬的强辨极多。若加以科学的精密分析，则其说立见破绽。然此派主张之结果，孔子之真精神，提出不少。数千年来，孔子完全为专制君主所利用，"孔学"变成帝王万世之法，现在则面目一新，表现出孔子之全体，并显出孔子确为世界的伟人，当是此派之大功。

——— 译 文 ———

根据何休对《公羊传》的注解，可以得知,《春秋》中有"五始"（元，是气的开始；春，是四时的开始；王，是受天命的开始；正月，是政治教化的开始；诸侯即位，是一国建立的开始）、"三科""九旨""七等"（州、国、氏、人、名、字、子）、"六辅"（诸侯辅佐天子、众卿辅佐诸侯、大夫辅佐众卿、士辅佐大夫、京师辅佐君王、各诸侯封地辅佐京师）、"二类"（人事、灾异）等条例。孔子的生平理想，全都寄寓在这些条例中。公羊学派特别重视"三科""九旨"这两种条例，并且将二者奉为金科玉律。孔广森在所著的《公羊通义》的叙文中，也对二者进行解释，但他的见解与何休的学说有分歧，两人的观点完全不同。何休对"三科""九旨"的解释如下：

新建立王朝的东周天子，加上以前殷商微子的旧封号宋国公，再加上以春秋记录编年的鲁国公，这三人合为三王，这就是一科三旨（就是通三统的意思）。《春秋》记录的事件历经两百余年，虽然全以孔子亲眼所见的时代、前辈所闻的时代、前几辈传闻的时代为标准，但是同一事件因为传播时代不同，所以书辞有所差异，这就是二科六旨。天下混乱时，周王京师内是自己人，诸侯国都是外人，天下和平时，诸侯国都是自家人，夷狄少数民族才是外人，这是三科九旨。

这就是何休的说法，实际上他的主张中只有三科八旨，想来何休应该是遗漏了内外（夷夏）合一的这一要旨。现在对公羊学派理论中的要点，简单说明如下：

（一）通三统　　这种思想是继承西汉董仲舒的《春秋繁露》而来，认为新王接受天命，登基即位的时候，一方面要改变历法年号，改换服饰颜色，变化礼乐规矩，让天下焕然一新；另一方面要分封前面两位先王的子孙，存留二王的王号以示敬意，并将这二王与新王合为三王。这便是所谓的"通三统"。而这三王再与前两代的先王合在一起，则称为五帝。如果再向上推溯，则可以称为九皇。不过，"三统"的意思主要专指新、旧、旧旧这三代，其中的敬意也只针对与新王相接近的前两代先王，这是特别优待的，而越往前追溯，先王的待遇则越低。（可参考《春秋繁露》中《三代改制质文篇》、崔适《春秋复始》卷九。）

（二）张三世　　这是指何休提到的"所见异辞，所闻异辞，所传闻异辞"三条。《公羊传》中关于这三条的记事分别在"隐公元年""桓公二年""哀公十四年"等传中。何休对《公羊传》的解释为：

孔子可以看见的时代，是鲁昭公、鲁定公、鲁哀公时期，这是孔子和他父亲生活的时代；孔子能够听闻的世代，都是鲁文公、鲁宣公、鲁成公、鲁襄公时期发生的事，这是孔子祖父生活的时代；至于孔子了解到的传闻时代，是鲁隐公、鲁桓公、鲁庄公、鲁闵公、鲁僖公时期，这是孔子高祖、曾祖生活的时代。孔子之所以对历史时代采取不同的说辞和记载方法，是因为孔子明白，恩情有厚薄的区分，道义有深浅的区别。而当时的社会恩情寡淡，道义缺失，所以孔子为了正君臣父子的人伦道德，厘正上下尊卑等级的秩序，才要制定管理治世和乱世的法则。在孔子亲眼所见的时代中，很熟悉他自己和父亲所处时代的臣子们，与他们之间有较深的恩义关系。因此，对于士大夫的死亡，无论他们是否因为犯罪而死，孔子都会如实准确地记下来日期，比如"丙申，季孙隐如卒"。在孔子能听闻的时代中，孔子对他祖父那个时代的臣子们不算熟悉，他们之间的恩义深厚程度稍减，所以对于士大夫的死亡，孔子只是记录那些无罪而死的日期，略去有罪死者的日期，比如"叔孙得臣卒"。在孔子所能了解到的传闻时代中，孔子和他高祖、曾祖时代的臣子之间，恩义更加浅淡，所以对于士大夫死亡的日期，无论是否有罪的，都不记录，比如"公子益师、无骇卒"（按：益师无罪，无骇有罪，但二人的死亡日期都没有记录。）因为对于传闻的时代，那个时期国家政治处于衰乱之中，孔子认为对历史的记录不必过于精细，他采取的大致方法是，以鲁国为内，以其他的诸侯国为外，先详细记述鲁国内部的历史，然后再涉及其他诸侯国的历史；只记录大事，略去小事；对于一些小的恶行，他只记录鲁国以内的，而不记录其他诸侯国的；记录大国的历史，称某大夫如何如何，记录小国的历史，称某人如何如何。对于叛乱谋逆的事情，他只记录与鲁国有关的，而不记录其他诸侯国的。在孔子所闻的时代中，当时国家升平安定，诸侯国之间关系融洽，于是他便以各诸侯国为内，以夷狄少数民族为外，也记录关于夷狄的叛乱谋逆之事，记录小诸侯国历史的时候称某大夫如何，如"宣十一年秋，晋侯会狄于攒函""襄二十三年夏，邾娄、鼻我来奔"。在孔子亲身经历、亲眼所见的时代中，他认为这时候国家太平，夷狄少数民族的地位上升，几乎可以与华夏诸侯国地位等同，天下各国无论远近、无论大小都可以融为一体，成为一个国度。孔子的用意深远缜密，推崇的是仁义二字。同时《公羊传》中又讥讽取双字的人名，认为双字人名低贱，不合礼数，比如晋国的魏曼多、鲁国的仲孙何忌，都被人讽刺。

这段文字的意思是说，《公羊传》对《春秋》12位鲁公，以及鲁国242年间的历史事件进行记载，全以孔子的所见、所闻、所传闻的三个世代为标准，虽然有时记载的是同一事件，但前后文辞各有不同。造成这种"异辞"现象的原因，则是站在孔子的时代立场上，各个时期君臣之间的恩义关系相对于孔子来说，他所见、所闻、所传闻的内容有厚薄深浅之分，所以他对相关人物和历史事件的记录，依照时代的远近便有详有略，而"异辞"的真正内涵也包含在其中。

何休的这种解释，到底是不是妥当准确，我们姑且不论。不过，公羊学派根据"三世异辞"的说法，进而阐明了社会历史演进的过程，这实属他们的独特创见，而公羊学派的根本思想，也正在于这一点。公羊学家认为，孔子的"传闻之世"（孔子的高祖、曾祖时代），是一个"割据混乱的时代"，孔子的"所闻之世"（他祖父的时代）是一个"安定平稳的时代"，孔子的"所见之世"（他和父亲所处的时代）是一个"天下太平的时代"，而当时天下之所以称为"太平"，乃是因为孔子的出现，他撰写《春秋》，定立了太平盛世的标准。

此外，公羊学家又进一步提出"国家不区别内外"的说法，进而发挥他们提倡大同世界的精神。这大概是他们根据何休的解说，认为在割据混乱的时代，国家以鲁国为内，以其他诸侯国为外；到了安定平稳的时代，国家以各个诸侯国为内，以夷狄少数民族为外；到了天下太平的盛世时代，夷狄也归顺于国家之内，夷狄与华夏民族融为一体，天下实行一统政治，万民共享平等之乐，这便是孔子倡导的社会观和理想观。所以说孔子的一生，始终以追求太平盛世、大同世界的精神为信念，并且他也持守着这种精神和信念对万民进行教化。因此可以说，孔子所提出的一系列社会进步的方式，是由近而远、由亲而疏的，而远近亲疏的过程，即是孔子社会观形成的根据。

其实，《公羊传》中提到的"春秋内其国而外诸夏，内诸夏而外夷狄"，只不过是说《春秋》中的记事体例有这两种，与公羊学派附会的"三世说"并无关系。更重要的是，"三世说"类似于汉代谶纬家的预言，有牵强附会之嫌。例如，孔子的传闻之世虽然是一个"据乱之世"，但却有齐桓公、晋文公拥戴周王室，在对周王室的礼敬程度上远远胜于孔子的所闻和所见之世（即"升平之世"和"太平之世"）。而孔子的所闻之世，事实上也绝非安定平稳的时代，历史上那个时代的乱臣贼子比"据乱之世"还更多一些。孔子的所见之世，更不能说是"天下太平的盛世"，因为所谓的内外一统、夷夏融合的现象，在鲁昭公、鲁定公、鲁哀公时期绝对不可能出现。如果读过《春秋》一书，就会知道公羊学派的"三世说"言论并没有历史根据。

（三）绌周王鲁　　见上第一节"公羊学派之渊源"。

（四）西狩获麟　　《公羊传》说："麒麟是象征仁政的神兽，当世间出现真正的天子圣王，麒麟就会现身显世。如果没有仁义的圣王，麒麟就不会现身。有人告诉孔子，头上长着角的獐子出现了。孔子说：'这是为谁而来！这是为谁而来！'然后他用衣袖擦拭脸庞，泪水就浸湿了衣襟。"在公羊高看来，孔子这一番话是在叹息周王室已经衰微，并且历来研究经学的学者也都这样解释。但是，公羊学家却认为"当时世间没有真正的王者，但麒麟却现身了，这说明孔子希望真正的圣王出现"。于是，何休解释说："孔子已经预知到汉朝会取代秦朝，还预知到秦国兼并六国产生战乱，后面还有秦军、楚汉的祸乱，也预想到百姓会长久地遭受离乱之苦，因此才悲伤痛哭。"他专门为汉朝的建立附会一些预言，又受到当时谶纬思想的局限，所以才这样不厌其烦地解说是孔子的预言。

（五）受命改制　　这是说孔子虽然没有在圣王的位置上施行政事，但他却以素王自任。《公羊传》对"隐公元年春王正月"中"王"的解释，便是指文德之王（孔子）。并且，《公羊传》认为《春秋》关于"西狩获麟"的记载，是指孔子预知到后世应当会出现一个汉朝盛世，于是他要预备为汉朝制定礼法。《论语·为政篇》中子张与孔子之间的问答，以及《卫灵公》篇中的"颜渊问为邦"一则，都被公羊家引以为证，说这是孔子的微言大义。然而这种解释尽是牵强附会，这些都不必多说。子张问孔子："今后十代的礼制，现在可以预知吗？"孔子说："殷代承袭夏代的礼制，其中废除和增加的内容是可以知道的；周代继承殷代的礼制，其中废除和增加的内容，也是可以知道的。那么以后如果有继承周朝的朝代，即便在一百代以后也是可以知道的。"孔子这一番话的意思是说，改朝换代的事情不能避免，在礼法制度上，小的地方可以有所增减，但关于伦理纲常的大旨，却不可在新朝建立初期发生变动，他并没有提到革命和改革制度的意思。然而，公羊学派始终都认为孔子的言论有所特指，他们从抽象的层面将这些内容看作孔子的微言大义，认为孔子是素王，是预言者，也是共和革新主义的先驱人物。并且，他们还说孔子不仅在《春秋》中谈论改制，而且在《论语》《礼记》的记事中，也曾依据殷礼来改变周礼。他们由此得出结论，孔子不仅在理论上创建了改制说，而且还具有实践改革的精神。

（六）春秋大九世之仇　　这种思想在清末革命发生时，对于高举"兴汉排满"的革命大旗，有着极为深厚的影响。"春秋大九世之仇"的由来则出于"庄公四年，齐襄公吞灭纪国"一条。此条在《春秋》中记为"纪侯大去其国"，但是对于齐襄公的事迹没有用"灭"字，对于纪侯的事迹没有用"奔"字。对此，《左传》解释为："纪国是齐国的附庸国，一直敬奉齐国的祖先社稷，这两个国家实为一体，所以《春秋》中不说齐国灭纪国。又因为纪国亡了之后，纪侯并不是被迫离去的，所以《春秋》不说纪侯逃跑。而是用'大去'，意思指一去不复返。"而《公羊传》中则解释为："纪侯大去其国，'大去'即是灭亡的意思。谁灭了纪国呢？是齐国。那为什么《春秋》不说是齐国灭了纪国？因为这是在为齐襄公掩饰避讳。正所谓《春秋》为贤者讳。"至于齐襄公为什么有"贤者"之称、《公羊传》的解释是，齐襄公的九世祖齐哀公，曾经因纪侯先祖的谗言被周天子杀掉，而齐襄公这一次灭了纪国，是由于要为他的九世祖复仇的缘故，所以孔子在《春秋》中不用"灭"这个字，这其中寄寓着他对齐襄公的赞美之意。并且，《公羊传》还认为，齐襄公的复仇，正体现了春秋大义，是正义之举。

因此，清末时公羊学派恰好借题发挥，将"兴汉排满"的口号高举起来，作为革命的旗帜，令国人的士气大受鼓舞，最终促使清帝溥仪退位，清朝灭亡，革命得以成功。但是，公羊学派中的这一思想与他们主张的"孔子大同主义"的精神，在根本上是无法相容的。如今的民国，要联合4亿同胞的集体力量共同进行建设，不分满族或是汉族，所以公羊派"兴汉排满"的思想不能适用于当前的社会，最终必定会被抛弃消灭。

以上就是公羊学派理论的大致内容。其要旨大概是要推衍孔子"仁"的精神，将自古以来极少有人注意的汉族民主大同世界的说法，尽量发挥到极致。在学术理念上，他们的理论与实证材料并不是十分精炼，然而他们的主观独断，以及局限在谶纬学说中的强辩比比皆是。如果对他们的论说和解释进行科学精密的分析，便会立刻发现破绽。不过，公羊学派确实提出了不少自己的独创主张，并且发掘出孔子的一些真精神，收获也不少。数千年来，孔子完全被专制君主所利用，而孔学则变成了封建帝王维护统治的法宝。如今，公羊学派则展现出孔子的全体面貌，更加彰显出孔子确实为世界级的伟人，令孔子和孔学面目焕然一新，这应当是公羊学派的一大贡献。

—— · 注 释 · ——

1.素王：是指没有土地，也没有政权和百姓，但只要人类历史文化存在，他的王位的权势就永远存在。古人称孔子为素王，认为他不需要权力和疆土，他的理念、声望、权威可以和宇宙并存。

第三节 康有为

一、略传及著书

公羊学渐次发展，经王闿运、廖平至于康有为时，其思想次第实际化。有为想取孔子大同主义之精神，精密而实证之，于《公羊传》外，更摭拾《礼记》《孟子》《论语》中之文，以求充实。谓孔子是怀抱太平大同理想之世界伟人，其在世时，未能实行其改革，因彼是素王手无实权之故。否则必早已断行社会革命，可无疑义。继孔子之正统，具述民主共和之精神者，无过于孟子。孟子书中，以民贼、独夫、授田分产诸义，发挥大同之精神；至于荀子，则严君臣上下之分，要为小儒之魁。

然孟子民主的言论，或有感于当时君主之自利主义而发；康氏一派，则利用之以为变法自强社会革命之理想，欲借此出于直接行动。其弟子陈千秋、梁启超等，则又取最足表现孟子之精神者，如黄宗羲之《明夷待访录》秘密翻印，鼓动天下。后与唐才常等，举义旗于武汉，虽遭失败，实为后来革命之导火线。

公羊学派诸子之目的，既利用此学为鼓吹社会革命之手段，故其学理，不甚充分，且多偏于主观。如欲求永远之价值，则斯学尚宜加以整理方可。

康有为，字广夏，号长素，广东南海人，清文宗咸丰八年（纪元一八五八）生，民国十六年（纪元一九二七）殁。初生时，清室已渐陵夷，绵延十五年之太平天国战争，虽幸得归平定；而生灵之涂炭，财产之损失，则已不可胜数。此战事平定时，有为方七岁，欧洲列强之压迫，日渐紧急；既生于此时代，加以广东南海地方，早与外人接触，人民又富于进取心，康氏在此环境中，自有特殊之表见。

康氏早注目及于西欧之文明。当时欧洲宣教师，所译政治法律方面之书，既有玩读之机会，因此为棹进世界潮流之第一人。又抱非凡之文才，及明快畅达之笔，披沥此种新思想，能使毫无遗憾，天下人心，宜乎大为所鼓舞。且论列时事，极其痛快。光绪十五年（纪元一八八九），年三十一，以诸生伏阙上书，耸动天下。其时清廷顽固保守，以其改革案，为书生之呓语。康氏于是悄然归故里，开万木草堂学塾，以熏陶学生为事。弟子中如陈千秋、梁启超等，皆有才干，文章见识咸卓出，于是渐为世人所注目。不久中日战事又发生，一败涂地，举国失色，而有为之先见，乃成事实。于是二次上书，有名之《变法自强策》，即是此次所作。（前后六次上书，称为公车上书，但此第二次之上书，最为重大。）

因康氏之上书，光绪帝及左右之进步派，始认其《变法自强策》为重要。光绪二十四年，又值德人占领胶州湾，瓜分之势且成。于是帝召见之，询以天下大计及变法策。康氏感帝之知遇，慷慨以天下自任。惜其谋为袁世凯所泄，入于西太后之耳，保守派复从而挤之，于是全归失败。帝被幽于瀛台，康氏仅以身免，逃至日本。彼之政治的生命，从此终了，而经国之精神，反因此传播，全国有志之士，皆认革新之必要。康氏虽抱太平大同之理想，而于现代，则认为小康之世，尚不可倡大同；苟早倡之，上下必至于纷乱，不可收拾。彼之见解如此，故于"张三世"之解释，与其他公羊学派，亦稍有不同。其言曰："凡世有进化，仁有轨道，世之仁有大小，即轨道大小，未至其时，不可强为，孔子非不欲在据乱之世，遽行平等大同戒杀之义，而实不能强也。可行者，乃谓之道，故立此三等，以待世之进化焉。一世之中，又有三世；据乱之中有太平，太平之中有据乱；如仅识族制亲亲，据乱之据乱也；内其国，则据乱之太平矣；中国夷狄如一，太平之据乱也；众生若一，太平之太平也。一世之中有三世，故可推为九世，又可推为八十一世，以至无穷。"（《孟子微》卷一）康氏盖以社会进化之过程，由三世而九世，由九世而八十一世，以进展至于无穷。于其间不容时间之飞跃，躐等之改革。此点与急进派梁谭诸子，大异其趣。然其主张，如梁氏评为"性格奇矫，立言矛盾"所致，则亦不尽然。彼之意，要为现代是小康之世，虚器不妨与清朝，止求能行民本的立宪政治可矣。

所著书有《新学伪经考》十四卷，《孟子微》二卷，《春秋笔削大义微言考》十六卷，《孔子改制考》二十一卷。其他未刊书中尚有《春秋公羊传注》《大同书》《孟子大义述》等。

·译 文·

公羊学派逐渐发展起来，历经了王闿运、廖平等人的推波助澜，发展到康有为的时期，这一派的思想主张逐渐趋于实际化。康有为的思想吸取了孔子的大同主义精神，并对其进行了精密的实践论证。在学术研究方面，除了《公羊传》，康有为还引入《礼记》《孟子》《论语》等儒家经典，力求充实公羊学派的思想内容。康有为曾经指出，孔子是一位怀抱天下太平以及大同理想的世界级伟人，而在孔子的时代，他之所以未能推行自己的政治改革主张，乃因为他是一位素王，也就是手中没有实权，否则他一定早就进行了社会革命，这一点是毫无疑问的。在古代的先贤中，承继孔子思想正统，而且最具民主共和精神的人，无过于孟子。孟子在他的著述中，以"民贼""独夫""授田分产"等一系列思想要义，发挥了儒家正统的大同精神。至于荀子，则严格要求君臣有上下等级之分，这实际上是一种小儒思想，代表小儒官僚的立场。

然而孟子关于民主的言论，可能是有感于当时君主的自利主义，因而才提出针对性的主张。而康有为一派，则是利用孟子的这些言论，将民主思想视为变法自强、社会革命的理想政治，并想借此进行实际的改革行动。康有为的弟子陈千秋、梁启超等人，又将最能充分表现孟子精神的著述，如黄宗羲的《明夷待访录》等，秘密翻印发行，以此鼓动天下人支持改革。此后，他们与唐才常等人一起，在武汉高举起义的大旗。此次行动虽然失败，却成为后来革命的导火线。

公羊学派诸位学者的目标，是以公羊学作为推行社会改革的手段，因此在学术理念方面，公羊派的思想并不是很充分深刻，并且多偏向于主观立场。如果公羊派想要在学术上获得永垂后世的价值，那么学派本身的学术思想还需要加以整理、完善和丰富。

康有为，字广夏，号长素，广东南海人，他生于清文宗咸丰八年

（1858 年），于民国十六年（1927 年）去世。他出生的时候，清朝已遭受外国侵略者的欺凌，而后又有太平天国运动，前后延续了 15 年，清廷在这场战争中虽然得以侥幸获胜，平定了太平天国的叛乱，但是战争造成生灵涂炭，损失的财物和产业已经不可胜数。太平天国运动结束的时候，康有为刚满 7 岁，而当时欧洲列强对中国的压迫也日益加重。在康有为的家乡广东南海，当地人早已与外国人有商贸往来，接触较为频繁，而当地百姓都有力争上游的进取心。康有为就是在这样的环境中成长的，因此自有一番特殊的表现。

康有为较早地关注到了西欧文明。当时，有欧洲传教士翻译的政治、法律方面的书籍传入中国，给他提供了研究西方文化的机会，他也因此成为清朝进入世界潮流的第一人。康有为的文才非凡，他能以明快畅达的文笔，将新思想淋漓尽致地表述出来，事无巨细，毫无遗漏，因此他写的文章可以令天下人心备受鼓舞。同时，康有为议论时事，文字洒脱恣肆，极其痛快。光绪十五年（1889 年），31 岁的康有为便以秀才的身份直接上书，请求朝廷变法，此举轰动天下。当时，清廷的官员都顽固保守，认为康有为的改革方案不过是一介书生的痴梦和妄想。于是，康有为回到家乡，创办名为万木草堂的学堂，将全部精力倾注于教育，用新思想引导、熏陶学生。他的弟子陈千秋、梁启超等人，都是才干出众的人物，不仅有卓越的学问，而且见识超群，也逐渐为世人瞩目。不久之后，中日战事爆发，清廷在战争中一败涂地，举国上下大为震惊，而康有为事先早已预料到会有这样的结果，事实证明他的预见是正确的。于是，康有为第二次上书，其著名的《变法自强策》一文，就是在这时撰写出来的。（康有为曾经前后六次上书，史称公车上书，但第二次的上书意义最为重大。）

康有为的上书，引起了光绪帝及左右进步官员的注意，他们开始认识到康有为《变法自强策》的重要性。光绪二十四年（1898 年），德国军队占领了胶州湾，西方列强瓜分中国的形势逐渐定立。在这种危急情况下，光绪皇帝亲自召见康有为，向他询问安定国家的大计以及有关变法的政策。康有为深感光绪帝的知遇之恩，于是他慷慨激昂，并以光复天下的责任作为自己的使命。但是令人无限惋惜的是，康有为的变法谋划被袁世凯出卖，传到慈禧太后的耳朵里。很快，康有为再次遭到清廷保守派的排挤打压，维新变法最终以失败告终，光绪皇帝被幽禁于瀛台，康有为也只好逃往日本。康有为的政治生涯从此结束，但是他的经国济世的精神，从此在国人中间广为流传。维新变法虽然失败，但造成的影响极大，全国上下的有志之士都因此认识到了社会革新的必要性。

虽然康有为怀有天下太平的大同理想，但他认为当今社会的百姓，处于一种小康生活的状态，还不能立即提倡大同社会，如果过早地倡导大同，那么一定会造成社会纷乱，后果不可收拾。由于他持有这样的见解，所以他对"张三世"的解释，与其他公羊学派的学者稍有不同。康有为认为："世界的发展遵循它自己的进化过程，而仁爱的施行也有一定的范围和轨迹，世间的仁爱有大小之分，因为仁的施行范围有大小的区别。如果社会还未进化到一定程度，那便不可勉强推行超出相应范围的主张。孔子并非不想在'据乱之世'紧急推行平等、大同、戒杀等思想教义，而是因时机未到，实在不能勉强实施这些政策。当时可以推行的政策则称之为'道'，因此孔子专门将社会状况分立为'据乱之世''升平之世''太平之世'三等，以期待社会本身的发展和进化。通常在一世之中，存在着三世的特征。比如说，混乱的世道中也有太平时期，而太平盛世中也存在割据混乱。如果百姓的心中只有自己的家族，只爱自己的亲人，那便是据乱之世中的割据混乱现象；如果百姓都心怀国家，那就是据乱之世中的太平景象。在群体上区分华夏民族与夷狄，又将他们放在一起，那便是太平之世中的据乱现象；如果不分华夷等级，众生都是平等的，那就是太平之世的太平景象。在一世之中存在三世的现象，因此可以推衍为九世，接着又可衍生为八十一世，以至于无穷无尽。"
（《孟子微》卷一）

康有为认为，社会进化的过程是由三世发展到九世，再由九世衍生
为八十一世，最终进展到无穷的境界，在这期间不允许时段上的跨越，
绝对不能越过等级进行改革。这一观点与主张急进革新的梁启超、谭嗣
同等人，大有不同。梁启超曾经以"性格奇矫，立言矛盾"的话来评价
康有为及他的思想主张，其实这也不尽然。因为康有为的意思是，在目
前的时代中，百姓尚处于一种小康生活的状态，还达不到大同的太平盛
世。所以，不如暂且保留清廷皇帝的名号，采取君主立宪制，皇帝有名
位无实权，然后在国家层面施行民本的立宪政治，这样就可以了。

康有为的著作有《新学伪经考》十四卷，《孟子微》二卷，《春秋笔
削大义微言考》十六卷，《孔子改制考》二十一卷。其他没有出版的著
作有《春秋公羊传注》《大同书》《孟子大义述》等。

二、社会进化论

闻康氏初学于朱九江，好读《周礼》。后见廖平之著作，始着手研
究公羊之大同学。廖平，四川井研人，为王闿运之弟子，其关于今文学
方面之著述甚富，有《四益馆经学丛书》行于世。

《新学伪经考》《春秋笔削大义微言考》《孟子微》等，是表见康氏
学说基础之书，又是彼整理旧学之作。而《大同书》，则为彼之创说，
是代表康氏建设方面之作，所以阐明其理想者也。

康氏叙其《伪经考》之表题曰：

夫古学所以得名者，以诸经之出于孔壁，写以古文也。夫孔壁既虚，
古文亦赝伪而已矣，何古之云？后汉之时，学分古今，既托于孔壁，自

以古为尊，此刘歆所以售其欺伪者也。今罪人斯得，旧案肃清，必也正名，无使乱实。歆既饰经佐篡，身为新臣，则经为新学，名义之正，复何辞焉。（《伪经考》卷一）

康氏以如此抱负，乃作《秦汉六经未尝亡缺考》以下十四篇，以堂堂正正之词，证明西汉末刘歆力争而立博士官之《周礼》《逸礼》《左传》及《诗毛传》为伪书，每篇附以案语，加以批判。撮其要点：则谓"秦之焚书，未及六经，汉十四博士之所传，皆孔门足本，曾无残缺。西汉之经学，初无古文；其文字，均是秦汉通用之篆书，故经初无今古文之别。但古文学，则以蝌蚪字书之，其伪自足证明。刘歆为弥缝自己作伪之迹，于校理秘书时，曾羼乱一切古书，欲以湮没孔子微言大义之旨，所以绝不足取"。并用该博之考证，以树立其说。（此说未免过于穿凿，刘歆当时，或是得一种善本，因欲取信于人，故托名为古学，此是汉人常用之法）然不拘泥于向来考证家注意一言一句及文章之末节，务扩其眼界，以取得儒教之真精神。故其立说，已超越于考证之外形问题，求得内容的根本所在，此功亦不可殁也。

著此书时，其高弟陈千秋、梁启超等，曾涉猎过考证学之人，亦参预之。诸子于书中引例，颇想取一切暧昧之史实，删削之，然康氏主观极强，不采用诸子之意见而博引谶纬家之言，遂犯考证学之大忌，价值因之减损。（梁氏有此说）

继《伪经考》而出版者，是《孔子改制考》。此书证明孔子以素王之身，行改制之事实。关于此点，在六经中独尊《易经》与《春秋》，谓孔子之微言大旨，全在此二书。前者是灵界之书，后者是人界之书，所谓至广大而尽精微，极高明而道中庸者。《春秋》尤为孔子所立之宪法案，孔子盖自立一宗，依其理想，进退古人，取舍古籍，决非如后人所想象，仅为编述之作。例如，尧舜之盛德大业，是孔子理想上之人格；

若真有尧舜其人，其人格决不如经典所载之完全，要为孔子之理想化；如老子之托于黄帝，墨子之托于大禹，许行之托于神农，皆各人拟一理想人物，托诸古人，以立其学说者也。盖孔子亦沿古来之风习，托尧舜为名以行其改制之实者。《上古茫昧无稽考》《周末诸子并创教考》《诸子创教改制考》等二十篇中，尽力证明此说。谓孔子为改革者、改制者之一流人，较一般公羊学者，专从抽象方面寻线索者，根据大为确实。又称孔子改制之精神，是"上掩百世下掩百世"社会进步之铁案。且演绎"张三世"说，以为人类进步之过程，愈改革则愈进化。既证明此原则，因取夏、殷、周三代不同之制度，细加考证，而结论其所以不同之理由，要因于时代而然。又说时代进化之过程，虽是循环的；但立于时世之某过程上，为进化动机所迫促，无论如何，不能免于改革；据以上之学理，彼之政治社会之改革案，遂完全确立。其结果尊孔子为素王，为教主，且欲以其大同之精神，统一国民精神，以期社会革新之实现。彼以孔子为宗教上之教主，杂引谶纬之言，以实证其说；孔子至此，遂成为神秘化矣。

以上是康氏学说之基础方面，由此基础创出之社会观，则为《大同书》。《大同书》是康氏从学于朱次琦，毕业之后，独居西樵山两年，专研《公羊》，冥心思索，依其旨义，而创造之新学说。即以《春秋》"三世说"嵌入《礼记·礼运篇》之"天道说"中，引伸其义而成。以《公羊》说之"升平世"配《礼运篇》之"小康"、《公羊》说之"太平世"，配《礼运篇》之"大同"，至于《礼运篇》之大道大同说如下：

> 大道之行也，天下为公，选贤与能，讲信修睦。故人不独亲其亲，不独子其子，使老有所终，壮有所用，幼有所长，矜寡孤独废疾者，皆有所养，男有分，女有归。货恶其弃于地也。不必藏于己；力恶其不出于身也，不必为己。是故谋闭而不兴，盗窃乱贼而不作，故外户而不闭，

是谓大同。今大道既隐，天下为家；各亲其亲，各子其子；货力为己；大人世及以为礼。城郭沟池以为固，礼义以为纪：以正君臣，以笃父子，以睦兄弟，以和夫妇；以设制度，以立田里；以贤勇知，以功为己。故谋用是作，而兵由此起。禹汤文武成王周公，由此其选也；此六君子者，未有不谨于礼者也；以著其义，以考其信，著有过，刑（同型）仁讲让，示民有常。如有不由此者，在执（同势）者去，众以为殃。是谓小康。（《礼记》卷九）

读此记事，可以知太古之世，别无所谓私有财产，因而无彼我区别，所以为"大同之世"。至禹汤文武成王周公六君子时，始设彼我之差别，立财产私有之制，而制之以礼。故仁让义信，非常重要，不由此道，虽帝王亦应去位，以免众人之殃；此时代则称为"小康之世"。至于孔子之理想，则在"大同太平之世"。如现代所谓民治主义、儿童公育、老病保险诸问题，以及劳动神圣、共产主义、无政府主义等之萌芽，皆含藏于其中。而康氏则更引《公羊》之"三世说"，以作解释。以为正君臣父子之别，严夫妇长幼之序，是孔子之小乘方面；而大同之世，则其大乘方面；其精神，其理想，其教义，全在于此。

于是发挥孔子大同之精神，而定社会改造之方法手段，其纲目如次：

一、无国家，全世界分若干区域，而置一总政府。

二、总政府及区政府，皆由民选。

三、无家族，男女同栖，不得逾一年，届期须易人。

四、妇女妊娠时，入胎教院，产儿入育婴院。

五、按儿童之年龄，入蒙养院，以及各级学校。

六、成年后，依政府之指派，分任农工等生产事业。

七、有病则入养病院，老则入养老院。

八、各区胎教、育婴、蒙养、养病、养老诸院，设备皆期于最完全，使入其中者，皆享最高之娱乐。

九、成年男女，须若干年间，服役于此诸院，恰如现在世界各国之壮丁，皆当服兵役一样。

十、设公共宿舍，公共食堂，其中又设等级，使各按劳作所入，自由享用。

十一、以最严之刑罚，警戒懒惰。

十二、有学术上之新发明，或在上五院中有特别劳绩之人，得受殊赏。

十三、死则火葬，火葬场之附近，则设肥料工厂。（据梁启超著《清代学术概论》）

《大同书》之梗概如是，全书数十万言，于人生苦乐之根源，善恶之标准，说得至为详密。梁氏又说，此书最大关键，是废灭国家制度、家族制度，及撤废私有财产，而以相互扶助，一视同仁为精神，所以说"佛法出家，求脱苦也，然不如无家之可出"。又曰："私有财产，争乱之源也；无家族，谁复乐于私产？而国家则又必随家族而消灭者也。"康氏之主张与理想如是，内容虽与现代共产主义所言，不甚相殊。然三十余年前，中国尚未发生此种思想；康氏此书，为融合儒道墨三家之汉代学者之著作，其创造力真可谓丰富者已。

—— 译 文 ——

康有为最初在朱九江门下求学，他喜好研读《周礼》，后来见到廖平的著作，就开始着手研究公羊学派的"大同学说"。廖平，四川井研人，是王闿运的弟子，他在今文经学方面的研究著述非常丰富，著有《四益馆经学丛书），出版刊行于世。

《新学伪经考》《春秋笔削大义微言考》《孟子微》等著作，既是彰显康有为学说基础的著述，又是他整理儒家旧学的研究成果。而《大同书》则表达了康有为具有创见性的主张，也是他在思想学说建设方面的代表性著述，他在书中阐明了自己的政治和学术理想。

康有为在为《新学伪经考》作序时说：

古文经学之所以名闻天下，主要是因为这些出自孔子家墙壁内的儒经文献是用古文字书写的。然而，孔子家墙壁的儒经实际上是莫须有的编造，所谓的古文字也不过是赝品和伪作罢了，如此一来，所谓的"古"又是什么东西呢？东汉时期，有今文经学和古文经学的区分，既然将古文经学的来源伪托于孔子家的墙壁，那么世人自然是以古为尊，这便是刘歆作伪欺世的原因。如今罪人（刘歆）的行径已被揭发，自古以来遗留的旧案已经被肃清，那么必须重新审视所谓的古文经学，不能让它混淆历史事实。当年刘歆通过伪饰经书来推进自己的编纂工作，稳固自己作为编纂官的地位，他身为王莽时代的新臣，那对经书的研治便是王莽新朝的学问。他的身份已经核实确认，又有什么好辩驳的呢？（《新学伪经考》卷一）

康有为怀着这样的学术抱负，撰写了《秦汉六经未尝亡缺考》（编者按："汉"应为"焚"）等十四篇文章，以堂堂正正的辨析言辞，证明了西汉末年刘歆竭尽全力要立为博士官的《周礼》《逸礼》《左传》及《诗毛传》等，全都是伪书。康有为在每一篇文章中都附有案语，针对相关问题进行批判。其要点在于："秦代焚书，其实并未殃及儒家六经。汉代的十四博士为经书作传的时候，所依据的都是孔门传下来的完整本，内容并没有残缺。而西汉的经学，最初几乎没有古文经学，经书所用的文字都是秦汉通用的篆书，所以经学在汉初并没有今文经学与古文经学的区别。然而，古文经学都是用蝌蚪文字来书写的，这样一来，其伪造痕迹很容易就能证明。刘歆为了掩饰自己的作伪痕迹，在校对整理宫中所藏图书秘籍时，故意掺杂进去许多古书，想用这种办法湮没孔子经书的微言大义主旨，因此刘歆的学术绝不可取。"康有为通过这样广博准确的考证，来树立自己的学说。（这种说法未免过于穿凿，当时刘歆有可能是得到了一种善本，因此想取信于世人，故而托名为古文经学，这是汉代人常用的方法。）康有为不拘泥于以往的那些考证家，他们都是对一言一句以及文章细枝末节十分关注，而康有为力求拓宽眼界，以获得儒学的真精神。因此他著书立说，已经超越了考证的外在研究模式，转而求得经书内容的根本问题所在，可谓功不可没。

康有为撰写《大同书》的时候，曾涉猎过考证学的弟子陈千秋、梁启超等人也参与《大同书》的研究之中。陈千秋、梁启超等人在征引事例的时候，很想删削掉所有不能确定或没有事实根据的史料，但康有为自身的主观性极强，他坚持己见，并不采用陈、梁等人的意见，而是博引谶纬家的言论，因此犯了考证学的大忌，这样一来，他的学说价值也就因此而有所减损。（梁启超有此评论）

康有为在《新学伪经考》问世之后，又出版了《孔子改制考》。这本书重在说明一点，即孔子以素王的身份推行改制之事。康有为在"六经"中独尊《易经》与《春秋》，他认为孔子的微言大旨全体现在这两部书中。在他看来，《易经》属于灵界之书，而《春秋》是人界之书，二者的思想不仅广大，而且极尽精微，思想内容极为高明，而且阐释了中庸之道，其中《春秋》更是孔子所立的宪法案。孔子的学说自成一家，他依据自己的理想，对古人进行褒贬，对古事进行取舍，他撰写的《春秋》一书，绝非后人所想象的那样，仅是一部编述历史之作。例如，尧舜建立了盛德大业，这两位圣王乃是孔子理想中的人格，如果历史上真有尧舜其人，那么他们的人格绝对不会如经典中所记载的那般毫无瑕疵，而经典中所记的那些事情，乃是出于孔子自身的理想化，这就好像老子喜欢把贤德事迹托附在黄帝身上，墨子喜欢托附给大禹，许行喜欢托附在神农身上，这都是一样的情况，因为每个人都将心中的一位古人虚拟成理想人物，以此来创立自己的学说。孔子也沿袭了自古以来的风习，通过将圣王之德托于尧舜的方式，来推行自己的改制政策。

康有为在他的《上古茫昧无稽考》《周末诸子并创教考》《诸子创教改制考》等二十篇文章中，尽力阐明这一观点，强调孔子是历来改革者、改制者中的首要人物，而他的依据与那些仅从抽象方面寻找线索的公羊学者相比，的确更加凿实。康有为还说，孔子的改制精神是"上掩百世下掩百世"，是社会进步千古不变的铁案。康有为对"张三世"的说法给予阐释，认为人类社会越改革，进化得也就越快。为了阐明这一原则，他对夏、殷、周三代不同的社会制度细加考证，得出的结论是，三代制度之所以各不相同，乃是因为时代不同造成的。康有为还表明，时代进化的过程虽是循环往复的，但在历史的某一个时段上，其发展过程会被进化动机催促，无论如何，处于这种时段上，社会就无法避免要进行改革。通过以上的学术理论，康有为所推行的社会政治改革的主张，完全得以确立。他尊奉孔子为素王、教主，就是想根据孔子的大同精神来统一国民精神，并期望实现社会革新。康有为把孔子视为儒学宗教上的教主，又杂引一些谶纬言论来佐证自己的学说，因此在康有为的理论学说中，孔子已经被神秘化。

以上是康有为学说的基础内容。在这些基础上，他又创建了自己的社会观，这就是《大同书》中的观点。

《大同书》的产生，是在康有为师从朱次琦学习结束后，独居西樵山两年，专研《公羊传》，冥心思索，根据公羊学派的旨义，最终创造的一种新学说。这种学说是将《春秋》的"三世说"，嵌入《礼记·礼运篇》的"天道说"中，并且引申其中的义旨创新而成。具体来说，康有为将《公羊传》中的"升平世""太平世"，分别与《礼运篇》中的"小康""大同"说法进行匹配。而《礼运篇》中关于"大道大同说"的原文如下：

在大道施行的时代，天下是公有的，大家推选贤能的人作为领导者，人们相互之间讲究信誉，都能和睦相处。所以当时的人们不只把自己的亲人当作亲人，不只把自己的子女当作子女，而是让老年人都能安度晚年，壮年人都有工作，幼年人都能健康成长，鳏寡孤独和残废有病的人都能得到社会的照顾。男子都有各自的职业，女子都适时而嫁。对于财物，人们都不喜欢占有，让它白白地扔在地上，而不是非得收藏到自己家里；对于气力，人们唯恐不是出在自己身上，而且都不是为了自己出力。因此，社会上勾心斗角的事并不多见，偷盗作乱的现象也很少，门户只须从外面虚掩上，而不必用锁头锁上。这就叫大同社会。如今，大同社会的准则已经遭到破坏，天下已经成为一家所有；人们各自都有私心，只敬重自己的双亲，只喜爱自己的子女；财货生怕不归自己所有，气力则唯恐出在自己身上。天子、诸侯的宝座尊位，通常都是父亲传给儿子，哥哥传给弟弟。君王在内城和外城加上护城河，用来固守城池，而把礼义准则当做伦理教化的根本大法，用来规范君臣关系。用伦理教化使得父子之间的关系亲密，让兄弟之间和睦，使夫妇和谐。同时君王也设立各种制度，确立田地和住宅的归属，表彰有勇有智的人物，并记下自己的功劳。这样一来，勾心斗角的事也就随之发生，兵戎相见的事都因此而起。夏禹、商汤、周文王、周武王、周成王、周公，就是在这种情况下出现的。这六位君子，没有一个不是把礼法当作法宝，用礼来表彰正义，考察诚信，指明过错，效法仁爱，讲究礼让，向百姓展示一切事物都有章可循。如果不按礼办事，那么执事者就要被撤职，百姓也

会把他视为祸害。这就是小康社会的状况。(《礼记》卷九)

　　根据这段文字可知，在上古时期，天下并不存在私有财产之说，因而便没有你和我的区分，所以这一时期是"大同之世"。到了夏禹、商汤、周文王、周武王、周成王、周公六君子的时候，开始有了你和我的区别，国家设立了财产私有制，并用礼法来约束百姓，维护私有制，所以这时的人们认为仁礼、信义等品德非常重要，因为如果不遵循此道，那么即便是帝王也应当退位，以避免令众人遭殃。这个时代被称为"小康之世"。至于孔子的理想，则在于"大同太平之世"。现代所谓的民主自治主义、儿童公共教育、老病保险等问题，以及劳动神圣、共产主义、无政府主义等思想萌芽，都包含在其中。为了解释"大同太平之世"，康有为进一步征引了《公羊传》中的"三世说"。他认为区分君臣父子之间的等级，严格夫妇长幼的次序，只是孔子思想中较为次要的内容，而大同之世的主张，才是孔子最重要的思想，是他最终的理想境界，而且孔子的精神、理想、教义，全都在于此。

　　于是，康有为就此发扬了孔子的大同精神，谋定社会改造的方法和手段。据梁启超《清代学术概论》可知，康有为所定制度的纲目如下所示：

　　一、取消国家的概念，全世界可以分为若干区域，共同设置一个总政府。

　　二、总政府以及区政府的领导人，都通过人民的选举产生。

　　三、没有家族和家庭的区分，男女可以同住，但不得超过一年，时间到了之后必须换人。

　　四、妇女怀孕时入住国家的胎教院，出生的婴儿在育婴院由专人统一抚养。

　　五、根据儿童的年龄让儿童进入蒙养院，以及各级学校进行教育。

六、男女成年之后，依照政府的指派和分配，分别从事农、工等生产事业。

七、患病的人进入养病院，年老的人进入养老院。

八、各区的胎教院、育婴院、蒙养院、养病院、养老院等，都要有最齐全的设备，使入住其中的人，都能享有最高的生活水平和娱乐条件。

九、成年的男女必须在各院服役若干年，正如现在世界各国的壮丁都要服兵役一样。

十、设立公共宿舍和公共食堂，并在其中分立等级，让民众按劳动量进入不同等级的场所自由享用。

十一、以最严厉的刑罚来警戒懒惰之人。

十二、在学术上有新发明，或在以上五院有特别劳动功绩的人，可以得到特殊的奖赏。

十三、人死后要进行火葬，并在火葬场附近设立肥料工厂。

以上13条便是《大同书》的梗概内容。全书数十万字，对人生苦乐的根源和善恶的标准，都有着非常详密的阐述。梁启超说，这本书最关键的理念是废除国家制度、家族制度，取消私有财产，并且以相互扶助、一视同仁作为基本精神，正所谓"修习佛法的人出家，是因为想要脱离世间苦海，但是仍然比不上无家无族。既然没有家，也就不必出家"。康有为曾说："私有财产是人类争斗和祸乱的根源。如果世上没有家庭和家族，那么谁还愿意拥有私有财产？而国家也必然会随着家族的灭亡而消失。"康有为的主张与理想便是如此，书中的"大同社会"内容虽然与现代共产主义所主张的思想没有大的差异。但在30多年前，中国还没有产生这种思想。因此，康有为的《大同书》，是一部融合古代儒、道、墨三家精神，而且体现汉代学者思想的著作，他的创造力可谓是极为丰富。

三、结论

康氏极端扩张孔子之仁道，其结果使孔子之社会观，变成世界的。自来小儒之偏见，被其订证之处甚多。但是阐明孔子之理想时，资料取舍上，有"虽罹怨误亦所不辞"之嫌。彼取之于传文，取之于后人杂纂之《礼记》，又取汉代思想特产之谶纬学，其舛驳之处，难免人之评议。例如《礼记》之《礼运》篇之大同说，明是汉代学者所为，综合老儒墨三家思想而成。孔子之思想，全表现于《论语》之中，常梦周公而不忘，叹美其政事。乃康氏不之取，反以孔子为去礼仪，舍人为，爱平等，说太平道之人。谓其是创说，自是另一问题；否则史实昭然，其说不甚可信。据吾人所见，《礼运》篇大同之精神，当是依据老子"无为之治"及墨子"兼爱"之说而成者，从墨子书中引一条以为例，当可以明白。

昔文王之治西土，若日若月，乍光于四方；于西土，不为大国侮小国，不为众庶侮鳏寡，不为暴势夺穑人黍稷狗彘。天屑临文王慈，是以老而无子者，有所得终其寿；连（同鳏）独无兄弟者，有所杂于生人之间；少失其父母者，有所放依而长。(《兼爱》中篇)

墨子借文王之事迹，述其兼爱思想如是；则《礼运》一篇，是同一系统之思想。以此为孔子之本来面目。康氏之强辩，在所不免。要之康氏富于独创，其立言则流于独断与附会，是其缺点也。

康有为扩大孔子的仁道内容，并将儒家理论极端化，致使孔子的社会观变成了世界大同。他更正了自古以来许多小儒的偏见和狭隘思想，但他为了阐明孔子的理想，在资料的取舍方面存在一些问题，有"虽罹愆误亦所不辞"之嫌，虽然明知道有些资料谬误很多，但也要采纳。他不仅采用《公羊传》中的传文，还有后人杂纂的《礼记》，而且还取用汉代的谶纬学，以致研究的内容极为庞杂混乱，难免受到别人的批评。例如，《礼记·礼运篇》中的大同说，明明是汉代学者综合了道、儒、墨三家思想而形成的，而孔子的思想则全部体现在《论语》之中，他自己常梦见周公，对此念念不忘，并且赞美周公的政事。但是，康有为并不采用《论语》的思想以及孔子对周公的赞美，反而认为孔子是摒弃礼仪制度、舍弃人为思想、拥护平等观念、论说太平之道的人。康有为的学说确实具有独特的创见，但是在这一问题上要另当别论，因为历史事实就摆在眼前，康有为对历史真相视而不见，那么他的说法就不足以令人信服。

在我看来，《礼运》篇中的大同精神应当是古人依据老子的"无为之治"，以及墨子的"兼爱"学说融合而成。从墨子的著述中征引一条为例，可以看得更加明白。

过去周文王治理西部领土，就如同日月的光芒照耀四方和西部，他不让大国欺侮小国，不让百姓欺侮鳏夫寡母，也不让强暴势力夺取农民的谷物和牲口。上天得知了周文王的仁慈德政，所以赐下恩惠，让那些年老但没有儿子的人，都有人供养，并且得享天年；让那些孤苦没有兄弟的人，可以安居于百姓之中；让那些从小就失去父母的孩子，也有所

依靠并且长大成人。(《兼爱》中篇)

墨子借用周文王的事迹来阐述自己的兼爱思想，而《礼运》篇所表述的内容，正是与墨子同一系统的思想。如果将这些内容作为孔子思想的本来面目，那么康有为难免有强词夺理之嫌。我们应该看到，康有为的思想虽然富于独创，但他的言论有很多独断的地方，而且有些牵强附会，这也正是他的缺点所在。

── 注 释 ──

1. 陈千秋（1869—1895年）：字通甫，又字礼吉，号随生。南海人。光绪十七年（1891年）入万木草堂，拜康有为为师，是长兴里十大弟子之一。熟悉历朝掌故，精通考据典章之学，曾任万木草堂学长，并协助康有为编撰《新学伪经考》等书，讨论《大同书》有关问题。

2. 唐才常（1867—1900年）：字伯平，号佛尘，湖南浏阳人。清末维新派领袖之一，中国近代史上著名的政治活动家，与谭嗣同时称长沙时务学堂教习中的"浏阳二杰"。"戊戌政变"后，创办自立会，在汉口发动自立军起义，后被捕就义。

3. 虚器：意思是空有帝王的名位，但并没有帝王的实权。

4. 羼乱：掺杂混乱的意思。

5. 谶纬学：是对未来的一种政治预言，是古代中国官方的儒家神学。谶纬是谶书和纬书的合称，盛行于秦汉时期，是当时的重要社会思潮，也是传统文化的重要组成部分。谶是秦汉时期儒生编造的预示吉凶的隐语，纬是汉代人附会儒家经义衍生出来的一种书，其中保存了大量关于神话民俗的记载。先秦时期，天命神权、天人感应观念十分流行，出现祥瑞灾异、神化帝王、河图洛书、占星望气等说法，都是谶纬学的内容。

第四节　谭嗣同

一、略传及著书

　　与康梁诸子，同唱变法改制之说，勇往迈进，耸动天下，且以身殉其主义者，厥维谭浏阳。其生如流星，其死甚壮烈，天下志士为所鼓舞，革命之大业，被其播种。

　　谭嗣同，字复生，号壮飞，湖南浏阳人。生于清穆宗同治四年（纪元一八六五）。父继洵，湖北巡抚，母徐夫人。复生十二岁，即丧母，为父妾所苦，幼时备尝艰辛；然已倜傥有大志，遍涉群籍，以穷其理；又擅文才；且好任侠，喜剑术。弱冠从军新疆，参巡抚刘锦棠幕府，刘大奇其才。其后十年间，往来于直隶、甘肃、新疆、陕西、河南、湖南、江苏、安徽、浙江、台湾诸地，遍交名士，见闻益广。光绪二十一年，三十一岁，访康南海于北平，以南海归广东，不遇，因见梁启超，得闻南海讲学宗旨，及经世之条理，大为倾倒。翌年依父命，就候补知府职，利其闲暇，学佛学于金陵居士杨文会，更大受佛教之影响。已而应湖南巡抚陈宝箴之招，至长沙。时正创办时务学堂，以梁氏主讲席，彼参与其间，与同志黄遵宪、熊希龄、唐才常等，设南学会。讲习之余，论究新政，且远及世界各国大势，三湘士风，为之一变。洞庭湖畔，涌起一种澎湃之爱国精神，如李柄寰、林圭、范源廉、蔡锷等，皆时务学堂高才生也。光绪二十四年，帝有革新以定国是之意，召之，遂参新政。然其谋不成，袁世凯外和内叛，帝囚瀛台，南海逃于日本，复生慷慨决心，以为改革必流血，流血者请自我始，遂从容就义，临刑神色自若。著有《仁学》二卷，《文集》三卷，《诗集》一卷，《争议》二卷，收在《全集》

中。《仁学》则为其根本思想所在。

——• 译 文 •——

谭嗣同与康有为、梁启超等人一起提倡变法改制。虽然前路艰难坎坷，但他始终勇往直前，以慷慨气节名震天下，最终用自己年轻的生命殉于信仰。谭嗣同的人生，如夜空中划过的一颗流星那般短暂，但他的牺牲却极为壮烈，并且鼓舞了无数仁人志士，为革命事业播下了种子。

谭嗣同，字复生，号壮飞，湖南浏阳人，生于清同治四年（1865年）。他的父亲谭继洵官至湖北巡抚，母亲徐夫人在谭嗣同12岁时逝世。失去生母之后，年少时期的谭嗣同时常遭受父亲妾室的苛待，在生活上备尝艰辛。在这种情形下，谭嗣同却少年倜傥，胸怀大志，博览群书，探究学问和真理。他文才出众，又喜爱剑术，为人行侠仗义。20岁时，谭嗣同随军队征战新疆，后来入巡抚刘锦棠的幕府，担任幕僚，备受刘锦棠的赏识。此后的10年间，他游历了直隶、甘肃、新疆、陕西、河南、湖南、江苏、安徽、浙江、台湾等地，遍交天下名士，见闻也变得日益广博。

光绪二十一年（1895年），31岁的谭嗣同前往北平拜访康有为，但当时因为康有为南下广东，两人未能见面。不过，他在北平见到了梁启超，得知康有为的讲学宗旨，以及许多经世治国的理念，这让谭嗣同甚为佩服。第二年，谭嗣同遵从父命，做了候补知府，他利用闲暇时间跟随金陵居士杨文会修习佛学，从此深受佛教的影响。不久之后，他应湖南巡抚陈宝箴的邀请，去往长沙。当时，长沙正在创办时务学堂，由梁启超担任主讲，而谭嗣同也参与其中。此外，他还联合黄遵宪、熊希龄、唐才常等志同道合的好友，一起成立了南学会，在讲习的闲暇之余，大家谈论国家的新政，放眼世界各国的风云形势，这样一来，使得三湘地区的士民风气随之一变。当时在洞庭湖畔地区，涌起一股激情澎湃的爱国主义精神，如李柄寰、林圭、范源廉、蔡锷等后起之秀，都是时务学堂富有才华的优秀学生。光绪二十四年（1898 年），光绪帝有意通过变法革新，来使国家变得富强安定。于是光绪帝召见谭嗣同，让他参与到维新变法中，但他们的变法谋划却没有成功。袁世凯表面上与皇帝和维新人士亲和，但实际上却背叛了他们，最终光绪帝被囚禁于瀛台，康有为逃亡日本。而谭嗣同则决定为变法革命慷慨赴死，在他看来，凡是改革必有流血殒命之事，现在就应该从自己开始。所以他最终从容就义，临刑时神情自若，十分洒脱。谭嗣同著有《仁学》二卷，《文集》三卷，《诗集》一卷，《争议》二卷，这些都收录在《谭嗣同全集》中。其中，《仁学》是谭嗣同的核心思想所在。

二、学说

从《年谱》及其他记事推察之，《仁学》当是彼三十三岁至三十四岁，在长沙时所著。《仁学》之内容，则在卷首《仁学界说》二十七则内说明之。仁是心之体，其本质至善，寂然不动，感而遂通天下之故。仁即是良心，其所本为天理天道，所以生灭，俱为平等。

彼以此仁心为根据，一切社会人类政治道德宗教诸问题，概包含于仁学之下。而于孔子之大同精神，佛耶之慈悲博爱，孟子之君民对立，庄子之绝对自由，乃至法兰两之大革命精神，胥认为仁心之体现；而与此精神相背者，即为异端为邪说。

其论政治，则谓"君统盛，唐虞之后，无可观之政；孔教亡，三代之下，无可读之书"。（《仁学》下）而于黄宗羲之《明夷待访录》，及王船山之《遗书》，则以为近于孔子之意。因为黄之思想，渊源于陆王，王之思想，渊源于周张；而陆王周张，皆出于孟子之学系也。至于程朱及顾炎武之流，乃出荀子之学系，惟知以君权为重之俗儒，鄙不足道。论及君主问题，则曰：

> 生民之初，本无所谓君臣，则皆民也；民不能相治，亦不暇治，于是共举一人为君。夫曰共举之，则非君择民，而民择君也；夫曰共举之，则其分际，又非甚远于民，而不下侪于民也；夫曰共举之，则因有民而后有君，君末也，民本也：天下无有因末而累及本者，亦岂可因君而累及民哉！夫曰共举之，则且必可共废之；君也者，为民办事者也；臣也者，助办民事者也。（《仁学》下）

谭氏用民主思想，取古来君民关系颠倒之原因，说得非常详细，认君权之扩张，全由于历史的因袭，及曲学小儒阿附君主之结果。历代之君主，俱是绞民之膏血，竭天下之财物，淫杀天下之美女之独夫；而所谓忠臣者，则为助此种桀纣为虐之鼠辈。然世人犹引为尊贵，用作名教之南针，其愚诚不可及。如此否定君臣之关系，更以民主共和之政治，为天意天命之所存。政治之原理与精神，要当立脚于万人相互平等之上，以图其共荣共存。此是彼之社会观，亦即其学说之根本。

其次以人类平等爱之精神，批判五伦之内容。谓义、亲、别、序之四伦，乃违反乎平等爱之精神；此四种道德之发生，是强者长者为一己之自利上所捏造之伦道，用以压迫弱者幼者。故欲立真合天意之纯粹道德，当离于自利而出于无私的动机方可。盖利害关系，是相对的，徒恃君、父、长、贵以压迫臣、子、幼、贱以遂其非之道德，此不足云道德。故孔子亦谓"君君，臣臣，父父，子子"，正是说相对主义之伦道。佛耶两圣，其成道之第一步工夫，首在取此自利的四伦破弃之。三圣所共尊之伦道，止有朋友之一伦；此一伦是万人共通不可不行之大道。（《仁学》下）

此是彼道德论之根本，从彼之人心为仁，人性为善之思想所发生。

如此又一转而及于人种国际之问题，则云：欧西白人，仅赖科学一日之长，对于异种，始终逞其鸱枭之欲，虐使其民，以为当然。此不过囿于个人的差别观上之利己心，不知人类平等爱之真理之所致。故本于吾人纯真之思想，不可不力辟外人之物质的利己的迷心，而并采东西文化之长，致万国于平等之太平。此伟大之思想，即《仁学》之根本精神也。

─·译　文·─

根据《谭嗣同年谱》的内容，以及对谭嗣同记事的研究可知、《仁学》应该是谭嗣同在33—34岁，居住在长沙时所著的。《仁学》的大致内容和宗旨，在卷首的《仁学界说》（共二十七则）中已经加以说明。谭嗣同认为，"仁"是人心所依附的本体，是人心至善的所在，不会为外物所改变，真正感悟到"仁"之后，就会通晓天下的真理。也就是说，"仁"是人性良心的所在，"仁"所依据的根基，就是天理和天道。所以任何人出生的时候都是平等的，死亡的时候也是平等的，因为人人都有"仁"。

首先，谭嗣同以"仁心"为依据，认为社会、人类、政治、道德、宗教等问题，应该都包含在仁学之中。在他看来，孔子的大同精神、佛教和基督教的慈悲博爱、孟子的君民对立论、庄子的绝对自由论，法兰西的大革命精神，都是仁心的体现，而与这些基本精神相悖的思想和言论，都是异端邪说。

谭嗣同谈论到政治时，曾说："古代君主世袭制盛行，但在尧舜之后，几乎没有值得称赞的政治制度；真正的孔门学说已经消亡了，夏、商、周三代以后，世间再没有值得阅读的书籍。"（《仁学》下）不过，他认为黄宗羲《明夷待访录》和王夫之《遗书》的主旨与孔子的思想比较接近。那是因为黄宗羲的思想源于陆九渊和王阳明，王夫之的思想源于周敦颐和张载，而陆、王、周、张这四人的思想都出于孟子一脉。至于二程、朱熹和顾炎武等人的思想，都出于荀子一脉，他们只是一些重视君权的世俗儒者，并不值得称道。谭嗣同谈论君主问题时，说道：

人类在产生之初，原本没有君臣区分的说法，因为大家都是普通的百姓。但是由于百姓之间不能相互管理，而且也没有能力和空闲时间管理公共事务，于是大家共同推举一人出来，当作他们的君主。既然是大家共同推举的君主，那么就表明不是君主选择了百姓，而是百姓选择了谁当君主；既然是共同推举君主，那么君主就不能远离百姓，如果君主无法和百姓生活在一起，就不是百姓推选出来的；既然是大家共同推举君主，那么就是先有百姓后有君主，百姓是本，君主是末。世间没有为了照顾末端而累及根本的，所以说，怎么能因为君主而累及百姓呢？既然是共同推举君主，那么也就意味着百姓可以联合起来，一起废除君主。君主的使命是为百姓办事，而臣子的使命，则是协助君主为百姓办事。（《仁学》下）

首先，谭嗣同用民主思想阐释了古代君民关系倒置的原因，说得非常详细。他认为君权之所以能扩张，主要是因为君主世袭制的延续，还有那些学识浅陋的小儒歪曲学术，刻意阿谀奉承君主，而且历代君主都是搜刮民脂民膏、用尽天下财物、淫杀天下美女的残暴独裁者，而那些所谓的忠臣，则都是一些助纣为虐的鼠辈。然而，世人却把君主看为无比尊贵的人，并将忠君作为伦理教化的核心，真是愚昧不可救药。谭嗣同以这些言论来否定君臣关系，进而极力推行民主共和的政治制度，并把改革看作天命所归。在谭嗣同看来，政治的原理和精神要建立在人民平等的基础上，这样才有可能让人民共存共荣。这一点既是谭嗣同的社会观，也是他的主要学说理念。

其次，谭嗣同以人类平等博爱（无差别之爱）的精神来批评历来奉行的教义——五伦观念。他认为传统观念中五伦的前四伦，即"君臣有义，父子有亲，夫妇有别，长幼有序"，实际上背离了平等博爱的精神，是社会家庭中的强者和长者为了一己私利而捏造的伦理道德，是专门用来压制弱者、幼者的工具。因此，如果要建立符合自然伦理的纯粹道德，就必须放弃个人的私利，所有的道德标准应该出自无私的动机。事实上，社会成员的利害关系是相对的，君、父、长、贵仅仅凭借自己的身份地位来压制臣、子、幼、贱，以此满足自己的欲望和目的，这根本不足以称为道德。所以，孔子所说的"君君、臣臣、父父、子子"，正是阐释一种具有相对主义色彩的伦理道德。佛教和基督教的两位圣人释迦牟尼和耶稣，在修道的过程中所要做的第一步，就是破除儒家所谓的四伦关系。而儒家、佛教和基督教三家共同尊崇的伦理道德，只有"朋友有信"这一伦关系，而这一伦关系正是世间千万人共通的观念，是不能不尊奉的道德。（《仁学》下）

这些见解都来源于谭嗣同的"以人心为仁，以人性为善"的思想，也是他提倡的道德论的根本内容。

此外，谭嗣同还谈到了国际人种论这一问题。他说："西欧的白种人依靠发达的科技对其他人种进行迫害，残暴地虐待各地区的百姓，并认为这是理所当然的。然而造成这一现象的根本原因，正是西欧的白人在人种差别的观念上存在局限，因而导致了利己心，造成他们不明白人类平等爱的真理。因此，本着我自己原有的纯粹思想，我不能不极力摒弃外界的物质诱惑，以及利己之心，我应该兼取东西方文化的优点和长处，为世界各国谋求建立在平等基础上的太平社会。"谭嗣同的这一伟大思想，正是《仁学》一书的根本精神。

三、结论

谭氏之本领，本在政治，思索方面，是其余力所及，此实时势有以造成之，而其天才，则确是富有思想之人也。彼初好物理学、数学等，继则受种种思想之影响，而尚未达纯熟之域，故立论不免驳杂。但在彼之时代，以彼之年龄，即能直观东西人种之长短，且图东西思想之融合，其慧眼及直觉力之强，真可惊叹。倘能卒其天年，其发展当未可限量。

——·译　文·——

谭嗣同的主要成就都在政治方面，至于他在思想上的建树，则是他业余研究所得的结果，同时得益于当时社会形势的造就。但是从谭嗣同的天资来说，他也确实是一位富有思想的人才。谭嗣同最初喜欢研究物理学、数学等，后来由于受到东西方各种思想的影响，他的思想认知尚未达到纯熟的境地，所以他的一些言论思想难免存在驳杂的缺点。不过，在那个时代，谭嗣同在年纪尚轻的时候竟然能洞察东西方人种的长处和短处，并力求融合东西方的思想文化，如此慧眼和洞察力，实在令人惊叹。如果谭嗣同不是英年早逝，那他的发展前途必然不可限量。

第五节　梁启超

一、略传及著书

　　梁启超，字卓如，号任公，广东新会人，生于清穆宗同治十二年（纪元一八七三），父名宝瑛，布衣教授终身。启超四五岁时，母氏即授以《四子书》及《诗经》。六岁，父教之，即毕《五经》。九岁，能作文，援笔千言立就。十二岁，补县学生，而父教督极严，一言一动，不少假借，常斥之曰："汝自视乃如常儿乎！"启超终身诵之。后入广州学海堂，治戴、段、二王之学。十七岁，乡试中式。主考李瑞芬，诧为奇才，以其女弟妻之。翌年康有为以布衣上书，不纳。归里，开万木草堂。启超因陈千秋往谒之，一见大服，遂执弟子礼，从学三年。光绪二十年，甲午，中日战起，我国海陆军皆败。时启超客北平，与当时知名之士，提倡变法自强。既而康有为在北平创强学会，启超任会中书记。会事中辍，乃赴上海，主撰《时务报》，著《变法通议》，刊布报端，持论锋锐畅达，唤起国人之注意。丁酉，至湖南，主时务学堂讲席，以《民权论》教诸生，多所成就，武则蔡锷，文则范源廉，其尤著也。戊戌，侍郎徐致靖，疏荐启超才可大用。德宗召见之，命办大学堂译书局事务。时德宗锐志维新，信用康有为，启超与谭嗣同、杨深秀、康广仁、林旭、杨锐、刘光第等，均以京卿，参预政务。下令变法，天下耳目一新。在朝顽旧大臣，反对极烈，密奏于西太后，遂兴大狱，谭嗣同等六人，皆被杀，所谓"戊戌六君子"也。康有为得英人保护，获免。启超乘大岛兵舰，遁日本。自是居东凡十四年，仍办杂志，宣扬变法革新之主张，先后揭载于《清议》《新民国风》《新小说》诸报，及《新大陆游记》，国内人士，皆靡然向风焉。迨民国成立三年，熊希龄组阁，启超任司法总长，旋改币制局总裁。迨袁氏谋称帝，启超著《异哉所谓国体问题者》一文，正拟发布，袁氏知之，使人以十万金为其父寿，乞取消是文；启超拒之；因与蔡锷密筹倒袁之策。锷潜返云南，举讨袁义旗。启超则至两粤，辅佐陆荣廷，宣告独立。袁氏遂饮恨以死。此所谓护国之役也。六年，段祺瑞组阁，启超任财政总长。时欧战方殷，启超主张加入协约国，对德奥宣战，改进我国国际地位。欧战告终，启超出游欧洲，所至以中国历来受强邻压迫情状，诉诸世界舆论，著《欧游心影录》记其事。九年，归国。遂不复与闻国政，专以著述讲学为事；任清华学校研究院导师，有终焉之志。曾患便血症，历久而剧，犹扶病著书不辍。十九年（纪元一九三〇），一月，病殁于北平协和医院。年五十有六。所著书，中年类多报章言论，故前后不免矛盾；启超亦自言："今日之我，与昨日之我挑战，盖言论随时势为转移，不足怪也。"此等文字辑录为《饮冰室文集》。晚年所著，乃纯粹为研究学术之书，有《墨子学案》《墨经校释》《清代学术概论》《先秦政治思想史》《历史研究法》《广历史研究法》《中国近三百年学术史》《汉书艺文志诸子略考释》《古书真伪及其年代》《朱舜水年谱》《辛稼轩年谱》《桃花扇传奇考证》等。

——·译 文·——

梁启超，字卓如，号任公，广东新会人，生于清穆宗同治十二年（1873年）。他的父亲梁宝瑛是一名普通教书先生。在梁启超四五岁的时候，母亲就教他学《四书》和《诗经》。6岁时，父亲教他学完了《五经》。梁启超9岁的时候，就能自己写文章，而且提笔立刻就写出千字的文章。在他12岁的时候，进入县学当学生，他的父亲一直对他严厉教导，关注他的一言一行，督促警醒他，并且常常训斥他说："你难道要把自己看作寻常人吗！"对于这句话，梁启超终生铭记在心。后来，梁启超进入广州学海堂，钻研戴震、段玉裁、王念孙、王引之等汉学家的考据学。他 17 岁时，乡试中举。主考官李瑞芬认为他是一位奇才，便把自己的妹妹嫁给了他。第二年，康有为以普通百姓的身份向朝廷上书，但是他的改革建议未能得到朝廷采纳，于是康有为便返回家乡，开办了万木草堂。

当时，梁启超随陈千秋前去拜见康有为，见面交谈之后对康有为十分钦佩，于是就行弟子之礼，拜康有为做老师，跟从康有为学习了三年。光绪二十年（1894 年），中日战争爆发，中国海陆军队全都战败。当时，梁启超身在北平，与当时的知名人士一起提倡变法自强。而后，康有为在北平创立了强学会，梁启超在会中担任书记一职。后来，强学会的事务被迫停止，梁启超便到上海，在《时务报》担任主要执笔人，并写出《变法通议》一文刊登在报纸上，他的思想论说极为锋锐，文字流畅通达，唤起了许多国人的爱国心，引起广泛的关注。光绪二十三年（1897 年），梁启超到了湖南，担任时务学堂的总教习，为学堂的学生讲授《民权论》，而这些学生后来大多都有所成就，其中，擅长武学军事的蔡锷，还有擅长文学的范源廉，两人的成绩尤为显著。光绪二十四年（1898 年），侍郎徐致靖上疏朝廷，推荐梁启超，认为他的才学可做出大贡献。于是，光绪帝召见了梁启超，并且命他办理大学堂译书局的事务。当时光绪帝锐意进取，立志维新，非常信任康有为，而梁启超、谭嗣同、杨深秀、康广仁、林旭、杨锐、刘光第等人，也都以京卿身份参与变法政务。光绪帝下令变法，想要让天下焕然一新，但朝中的顽固大臣却强烈反对变法，并向慈禧太后密奏。最终，维新变法在以慈禧太后为首的顽固派的残酷镇压下失败，谭嗣同等六人都被清廷杀害，这就是"戊戌六君子"。康有为幸而得到英国人的保护，才得以免于身死劫难，而梁启超则乘大岛兵舰逃亡到日本。在日本居住的 14 年间，梁启超仍然创办杂志，宣扬变法革新的主张，他的文章先后载于《清议》《新民国风》《新小说》等报刊及《新大陆游记》上。国内的进步人士都纷纷倾向于支持他的言论。

民国成立近三年时，熊希龄组建内阁，聘请梁启超担任司法总长，而后改任币制局总裁。等到袁世凯谋划称帝时，梁启超撰写《异哉所谓国体问题者》一文，准备刊登报章。袁世凯得知消息后，派人送去 10 万大洋，名义上是为梁启超的父亲贺寿，实际上是请求他不要发布这篇文章。但是梁启超拒绝了袁世凯的收买，随后便与蔡锷一起秘密筹划倒袁的策略。后来蔡锷返回云南，高举讨袁的义旗，而梁启超则到广东和广西，辅佐陆荣廷，宣告地方独立。不久，袁世凯含恨而死。这段历史事件就是所谓的护国运动。民国六年（1917 年），段祺瑞组建政府内阁，邀请梁启超担任财政总长。当时欧洲的第一次世界大战刚刚开始，梁启超主张加入协约国，对德国和奥地利宣战，改进我国的国际地位。第一次世界大战结束后，梁启超出游欧洲，将中国历年来所遭受的列强压迫的情况，诉诸世界舆论，并写出《欧游心影录》一书，来记述这段经历。

民国九年（1920 年），梁启超回国，之后便不再过问国家政事，而是专注于著述讲学，他曾担任清华大学研究院导师，并有以此终老的愿望。梁启超患有便血症，病情随着时间的流逝而不断加剧，但他在病中仍然不停著书。民国十九年（1930 年）1 月，病逝于北平协和医院，享年 56 岁。

梁启超中年时期的著述，多是发表在报刊上的言论，以至于他前后两期发表的文章之间不免存在矛盾。他自己也曾说："今日之我向昨日之我进行挑战，因为言论随着时势而变迁，这并不奇怪。"梁启超将中年时所写下的文字，辑录为《饮冰室文集》。而他晚年的著述，纯粹是研究学术的著作，有《墨子学案》《墨经校释》《清代学术概论》《先秦政治思想史》《历史研究法》《广历史研究法》《中国近三百年学术史》《汉书艺文志诸子略考释》《古书真伪及其年代》《朱舜水年谱》《辛稼轩年谱》《桃花扇传奇考证》等。

二、人生观

梁氏身经患难，遍逃海外，然生平常抱乐观，绝对不作消极态度。迨卧病将死，犹强起侧坐，草成《辛稼轩年谱》。此其人生观之透切，实梁氏一生大受用处，亦其学问事功之出发点也。梁氏尝云：

> 我见我国若全世界过去之圣哲，皆有其不死者存；我见我国若全世界过去之豪杰，皆有其不死者存；我见我国若全世界过去亿兆京垓无量数不可思议之人类，无论智愚贤不肖，皆有其不死者存。……无论为宗教家，为哲理家，为实行教育家，其持论无论若何差异，而其究竟，必有相同之点，曰："人死而有不死者存"是已。此不死之物，或名之为灵魂，或不名之为灵魂，或语其一局部，或语其全体，实则所指同而所名不同，或所证同而所修不同，此辩争之所由起也。吾今欲假名此物，不举其局义，而举其遍义，故不名曰灵魂，而名曰精神；精神之界说明，然后死学可得而讲也。（《饮冰室文集》卷四十四《余之生死观》。编者按：此文应在《文集》卷十七）

由上数语观之，梁氏之人生观，已可得其梗概。彼盖深信人生虽幻，而人死而有不死之精神存在，故一生奋斗，至死不倦，皆以此思想为基础。此不死之精神状态，究如何？梁氏又云：

> 佛说以为一切众生，自无始来，有"真如""无明"之二种性，在于识藏。而此无明，相熏相习，其业力总体，演为器世间，是即世界也。

其个体演为有情世间，即人类及其他六道众生也。以今义释之，则全世界者，全世界人类心理所造成；一社会者，一社会人之心理所造成；个人者，又个人之心理所造成也。佛说一切万象，悉皆无常，刹那生灭，去而不留；独于其中有一物焉，因果连续，一能生他，他复生一，前波后波，相续不断，而此一物，名曰羯磨（译名，其义为作业。）……于是乎有因果之律，谓凡造一业，必食其报，无所逃避。人之肉身，所含原质，一死之后，还归四大，固无论已；就其生前，亦既刻刻变易，如川逝水，今日之我，已非故吾，方见为新，交臂已故。……故夫一生数十年间，至幻无常，无可留恋，无可宝贵，其事甚明。而我现在所有行为，此行为者，语其现象，虽复乍起即灭，若无所留，而其性格，常住不灭，因果相续，为我一身及我同类将来生活一切基础。……是故今日我辈一举一动，一言一语，一感一想，而其影象，直刻入此羯磨总体之中，永不消灭。将来我身及我同类，受其影响而食其报。（同上）

又云：

我之躯壳，共知必死，且岁月日时，刹那刹那，夫既已死，而我乃从而宝贵之，鏊吾心力以为彼谋，愚之愚也。譬之鏊吾财产之总额，以庄严轮奂一宿之逆旅，愚之愚也。我所庄严者，当在吾本家；逆旅者何？躯壳是已；本家者何？精神是已。……夫使在精神与躯壳可以两全之时也，则无取夫戕之，固也；而所以养之者，其轻重大小，既当严辨焉。若夫不能两全之时，则宁死其可死者，而毋死其不可死者。死其不可死者，名曰心死。君子曰哀莫大于心死。（同上）

是知梁氏所谓精神不死，实深有得于佛家之教，故能出入生死，而处之泰然。然梁氏虽沉浸于佛说，而于佛教出世之意味，则不受丝毫影响，而纯然为入世主义之学者也。至其所以能取佛氏出世之说，而构成入世的人生观，根本上固然是承受儒家之实用主义，然亦受西洋学说之影响而然。兹引其评德儒《菲斯的人生天职论》(《饮冰室文集》卷五十二。编者按：此文应在《文集》卷三十二）之语如下：

吾身曷为而生于天地间耶？吾倪焉孳孳，蚤作夜思，以度此数十寒暑，果何所求而何所得耶？此大疑问者，吾侪盖久已习焉忘之；虽然，此安可忘者。……此一疑问，实千万年来人类公共未能解决之最大疑问也。……菲斯之《人生天职论》，即思所以解决此问题；其解决之必为正当与否，吾不敢言，吾信其可以供吾侪之受用而已。……孔子曰："古之学者为己"，自来解释此语者，言人人殊，而菲斯的之说，实能发明之。菲氏谓：吾侪欲自知其天职之所在。则有一义焉，首当确信者，曰：我曷为生？我为我而生；我曷得存？我为我而存；我曷为勤动？我为我而勤动：故人类一切责任，更无所谓对世责任，所有者，唯对我责任而已。所谓我者，有理性之我，有感觉之我，理性为人类所独有，感觉则与其他生物同之，故得名为真我者，唯此理性而已。……故自理性一面言之，其本质诚圆融无碍；就感觉一面言之，则缘受外界种种影响，恒复杂矛盾而不相容；而人类既以有理性为其特征，是宜勿以感觉之我，减理性之我。……以我之良知，别择事理；以我之良能，决定行为。……若是谓之自由意志，谓之独立精神，一切道德律，皆导源于是。我对于我之责任，任此而已。

梁氏评论之云："菲氏所说，与中外诸古哲之教，若无甚异同；而其最鞭辟近里之点，则一曰尊我，二曰体物。盖诸哲言道德之本原，多谓有超乎人类以外者，以为之宰，或称天命，或明自然。……而菲氏之意，则谓即我即天，惟我宜宰制自然，而自然不能宰制我，此其鞭辟人类自重自觉之精神，至有力也。诸哲言修养者，恒以捍物欲为入手之条件；菲氏虽亦不废斯义，然其意以为物欲之利害参平，与其言捍制，毋宁言利用，毋宁言调和；故其为道，既不流于纵，亦不失于觳觫，此其特征也。前哲言修养者，多以主静立极为根本义，我国宋元以后儒者，益畅斯旨；盖以静为吾性之本体，而动乃其病态《乐记》所谓人生而静，天之性也；感于物而动，性之欲也。菲氏之说，则谓性乃生物而非死物，故以生生蕃动，为其本来，与《大易》行健不息、《中庸》至诚无息之义相契；故其所标道德律，绝对持进取主义，而不陷于退撄主义，此又其特征也。"梁氏对于菲氏学说，可谓推崇之至。综梁氏一生，无时不持进取主义；实与菲氏之说，处处吻合。可见梁氏之人生观，乃合儒佛之长，而兼承受西方学说者也。

——译 文——

梁启超曾经身历磨难，逃往海外，不过他时常怀有乐观的心态，一生之中绝不消极处世。即便在他晚年卧病将死时，他也勉励自己，起床侧身而坐，最终写成了《辛稼轩年谱》。梁启超的人生观十分通透明彻，这一点实在令他一生大得益处。同时也是他做学问、立事业的基础和出发点。他曾说：

我已经看到，我国和世界历史上的圣明哲人都将自己生命中独特的不朽之物留存在世上；我已经看到，我国和世界历史上的英雄豪杰也都将自己生命中独特的不朽之物留存在世上。我也看到，我国和世界历史上数量极多的平民百姓，他们多到令人不可思议，但是无论聪明还是愚笨，无论贤良还是无德，也都将自己生命中独特的不朽之物留存在世上。……无论是宗教家，还是哲学家、教育家，他们的观点不管有怎样的差异，但核心的部分总会有相同之处，这便是"人死后会有不朽之物留存于世。"他们对于这个"不朽之物"，或者称之为灵魂，或者不称之为灵魂，或者说的只是灵魂中的某一部分，或者说的是灵魂的全部。其实，这些言论主张所指的都是相同的东西，只不过是名称不同而已。或者是所要证明的内容相同，但所论证的途径和方法不同而已，这便是学术论证的缘起和开端。如今我也想给"不朽之物"命名，我不从狭义出发，而是采用它的广义称呼，所以不称之为"灵魂"，而称之为"精神"。对"精神"的概念有一个明确的界定之后，才可以讲生死的学问。(《饮冰室文集》卷四十四《余之生死观》。编者按：此文应在《文集》卷十七)

通过这段文字，已经可以了解梁启超人生观的大致内容。他深信人生虽然是虚幻的，但人死之后却有不死不朽的精神存在，所以他一生都在奋斗，至死也不倦怠，人生中所有的积极进取，都是以这一思想作为支撑点的。然而，这种不死不朽的精神状态，究竟是什么？对此，梁启超也有说法：

佛教思想认为，一切众生都没有开始的由来，但是有"真如"和"无明"两种本质，隐藏在意识的深处。天然混沌的东西互相熏陶影响，在这个过程中，就会产生善恶果报，所有的善恶行为力量汇总在一起，构成了众生存在的环境，这便是所谓的世界。世界中的每个独立个体，都拥有善恶行为力量，由这些独特的个体构成了有情的人间，这即是人类及其他六道众生。用现在的话语来解释，那就是全世界由全世界人类的心理造成，一个社会是由社会之人的心理造成，一个人是由他自己的心理造成。佛教学说认为，世间的万物万象都是变化无常的，生和死只在一刹那之间，死去之后便不会留存世间，但其中唯独有一种东西能够产生因果连续的现象，从一就能生出其他，从其他又重新生出一，前赴后继，反复涌现，互为因果，相续不断。而这一种东西，名叫羯磨（音译，意思为命运）。……因此，世间存在因果的定律，但凡有人造成了一种罪孽，他必定会遭到报应，根本无处可逃。人的肉身所包含的本原物质，在死后都归于地、水、火、风这四种基本物质，每个人的命运归宿都是一样的，本来就不存在独特的自我个体。就是一个人在活着的时候，也时时刻刻发生变化，如同河川中瞬间流逝的水一样，既然已经流过去了，就发生变化，不再是曾经的河水。因此，今日的我已不再是往日的我，此刻正在相见的我才是新我，而刚刚拱手施礼的我已经是旧我。……人的一生只有几十年，变幻无常，没有什么值得留恋的，也没有什么值得珍惜的，有生就有死，他所经历的事情都是非常明确的。我现在的所有行为，从现象上来说，虽然一个动作刚做完，就立马消失了，好像根本没有丝毫的存留，但是我的性情却常存不灭。而且遵循着因果相续的原则，我和他人还要继续活到将来，长存不息的精神就是我们未来生活的一切基础。……所以，我们今天的一举一动、一言一语、一感一想的所有影像，都会直接投射到命运的总体之中，永远也不会消失灭亡。将来的我和他人，都会受到如今这些举动、言语、感想的影响，从而得到相应的果报。（同上）

梁启超又说：

我知道，我自己的这具身体躯壳必定会死去，而且岁月和时间，对人类世界来说，也都是一刹那而已。既然知道必然要死去，那么我如果还将自己的身体躯壳当作宝贝一样，耗尽此生的心血力气为它筹谋，那就十分愚蠢了。这就好比是一个人穷尽自己所有的财产，卖掉庄严华美的房屋，就为了住一夜的旅馆，实在是愚不可及。我所谓庄严华美的房屋，应当是我的本质，而所谓的旅馆是什么呢？那不过是我的躯壳罢了。

我的本质又是什么呢？应当是我心灵深处的精神。……当一个人的精神和躯壳可以全都拥有时，我们当然可以不必选择去伤害哪一方，放弃哪一方，但是在保养、守护精神和身体的过程中，要对所投入的精力多少进行严格区分，对二者重视的程度是不同的。当精神和身体不能两全时，宁愿让可以死亡的身体死去，也不能让不可以朽坏的精神灭亡。让不可以朽坏的精神灭亡了，那就是心死。君子说："哀莫大于心死。"（同上）

根据这些内容可知，梁启超所谓的精神不死，实际上是源于佛家教义的，所以他在思想上能看淡生死，对死亡泰然处之。不过，梁启超虽然沉浸于佛家教义，他个人却丝毫不受佛教出家修行之说的影响，他是一位绝对信奉入世主义的学者，一生积极进取。梁启超之所以能吸取佛教出世之说，来构建入世进取的人生观，除了在根本上他尊崇儒家的实用主义之外，也受到了西洋学说的影响。他曾在《菲斯的人生天职论述评》（《饮冰室文集》卷五十二。编者按：此文应在《文集》卷三十二）一文中，评论德国哲学家菲斯（"菲斯"现在译为"费希特"）的《人生天职论》，他说：

我为什么要生于天地之间？我从幼年的时候开始，就勤勉不怠，白天劳动，晚上思考，这样度过了数十年，然而我究竟要追求什么东西？我最终又得到了什么东西？这些都是人生需要思考的大问题，但是我们由于已经习惯了自己的生活状态，所以就把这些人生意义遗忘了，虽然这些问题是不应该被人遗忘的。……其实，这些问题是千百年来人类还没能解决的最大疑问。……菲斯的《人生天职论》思考研究的就是如何解决这些问题。我不敢说他给出的解说是否一定正确，但我相信，这些解说和阐释可以供我们参考，给我们提供借鉴，引发思考。……孔子说："古之学者为己。"古今学者对于这句话的解释都各有不同，但用菲斯的思想确实能将其中的意义阐释明白。菲斯说："我们如果想知道自己的天职，那么首先要确信一点，就是我为什么而生？因为我是为我自己而生，那么我为什么能够生存在世上？因为我为我自己而生存在世上，那么我为什么要勤于劳动？因为我为我自己而勤于劳动。因此，人类所有的责任，根本不存在对社会的责任，而全都只是对我自己的责任。所谓的'我'，有理性的我，也有感性的我。理性是人类所独有的，而感性则是和其他生物共有的。因此，可以区分'真我'，为真我命名的唯一因素，就是人类的理性。……就理性这一方面来说，它的本质上不存在任何矛盾或者障碍。但就感性这一方面来说，却因受到外界的种种影响而产生各种复杂的矛盾，彼此不能相容。既然人类的重要特征在于理性，那就不应该用感性之我来消减理性之我。……我的良知可以用来明鉴事理；我的能力可以用来决定自己的行为。……如果将人的理性称为自由意志、独立精神，那么一切道德律都源于此。我对于我自己的责任，便是这些内容。"

　　梁启超还评论道："菲斯所说的理论，与中外众多先哲们提出的思想，在本质上没有太大的区别。但他的理论中有两点最鞭辟入里：一是尊我，二是体物。前代的先哲们对于道德本原的阐释，大多是说，世上存在一种超乎人类以外的东西，它是主宰人类道德的，至于这个东西是什么，有的人说是天命，有的人说是自然。……而菲斯则认为，我就是天，我能主宰自然，但是自然不能主宰我。他勉励人类重视自我意识的精神力量，非常有鼓舞性。历史上的先哲们认为，一个人修养道德，首先要以控制物质欲望为基本条件，菲斯虽然不反对这种见解，但是他却认为物欲是利害参半的，因此对于物欲的问题，与其加以控制，不如加以利用，调和物欲。由此看来，菲斯所说的基本原则，既不过于宽纵，也不过于严苛，这也是他学说的特点所在。而且先哲们大都认为，一个人修养道德要以主静立极作为根本，而我国宋元以后的儒者则进一步提倡、阐发这种理论的要旨。在他们看来，静才是人性的本体，而动则是一种病态表现。《乐记》中也曾论说，人生来就是虚静恬淡的，这是人的天性所在；因为受到外物的感染和影响，才变得不安分，这是人性中的欲望作祟。不过菲斯却认为，人性是活生生的东西，不是一件死物，所以要一直不停地活动，产生各种变化，这才是人本来的面貌，这一点与《周易》中的'行健不息'，还有《中庸》里的'至诚无息'，在意思上是相契合的。因此，菲斯主张的道德律，绝对带有进取主义精神，他的思想并没有陷于消极的避世主义，这是他学说的另一特点。"梁启超对菲斯的学说，可谓推崇至极。综观梁启超的一生，他始终都秉持着进取主义精神，这与菲斯的思想主张非常吻合。由此可见，梁启超的人生观，既融合了传统儒、佛两家的优点和长处，又汲取了西方学说。

三、社会观

梁氏受严复所译《群学肄言》等书之影响，曾作《说群》一文，登载《时务报》。于个人不能离开人群而独立之理，发挥透切；迩时颇能唤起国人对于社会之认识。梁氏一生服务社会之热诚，亦确能言之而能实践之。尝云：

生命分为两界，一曰物质界，二曰非物质界；物质界属于么匿体，个人自私之；非物质界属于拓都体，人人公有之。而拓都体复有大小焉；大拓都通于无量数大千世界，小拓都则家家而有之，族族而有之，国国而有之，社会社会而有之。拓都不死，故吾人之生命，其隶属于最大拓都者皆不死，即隶属于次大又次大乃至最小之拓都者皆不死。……故死者吾辈之个体也；不死者吾辈之群体也。(《余之生死观》《饮冰室文集》

卷四十四。编者按：此文应在《文集》卷十七）

梁氏认定吾人个体有死，而群体终不死；我身之在我群，为组成群体之分子；犹之血轮等，为组成我身之分子；血轮必且随时变迁，新陈代谢，以个体之死，期有利于我身；故我身对于我群，亦应生生灭灭，以个体之死，期有利于我群，此人类进化之原则也。此其社会观，颇觉真切；惟其如此，吾人对于社会，自有其天则存焉。故又尝引菲斯的之说云：

凡人必与其同类，营共同生活，此正所以自完其本性之作用，实我对于我之一种义务也。……吾人理性之圆满，实现为人类最高之理想，但使人人能向此理想以进行，则理想之成为事实也，自日近。……理想之本质，固万人同一者也；然其程度，则千差万别，人人各以自己所怀之理想之程度，以律他人；见他人程度不如我者，恒欲诱而进之，使与我同化；则不知不觉之间，社会自日迁于善，吾侪对于社会之天职，莫此为大矣。

───・译 文・───

梁启超在严复翻译的《群学肄言》等书的影响下，撰写了《说群》一文，并将这篇文章刊登在《时务报》上。在这篇文章中，梁启超提出个人不能离开集体而独立存活，这一理论阐述得非常透切，而且在当时能够唤起中国人对社会群体的认识。梁启超一生服务于社会，这种热诚确实能从他的著作言论中彰显出来，而且还能付诸实践。他曾说：

生命可以分为两界：物质界和非物质界。物质界属于个体，是个人

227

私有的；非物质界属于群体，是众人共有的。而且，群体又可分为大群体和小群体。大群体与广阔无量的大千世界相通，而小群体则是每个家庭都有，每个族群都有，每个国家都有，每个社会都有的东西。因为群体不会死亡，所以隶属于最大群体的个人生命，也都不会灭亡，即使是隶属于稍小乃至最小群体的个人生命，也不会死。……因此，真正死去的是我们的个体，不会死去的乃是我们所处的群体。(《余之生死观》《饮冰室文集》卷四十四。编者按：此文应在《文集》卷十七）

梁启超确信：人类的个体虽然会死，但群体却终究不死不灭。个人身处在群体当中，乃是组成群体的分子，这就如同血液细胞是组成个人身体的分子一样。血液细胞会随时变迁，新陈代谢，这样才能指望旧细胞分子的死亡对我们的整个身体有好处，所以个人对于群体来说，也应该有生有死，这才能指望以自我之死对整个群体产生益处，这就是人类进化的基本原则。梁启超的这种社会观，让人觉得较为真切。在梁启超看来，只有这样，每个个体对于社会做出贡献，才是上天让个体存在的意义。他还曾经引用菲斯的主张，说道：

每个人都要与他人一起共同营造生活，这正是完善自己本性所能产生的作用，也是个人对自己应该承担的义务。……我在理性上所追求的圆满境界，就是为了实现人类最高的理想，只要能使每个人都能朝着这一理想前进，那么理想成为现实的日子便会越来越近。……理想的本质，对于千万人来说固然都是相同的，但是理想的高低和程度则是千差万别。人们以自己所怀理想的程度来要求别人，看到理想程度不如自己的人，便想鼓动他们进取，促使他们的理想与自己相近。如此一来，在不知不觉间，社会便会自动朝着好的方向发展。我们对社会所应承担的职责，没有比这更大的了。

四、政治观

梁氏生平所发之议论，关于政治方面者，殆居十之五六，彼之政见，自始即与革命党立于反对地位。革命党主种族革命，彼则主张政治革命；革命党主共和政体，彼则因人民程度太低，主必先经过开明专制，再进乎君主立宪。当梁氏遁迹日本，办理《新民丛报》时，革命党亦办《民报》，双方论锋交战，亘半载而不息，以致国内向日之信仰梁氏者，亦疑梁氏带有保皇党臭味，故反对种族革命，反对共和政体，渐次失其信仰；甚或加以唾骂。然梁氏深知国民程度不及，本其研究之学理，始终持论不移。迨辛亥革命告或，彼犹主张虚君共和之制以调剂之。而袁氏称帝时，梁氏之议论，则以为君主之招牌，既已投之粪秽，决不可重行竖起，乃积极反对之，可知梁氏之政论，在学理方面，实有见到之处，不能谓为绝无价值也。其所著《开明专制论》有云：

> 中国今日，固号称专制君主国也；于此而欲易以共和立宪制，则必先以革命，然革命决非能得共和而反以得专制。……故持革命论者，如其假共和立宪之美名，以为护符，毋宁简易直捷以号于众曰：吾欲为刘邦，吾欲为朱元璋，则吾犹壮其志，服其胆，而喜其主义之可以一贯也。而必曰共和焉，共和焉，苟非欺人，必其未尝学问者也。

梁氏更引德人波仑哈克之说，以为证明。

> 波氏曰：共和国者，于人民之上，别无独立之国权者也；故调和各种利害之责任，不得不还求之于人民自己之中。必无使甲之利害，能强压乙之利害，常克互相平等，而自保其权衡；若此者惟富于自治性质，

常肯裁抑党见以伸公益之国民，始能行之。若夫数百年卵翼于专制政体之人民，既乏自治之习惯，又不识团体之公益；惟知持各人主义，以各营其私；其在此等之国，破此权衡也最易；既破之后，而欲人民以自力调和平复之，必不可得之数也。其极也，社会险象叠出，民无宁岁，终不得不举其政治上之自由，更委诸一人之手，而自帖耳复为其奴隶，此则民主专制政体之所由生也。（《饮冰室文集》卷二十九。编者按：此文应在《文集》卷十八）

梁氏此论，原文极长，兹不过举其一节。在今日视之，似其论已极陈旧，不适于时代潮流，然其文中所指国民程度未及格，勉强采用共和制之流弊，民国二十年来，一一见诸事实，若烛照数计，不可谓非先见之明也。即今日之所谓军政训政时期，与开明专制，究有何区别？人民之一切自由，又在何处？吾侪非政论家，固不欲多所论列，梁氏所指为民主专制，抑何其适合也！

·译 文·

梁启超平生所阐发的见解中，关于政治的内容大概有十之五六。他的政治见解和主张，从一开始就与革命党相反。革命党主张进行种族革命，而他则主张政治改革；革命党推行共和政体，而他却认为国民整体的思想认知程度过低，所以应该先进行较为开明的专制统治，然后再进一步实行君主立宪政体。当梁启超漂泊到日本，主办《新民丛报》时，革命党在国内则创办了《民报》。双方通过报刊文章展开激烈的论争，历经半年而不停息，以致国内有很多以前推崇梁启超的人，开始怀疑他因为主张君主立宪制，是保皇党一派，所以才会反对种族革命，反对共和政体。渐渐地，很多人不再相信梁启超，有的人更是对他进行唾骂。

然而，梁启超深知国民的思想还没有达到一定境界高度，在这种情况下，他依然坚持自己的研究和学术理念，他的主张始终不变。辛亥革命成功之后，他仍然主张设立没有实权的君主虚位，用君主共和制度对政权进行调剂。但袁世凯称帝时，梁启超则坚决反对，并向公众表明，君主这一面招牌，既然已经废弃，便绝不可重新挂起来。由此可知，梁启超的政论，在学理上的确有独到之处，不能说毫无价值。他所著的《开明专制论》曾说：

现如今的中国，号称帝王专制国。因此，要想把国家政权体制变更为君主共和立宪制，那就必须先进行革命，但通过革命也并非一定能实现共和，有时结果反而还是专制。……因此那些持革命论的人，与其借共和立宪的美名作为自己的护身符，还不如简单而直接地告诉民众：我想成为刘邦，我想成为朱元璋。这样，我倒还认为他有点壮志，还会佩服他的胆量，还会为他能言行合一而觉得欢喜。但他若是一定要以共和为名，实际上干些专制的勾当，不是为了欺骗民众，就是他根本没什么文化水平。

梁启超还征引德国人波仑哈克的学说，来阐明自己的观点。

波仑哈克说：所谓的共和国，其实在人民之上并没有独立的国家权力，它只是承担了调和各种利害的责任，最终还是让人民自己来承担一切。并且，一个国家从根本上来说，不会让某一部分人获利，让另外一部分受损，而是常常让大家的利益保持相互平等，这样才能维持国家的平衡和谐。如果是这样的话，国家政体中的百姓都有自治的能力，时常能够抑制党派门户之间的倾轧，最终为全体人民谋取利益，有这样的百姓，才能实现民主的国家。千百年来，百姓们如果小心翼翼地生活在专制政体之下，那么他们既缺乏自治的习惯，又没有团体利益的观念，只知道秉持个人主义，各自营私获利。在这样的国家中，一部分人剥削另一部分人，很容易打破势力平衡与和谐局面。然而局面打破之后，统治者再想让人民靠自己的力量来进行调和、恢复国力，那就不可能了。如此一来，最为严重的结果便是，社会上危险混乱的事层出不穷，民不聊生，终无宁日，最后不得不将自己的政治自由交到某个人手上，而自己则甘愿依附于他，成为他的奴仆，期望受到主人的庇护。这样一来，民主专制政体也就由此产生了。（《饮冰室文集》卷二十九。编者按：此文应在《文集》卷十八）

梁启超这段言论的原文很长，这里仅举出其中一节。在今天看来，他的观点似乎已经十分陈旧，不符合时代的潮流，但他在文中所说的一点是有道理的，当国民的智识程度尚未达到及格线时，勉强实行共和制会造成很多弊端，这在民国的二十年间纷纷成为事实，如果逐一对照，那不得不说梁启超很有先见之明。如今已经进入所谓的军政训政时期，这种政体与开明的君主专制相比，究竟有什么区别？人民所渴望的一切自由，又在哪里呢？由于本人不是政论家，所以不想多加论述，不过梁启超当初主张的民主专制政体，也许更适合中国吧！

五、结论

梁氏之学，虽早年受康有为之影响，而能融合中外，不偏执一见。康氏则一生提倡孔教，尽忠清室。梁氏则否，虽初亦鼓吹孔教，后见其不合潮流，则不复涉及。戊戌年间，虽与康氏同受清室知遇，而到日本以后，即鼓吹政治革命。其后更与康氏异趋。及护国之役，反对袁氏称帝之文电中，竟有"大言不惭之书生"之语，即暗指康氏而言。世人或讥其背师，然大节所关，梁氏亦不得不尔。晚年则不谈政治，专致力于学术上之供献，有足多者。惜彼自信可活八十岁，竟不永其年，否则学术上之成绩，决不止此，惜哉！

——·译 文·——

梁启超的学说，虽早年受到了康有为的影响，但却能融合中外思想，不偏执于一己之见。康有为一生都提倡孔教，向清廷尽忠。但梁启超却不是这样，他最初也提倡孔教，但后来明白这些思想并不符合时代趋势，所以就不再鼓吹孔教。戊戌年间，梁启超虽然与康有为一样，都得到清廷赏识，但两人后期发展不同。梁启超到了日本以后就开始倡导政治革命，后来更是与康有为分道扬镳。护国运动时，他在反对袁世凯称帝的电文中，竟然发出"大言不惭之书生"的言论，而这句话便是暗指康有为。有的人讥讽梁启超背弃恩师，但这件事关乎大节，梁启超也是不得已而为之。梁启超在晚年时不谈政治，他一心致力于学术，对学界贡献很大。遗憾的是，他以为自己能活到80岁，最终却没有实现，不然他在学术上可取得的成就，绝不止于此。

——·注 释·——

1.直如、无明：佛教用语。真如指现象的本质或真实性；无明指天然混沌、尚未开化。

2.识藏：指埋藏在人的意识深处。

3.六道：是佛根据业报身所受福报大小划分的，即天道、阿修罗道、人道、畜生道、饿鬼道、地狱道。

4.四大：佛教所讲的四大是指地、水、火、风四种物质元素。

5.主静立极：是宋代理学家周敦颐的主张，也是宋明理学家的道德修养方法。"主静"源于《礼记》"人生而静，天之性也"的说法，并掺杂佛、道的寂静无为思想。周敦颐在其《太极图说》中提出："圣人定之以中正仁义而主静，立人极焉。"认为人的天性本来是"静"的，因而要通过去除欲望，以求达到"立人极"的修养境界。

6.么匿体和拓都体：么匿体指个体，拓都体指群体。严复在《群学肄言》中，发明了一对"么匿"与"拓都"的译词，"么匿"一语源于 unit，"拓都"来自 total，即"己"与"群"的意思。

7.血轮：血球的旧称，泛指血液。

第二编
吸收外来思想之时期

第九章 严复

第一节 略传及著书

严复，字又陵，一字畿道，福建闽侯人。生于清咸丰三年（一八五三）。七岁，始就外傅。同治五年（一八六六），沈宝桢为福建船政大臣，招考子弟，入马江学堂习海军。严复录取第一名。翌年，遂入堂肄业，时年仅十五岁也。十九岁（一八七一）卒业，考列最优等，派为上海建威帆船练习生。后服务于扬武军舰，巡历黄海及日本各口岸。曾至台湾，调查生番与日本渔船启衅情形。二十三岁（一八七五），派赴英国肄业，入格林尼次海军大学。二十七岁，卒业归国。任船政学堂教员。光绪六年（一八八〇），李鸿章经营北洋海军，调严复至天津，为水师学堂总教习。是时科举积习甚深，凡由学堂出身者，多为士大夫所鄙弃。复亦自以不得科举为遗憾，竭力攻求八股文，屡赴福建及顺天乡试，然皆不售。

光绪甲午（一八九四），中日之战，我国海陆军皆败。复深有鉴于我国之贫弱，其根本在于学术，乃专力从事于译述。先译成赫胥黎（THuxley）之《天演论》（Evolution and Ethics）。我国人从未闻此等学说，是书之出，学者耳目一新。复又撰《原强》《救亡决论》《辟韩》诸文，载于天津之《直报》。厥后更译成亚丹·斯密（Adam Smith）之《原富》（An Enquiryin to the Nature and Causes of the Wealth of Nations）及斯宾塞（Herbert Spencer）之《群学肄言》（Study of Sociology）。又在光绪二十三年（一八九七），与同志创办《国闻报》于天津。戊戌（一八九八）年，亦被荐入见。德宗问有新著述否？复以拟《上皇帝万言书》对；未及进而政变作，遂出都反津。《国闻报》亦停刊。更肆力译述，成穆勒·约翰（John Stuart Mill）之《群己权界论》（On Liberty）。

光绪二十六年，庚子（一九〇〇），义和拳乱作。复仓皇避难，由津至沪，开始译《穆勒名学》（J.S.Mill, A System of Logic）。二十八年（一九〇二）京师大学堂开办，张伯熙为管学大臣，聘为编译局总纂。曾草一文，近五千言，具论中国教育方针，并条拟新教育行政办法。而甄克思之《社会通诠》（E.Jenks, History of Politics），亦于是时译成。光绪三十年，辞编译局事赴沪。厥后译成孟德斯鸠《法意》（Montesquieu, Espirites des Lois）及耶芳思《名学浅说》（W.S.Jevons, Logic）。光绪三十四年（一九〇八），新设学部，应聘为审定名词馆总纂。在部三年，直至辛亥革命而止。

民国元年（一九一二），袁世凯为总统，聘为北京大学校长，未久，即辞职。自后年老多病。至民国九年（一九二〇），赴福建避冬，气喘时作。十年（一九二一），九月，殁于闽垣，年六十九岁。其生平除译书外，尝有手批之《老子》及《庄子》《老子》已印行，《庄子》则未卒业也。

——· 译 文 ·——

严复，字又陵，又字畿道，福建闽侯人。生于清咸丰三年（1853 年）。7 岁就开始出外上学。同治五年（1866 年），沈宝桢在福建做船政大臣，以考试的方式招收子弟，进入马江学堂学习海军。严复以第一名的成绩被录取。第二年入学读书，年仅 15 岁。19 岁（1871 年）时毕业，以最优等生的名次毕业，被派到上海"建威"号帆船上做练习生。后来在

"扬武"号军舰上工作，在黄海及日本各口岸的海域上巡历。曾经到台湾调查岛上土著居民与日本渔船发生争端的具体情况。23 岁（1875 年）时派往英国格林尼次海军大学留学，27 岁毕业回国。在船政局担任学堂教员。光绪六年（1880 年），李鸿章管理北洋海军，将严复调至天津，担任北师学堂的总教习。当时科举在社会的影响力还很大，学堂毕业的人经常被士大夫所鄙弃。严复也常因自己没有考科举而遗憾，因此刻苦钻研八股文，多次在福建和顺天参加乡试，但都没有中举。

光绪甲午年（1894 年），爆发了中日之战，我国海军和陆军都战败了。严复深感我国国力贫弱的根本原因是学术落后西方，于是致力于从事翻译工作。他最早翻译的著作是赫胥黎（THuxley）的《天演论》（*Evolution and Ethics*）。我国国民从未听说过这样的观点，所以书出版之后，学者感到耳目一新。严复又撰写了《原强》《救亡决论》《辟韩》诸文，载于天津的《直报》。此后，又翻译了亚丹·斯密（*Adam Smith*）的《原富》（*An Enquiryin to the Nature and Causes of the Wealth of Nations*）和斯宾塞（*Herbert Spencer*）的《群学肄言》（*Study of Sociology*）。光绪二十三年（1897 年），严复与同志一起在天津创办了《国闻报》。戊戌年（1898 年），他也被举荐参加变法。德宗（光绪皇帝）问他是否有新著述，严复打算做《上皇帝万言书》上言，还未及呈给皇帝变法就失败了，于是离开北京回到天津。《国闻报》也停刊了。因此致力于翻译的工作，又翻译了穆勒·约翰（*John Stuart Mill*）的《群己权界论》（*On Liberty*）。

光绪二十六年庚子年（1900 年），发生了义和团事变。严复仓皇逃难，由天津逃至上海，开始翻译《穆勒名学》（*J.S.Mill*，*ASystem of Logic*）。光绪二十八年（1902 年）京师大学堂开办，张伯熙为管学大臣，聘严复为编译局总纂官。严复曾草拟一篇近 5000 字的文章，具体论述了中国当前的教育方针，并逐条拟定新的教育行政方案。同时译成了甄克思的《社会通诠》(*E.Jenks,History of Politics*)。光绪三十年(1904年),辞掉编译局的工作前往上海。后译成孟德斯鸠的《法意》(*Montesquieu, Espirites des Lois*)和耶芳思的《名学浅说》(*W.S.Jevons, Logic*)。光绪三十四年(1908年),清廷新设学部,聘严复为审定名词官的总纂官。在职3年,直到辛亥革命结束后辞去职务。

　　民国元年(1912年),袁世凯为总统,聘严复为北京大学校长,但他不久便辞职不做了。从此以后年老多病。至民国九年(1920年),赴福建避冬,气喘时而发作。民国十年(1921年)9月,逝世于闽垣(今福建省内),时年69岁。严复生平除了译书外,还批点过《老子》及《庄子》,《老子》已印行,《庄子》的批点尚未完成。

第二节　介绍之学说

　　严氏介绍西哲学说,于我国有重大之影响者,首推《天演论》。此论为十九世纪英国哲学家赫胥黎所作。《赫氏全集》有十二巨册,其第九册名《进化与伦理》,其中之《序论》《本论》,即严氏所译之《天演论》也。此论译出以后,于是物竞天择、优胜劣败等思想,深中于全国学人之脑海,至今犹为人人之口头禅,可见其影响之大矣。兹约举其说如下:

　　天运变矣,而有不变者行乎其中;不变惟何?是名天演。以天演为体,而其用有二:曰物竞;曰天择;此万物莫不然,而于有生之类为尤著。物竞者,物争自存也;以一物与物物争,或存或亡,而其效归于天择。天择者,物争焉而独存,则其存也必有其所以存;必有其所得于天之分,自致一己之能,与其所遭值之时与地,及凡周身以外之物力,有其相谋相剂者焉；夫而后独免于亡，而足以自立也。而自其效观之，若是物特为天之所厚，而择焉以存也者，夫是之谓天择。（《天演论上·导言一》）

物竞天择之学说，创于英人达尔文。斯宾塞、赫胥黎等，亦主此说，而略有不同。斯宾塞主张任天为治，赫胥黎则主张以人力胜天。其言云：

今者欲治道之有功，非与天争胜焉，固不可也；法天行者非也，而避天行者亦非。夫曰与天争胜云者，非谓逆天拂性，而为不祥不顺者也；道在尽物之性，而知所以转害而为功。夫自不知者言之，则以藐尔之人，乃欲与造物争胜，欲取两间之所有，驯扰驾御之，以为吾利，其不自量力而可闵叹，孰逾此者？然溯太古以迄今兹，人治进程，皆以此所胜之多寡为殿最。百年来欧洲所以富强称最者，其故非他，其所胜天行而控制万物前民用者，方之五洲，与夫前古各国，最多故耳。以已事测将来，吾胜天为治之说，殆无以易也。（《天演论下·进化》）

其次为斯宾塞之《群学肄言》；严氏译出后，我国始知有所谓社会学，其影响亦至重大。斯宾塞亦英国人，与达尔文同时。其所著书，名《综合哲学》，共有十卷：一、《第一原理》；二、《生物学原理》；三、《心理学原理》；四、《社会学原理》；五、《伦理学原理》；其第四种，即严氏所译之《群学肄言》也。严氏生平，最佩服斯宾塞，称其书"精辟闳富，为欧洲自有生民以来，无此作也。"可见推崇之极。《群学肄言》自序中有云：

其书……饬戒学者，以诚意正心之不易；既已深切著明，而于操柄者一建白措注之间，辄为之穷事变，极末流，使功名之徒，失步变色，倪焉知格物致知之不容已。乃窃念近者吾国以世变之殷，凡吾民前者所造之因，皆将于此食其报；而浅谍剽疾之士，不悟其从来如是之大且久也，辄攘臂疾走，谓以旦暮之更张，而以与胜我抗也；不能得，又搪撞号呼，欲率一世之人，与盲进以为破坏之事。顾破坏宜矣，而所建设者，又未必其果有合也；则何如稍审重而先咨于学之为愈乎！

严氏盖有鉴于我国少年新进之士，恃其一知半解，卤莽灭裂，妄思破坏，以为可立致国家于富强；故为斯言，实深中时弊。彼欲以学术救国之心，毕现于是书矣。

斯宾塞是生物学家，故以社会为有机体，与生物类似，乃生长而成，非人力所能旦夕造成。社会问题，如政治之得失，风俗之厚薄，其前因后果之复杂，极难推究，稍一不慎，则因果颠倒，违于真理，据此以处置事物，鲜有不败者。盖社会学，初非如理化学之因果历然，可由实验而得也。然世俗之人，往往不察，大晚高谈，对于一切问题，轻下判断。殊不知意见有所偏，感情有所蔽，以及国界种界之桎梏，自身早已陷入于网罗之中，而未尝自觉，此至可叹也。严氏译此书，以《学波》《国拘》《政惑》《教辟》为各篇标题，以明社会学之知识，而劝人去私戒偏，以求正当之路；不特反覆阐发斯氏之说，而于国人自私自利之习惯，亦痛下一针砭。

其次严氏所注意者为名学。名学在我国周末时代，发达极早；如荀子之《正名篇》、墨子之《经》（上下）、《经说》（上下）、《大取》和《小取》诸篇，以及惠施、公孙龙之坚白同异论，皆与名学有相似之处。自汉以后，此学久已不传。于是学者治学方法，不能条分缕析，为有系统之撰述。自科举盛行，国人更以头脑笼统，为世诟病久矣。严氏之意，以为革新中国学术，莫要于输入名学，可谓卓识。其翻译穆勒·约翰之《名学》，异常审慎。穆勒·约翰，英国人，为经验主义之哲学家。于论理学（名学）、经济学、伦理学，皆称大家。其论理承培根之思想，以经验为认识之源；归纳推理之学，至此大成。严氏竭毕生之精力，只译成半部。其《名学浅说》自序有云："不佞于庚子辛丑壬寅间，曾译《名学》半部，经金粟斋刻于金陵，思欲赓续其后半，乃人事卒卒，又老来精神短，惮用脑力，而穆勒书深博广大，非澄思渺虑，无以将事，所以尚未逮也。戊申孟秋，浪迹津沽，有女学生旌德吕氏，谆求授以此学。因取耶芳思之浅说，排日译示讲解，经两月而成书"可见严氏介绍此学之苦心矣。穆勒著书中，尚有《自由论》一种，亦经严氏翻译，特避去自由之名词，而题为《群己权界论》。盖严氏最初亦附于革新派；自戊戌政变，经过挫折，又见激进少年之专事破坏；故其思想，乃偏于保守，即自由之名词，亦不欲援用之也。

此外严氏又译亚丹·斯密之《原富》，以介绍经济学；译孟德斯鸠《法意》，以介绍法律哲学；盖皆我国所需要之学说也。

严氏又以达尔文、斯宾塞、孟德斯鸠之学说，与老子多相通处，因批点老子而广其说，此则通东西学说之邮者也。

——·译 文·——

在严复介绍的西方哲学思想中，《天演论》对国内的影响最大。这部作品是19世纪英国哲学家赫胥黎所做，《赫氏全集》有12册之多，第九册为《进化与伦理》，严复翻译的《天演论》就是其中的《序论》和《本论》两章。这部译著问世之后，其中关于"物竞天择""优胜劣败"的思想深入中国学者的脑海之中，至今仍是大家常常提及的口头禅，可见严复的翻译对中国人影响之大。现举他的译作为例：

自然界的必然性是变化的，却也有不变化的存在于变化之中。不变的是什么呢？这就叫天演。把天演作为本体，它的作用有两个：一为生存竞争，一为天然淘汰。万物都遵循这个规律，而对于有生命的生物尤其显著。生物竞争，就是生物争取自己的生存，一种生物和多种生物相竞争，有的生存，有的灭亡，而功效却归于天然淘汰。天然淘汰，是指一些生物在竞争中生存下来。那么它之所以存在，必定有它能生存下来的原因，它一定是得到了自然赋予的能力，它本身得到了这种能力，同它遇到的天时和地利，以及一切周围的环境事物，有它们互相协调配合的地方，这样才免于灭亡，而且有足够的能力使自己生存。然而，从它的效果看，好像这些生物特别为大自然所厚爱而选取它生存下来似的，这就叫作天然淘汰。（《天演论上·导言一》）

物竞天择的学说，是英国人达尔文创立的。斯宾塞和赫胥黎等人也主张这种观念，但略有不同。斯宾塞主张听从自然规律的安排，但赫胥黎认为可以凭借人的力量战胜自然。他说：

现在的人想要治理之道有所成效，不与天道自然竞争获得胜利，本来就是不可能。效法天道法则不行，而避开天道法则也不行。这种与天道自然竞争获胜的说法，不是说违背天运法则和自然规律而去做不吉祥、不顺和的事情，办法在于透彻了解事物的性质才能明白怎样化害为利。就不了解这个道理的人而言，以为凭渺小的人类就想与上天争胜，想要取得天地之间所有东西，进行驯服控制而成为我们人类的利益，这种自不量力的行为是多么可悲可叹，还有什么可以超过这种行为的呢？然而回顾自远古以来到现在，人治进程都是凭这种获胜的多少来作为评判功劳大小的标准。近百年来欧洲之所以被称为最富强的地方，其原因不是别的，而在于他们战胜了天道自然控制了万物，进而让它们听命于人民。这是它们同全世界以及古代各国相比，得到成就、成果最多的原

故。根据过去的事预测未来，我所提出的战胜自然以及人类治世的学说，恐怕是不可改变的。(《天演论下·进化》)

在《天演论》之后，严复翻译了斯宾塞的《群学肄言》，通过他的翻译，我国才开始有社会学这一学科，对我国的影响很大。斯宾塞也是英国人，与达尔文是同时代的人。他作品统收入《综合哲学》内，一共十卷。内含五部分：一、《第一原理》；二、《生物学原理》；三、《心理学原理》；四、《社会学原理》；五、《伦理学原理》，严复的《群学肄言》就是翻译自其中第四部《社会学原理》。严复最敬佩的人就是斯宾塞，他认为斯宾塞的书："分析精湛深刻，内容丰富，是欧洲有史以来最伟大的作品。"可见严复对斯宾塞的推崇程度。严复在《群学肄言》的自序中说：

书中告诫学者应有真诚的态度和端正心态，这是很难保持的，由于书中格外注明了做学问的要求，所以，翻译者在翻译这本书的思想主张和词句时，尽可能解释清楚事理的发展流变，使那些只追求功名利禄的人，心生畏避之情，深知追寻真理、修身自省是一件非常不容易的事情。我深以为，我国近年世情发生了巨大的变化，但凡我国百姓现在受到的苦难，皆为前代人所造成的。那些浅薄草率的读书人，并没有想过导致当前国变的原因历时长久、问题深远，他们奋力奔走疾呼，以为靠一夕间的改革，就可以振兴衰落的国力，和那些战胜我们的国家相抗衡。失败后，继续鲁莽地奔走呼号，想要率领国内众人，没有目的地做破坏之事。他们确实破坏了很多旧的事物，但并没有建立起有利于国家发展、符合国情的制度。那么，是不是应该先慎重地学习西方先进的知识呢？

严复有鉴于我国新进学者过于年轻，掌握的知识并不全面，却行为鲁莽，想要破坏旧的制度，以为自己的做法可以使国家富强，所以他的话深中时弊。他想要以学术救国的想法全都体现在他翻译的书中。

斯宾塞本是生物学家，所以他认为社会与生物一样，都是有机体，社会的发展变化是逐步生长的，而不是人力可以在一朝一夕之间就改变的。诸如政治得失、社会风俗厚薄等社会问题形成的前因后果是十分复杂的，很难推敲追究出来，稍有不慎就会导致因果颠倒，有违于真理，如果根据错误的判断处置国家事务，那很少有能成功的。所以，社会学并不是像物理、化学一样可以通过实验得出明确的结果。但那些世俗的人，往往并不考虑这些原因，习惯对一切社会问题高谈阔论，轻易地下判断。却不知观念有所偏颇，以及受到国家种族观念的限制，会使自己陷入束缚之中，而自己却不知道自己的困境，这是非常可惜的。严氏翻译《群学肄言》这本书，以《学波》《国拘》《政惑》《教辟》为各篇标题，用以传播社会学的知识，劝导世人抛弃偏见的想法，求正当的出路；不仅反复阐发斯宾塞的学说，也对国人自私自利的习惯做出鞭辟入里的批评。

其次，严复也很关注名学的发展。名学在我国周朝末年极为发达，代表作如荀子的《正名篇》，墨子的《经》（上下）、《经说》（上下）、《大取》、《小取》诸篇文章，以及惠施和公孙龙的"坚白同异"的论题都与名学有相似之处。自汉代以后，这个学说就不再流传了。因此，学者的治学方法缺乏逻辑性和系统性，不能条分缕析地分析问题。自科举兴盛以来，国内的读书人更被钳制了头脑，这种学习方法被世人诟病了很久。严复认为革新中国学术最重要的一点就是宣传名学，这是非常有远见的看法。他十分认真谨慎地翻译了穆勒·约翰的《名学》。穆勒·约翰是英国人，是一名信奉经验主义的哲学家，堪称在论理学（名学）、经济学、伦理学方面的大家。他的思想理论源自培根，认为认识生活和世界的根本在于经验，穆勒·约翰的思想完善了归纳和推理的学术理论。

严复竭尽半生的精力只译完穆勒·约翰的半部著作。他在《名学浅说》的自序中说："我在庚子辛丑和壬寅年间，曾翻译了一半穆勒·约翰的著作《名学》，刊刻于金陵的金粟斋，一直想翻译完后半部，无奈人事琐杂，年纪大后精神大不如前，不再拼用脑力，而穆勒的书博大精深，我没有时间清净心神，专心致志地进行翻译，所以这项工作一直都没有做完。戊申中秋，生活在津沽地区，有一个来自旌德地区的女学生吕氏谦虚地向我请教穆勒的学说，我便借鉴耶芳思对逻辑学的解说，逐日翻译并为她讲解，大约两个月翻译成了这部《名学浅说》。"由此可见严复在普及名学方面下了很大的功夫。穆勒还有一部《自由论》也是有严复翻译的，他特意避讳了"自由"一词，而题名为《群己权界论》。因为严复最初支持革新派的观点，戊戌政变受到挫折后，又时常见到激进的年轻人一心做破旧革新的事情，所以他的思想偏于保守，连"自由"这样的名词也不想使用。

此外，严氏还翻译了亚丹·斯密的《原富》，用来介绍经济学；翻译了孟德斯鸠的《法意》，用来介绍法律和哲学；这些都是我国当时非常需要了解的学说。

严复还认为，达尔文、斯宾塞和孟德斯鸠的学说有很多与老子相通之处，因此批点老子的学说并推广，这是他在沟通东西方学说方面做出的贡献。

第三节 结论

自明末至清代，我国与西洋交通；最初输入者，为天文、历算之学；及鸦片战争失败以后，震于西洋之船坚炮利，深信西洋之艺术，越过我国；曾国藩创江南制造局于上海，聘请中外学者，广事翻译，大概皆物理、化学及军事、制造枪炮之书。当时国人一般思想，皆以为政治、伦理、财政等学问，我国早已完备，远过西洋，只取其艺术之长，补我之短，即足以富强；所以"中学为体，西学为用"之说，人人能道之，几于举国皆然。自严氏所译之书公世，方打破此迷梦，始知西洋尚有此等惊人之学术也。严氏译书时，所有术语，亦皆自造，往往为一名词，沉思至累日方得之，可见其难；因此彼所译之名词，有含义过深，不合于现在之用者。又严氏所译之书，多高深哲理，往往喜用我国古奥文辞，且有时将西方学说，牵附于我国之古义，致失原文本意者，亦不少。在当时一般学者，颇极欢迎，后来能读西文原书者日多，则颇讥斥严氏，故至今严氏之书，已不甚流行。严氏自谓翻译须信、雅、达三者兼备；以今观严氏所译，则雅字诚当之无愧，达字，信字，则稍有遗憾，此不能为严氏讳，然其筚路蓝缕之功，不可没也。

———• 译 文 •———

从明末到清代，我国与西方世界的交流最初是天文、历算之学；鸦片战争失败以后，受到西方坚船利炮的震慑，深信西洋的技术超越我国；曾国藩在上海开创江南制造局，聘请中外学者做了大量的翻译工作，大部分都是物理、化学、军事及制造枪炮的书。当时的国人通常以为我国的政治学、伦理学和财政学非常完备，远远超过西洋，只愿吸纳西方工业技术上的长处，弥补自己的短处，这就足以使国富民强了，所以当时人人都知道"中学为体，西学为用"的说法，几乎全国都认为这是对的。自从严复翻译的书在国内传播后，才打破了国人的固执己见，才知道西方也有如此深刻、高超的学术。严复翻译西方书籍时，所有国语中没有的词汇都是自己创造的，往往需要深思多日才能译出一个名词，可见他工作的难度，所以严复翻译出的有些名词含义过于深奥，现在用并不合适。此外，严复翻译的书大多是哲理高深的，他经常喜欢用国语中古奥的文辞，导致有时为了使用古文而曲解了西方学说，致使错译了原文的含义，这种情况也不少见。严复翻译的著作，对于那些不懂西方语言的人来说是非常受欢迎的，后来国内懂得西文的人越来越多，有很多人讥讽严复的翻译不够严谨，所以现在严复的书就不太流行了。严复始终遵从信、雅、达的翻译原则，用现在的水准考察严复翻译的作品，确实做到了文辞雅致，但在译文精准和通顺明白两方面则稍有不足之处，这是不需要为他掩饰的缺点。但我们也不应抹灭他在我国翻译道路上做出的筚路蓝缕的功绩。

第十章　王国维

第一节　略传及著书

　　王国维，字静安，晚号观堂，浙江海宁人。生于清德宗三年（一八七七）。四岁丧母。七岁始就外傅。十余岁时，每晚自塾归，辄发家中藏书，独自泛览。十六岁补博士弟子。始读"四史"，兼攻骈散文。十八岁，值中日战争后，始知世有新学。后罗振玉创农学社于上海，附设东方学社，聘日本人藤田丰八教授日文。国维时年二十二岁，往就学焉。并襄理社中庶务，得免学费，而致力于学。二十三岁，始从学社教师日人田冈佐代，治读英文。二十四岁，毕业于东方学社，仍努力治英文。二十五岁，留学日本，入东京物理学校，拟专修理科；既而苦几何学之难治，又病脚气；逾年即归。为罗振玉编译《农学报》及《教育世界》杂志，撰述益富。自此始治哲学，能读社会学、心理学、论理学、哲学等西文原书，参以日文译本，遂得贯通。偶有心得，撰述为文，发表于《教育世界》杂志。三十岁以后，厌倦哲学，而转治文学。三十五岁后，转而治古器物学。晚年，以治殷墟书契文，名重中外。后就清华学校研究院之聘。五十一岁时，以世变日亟，自投于颐和园之昆明池而死。（民国十六年，纪元一九二七。）海内外学者，知与不知，皆为痛悼。其遗著凡四集。署曰《海宁王忠悫公遗书》。

译 文

　　王国维，字静安，晚年号观堂，浙江海宁人。生于清德宗三年（1877年）。4岁丧母。7岁开始外出读书。十几岁时，每天从私塾回家后便翻阅家中藏书，独自阅读。16岁补博士弟子，开始读"四史"（指《史记》《汉书》《后汉书》和《三国志》），并练习骈文和散文的写作。18岁时，国内爆发了中日战争，才知道新学。后来，罗振玉在上海创立农学社，附设立东方学社，聘请日本人藤田丰八教授日文。王国维时年22岁，去跟随他学习。同时帮助打理社中杂务，社中因此减免了他的学费，由此更全心全意地学习。23岁时，开始跟随学社的日本老师田冈佐代学习英文。24岁时从东方学社毕业，仍然努力学习英文。25岁时，去日本东京物理学校留学，本来想专修理科，但苦于几何科目太难，又患有脚气病，一年后就回国了。回国后为罗振玉编译杂志《农学报》和《教育世界》，撰述的作品也越来越多。自此他开始专攻哲学，便参考着日本的译文，研读西方的社会学、心理学、论理学及哲学原文著作，可以贯通文义。有时他将自己读书的心得撰写成文章，发表在《教育世界》上。30岁以后，他厌倦研读哲学，便转而研究文学。35岁后，又开始研究古器物学。晚年，他专心于殷墟甲骨文的研究，名冠海内外。后来在清华大学研究院工作。51岁时，因世道日变，王国维在颐和园昆明湖自杀而死（时年民国十六年，1927年）。海内外的学者，无论是不是他的知交，都为他感到哀悼痛惜。他的遗著共有四集，命名为《海宁王忠悫公遗书》。

第二节　性说

王氏之论性，以哲学的眼光，批评古来性善性恶之矛盾，颇为彻底；乃可使几千年来之聚讼，为之一息。其言云：

今孟子之言曰：人之性善；荀子之言曰：人之性恶；二者皆互相反对之说也。然皆持之而有故，言之而成理。然则吾人之于人性，固有不可知者在欤？孔子之所以罕言性与命者，固非无故欤？且于人性论中，不但得容反对之说而已，于一人之说中，亦不得不自相矛盾。孟子曰：人之性善，在求其放心而已；然使之放心者谁欤？荀子曰：人之性恶，其善者伪也；然所以能伪者何故欤？……今论人性者之反对矛盾如此，则性之为物，固不能不视为超乎吾人之知识外也。(《静庵文集·论性》)

王氏之意，以为吾人对于事物，果能确实知之，则如"二加二为四"；二点之间，只可引一直线，决不能容两相反对之议论，得以成立；故数学、物理学之所以为确实之知识者以此。若夫性则不然，反对矛盾之说，均得成立。且聚讼至数千年不决，故断定性为超出吾人知识以外，此自来论性者所未见及也。又云：

今夫吾人之所可得而知者，一先天的知识；一后天的知识也。先天的知识，如空间时间之形式，及悟性之范畴，此不待经验而生；后天的知识，乃经验上之所以教我者，凡一切可经验之物，皆是也。二者之知识，皆有确实性；但前者有普遍性，及必然性，后者则不然；然其确实，则无以异也。今试问性之为物，果得从先天中或后天中知之乎？先天中所能知者，知识之形式，而不及于知识之材质，而性固一知识之材质也。若谓于后天中知之，则所知者又非性，何则？吾人经验上所知之性。其受遗传与外部之影响者不少，则其非性之本来面目，固已久矣。故断言之曰：性之为物，超乎吾人之知识外也。（同上）

王氏是以知识论为立脚点，而断言性之为物，超乎吾人知识之外，固非如古来之论性者，全凭自己之主观，发为空泛之议论可比。既已超出吾人知识之外，则古来立论者，反对矛盾，自是必然的结果。故又云：

人性之超乎吾人之知识外，既如斯矣。于是欲论人性者，非驰于空想之域，势不得不从经验上推论之。经验上之所谓性，固非性之本然，苟执经验上之性以为性，则必先有善恶二元论起焉。何则？善恶之对立，吾人经验上之事实也；反对之事实，而非相对之事实也。……惟其为反对之事实，故善恶二者，不能由其一以说明之；故从经验上立论，不得盘旋于善恶二元论之胯下。然吾人之知识，必求其说明之统一，而决不以善恶二元论为满足也。于是性善论性恶论及超绝的一元论（即性无善无不善说），接武而起。夫立于经验之上以言性，虽所论者非真性，然尚不至于矛盾也。至超乎经验以外，而求其说明之统一，则虽反对之说，吾人得持其一，不至自相矛盾不止。何则？超乎经验以外，吾人固有言论之自由；然至欲说明经验上之事实时，则又不得不自圆其说，而复反于二元论。故古今言性之自相矛盾，必然之理也。（同上）

王氏此说，可为揭破古来论性之病根。故治学者，不必再为此无谓之争执，人性论至此，乃可告一结束矣。故云：

善恶之相对立，吾人经验上之事实也。自生民以来，至于今，世界之事变，孰非此善恶二性之争斗乎！政治与道德，宗教与哲学，孰非由此而起乎！故世界之宗教，无不著二神之色彩；有爱而祀之者，有畏而祀之者，即善神与恶神是已。至文明国之宗教，于上帝之外，其不预想恶魔者殆稀也。……夫所谓上帝者，非吾人之善性之写象乎！所谓魔鬼者，非吾人恶性之小影乎！……夫岂独宗教而已，历史之所记述，诗人之所悲歌，又孰非此善恶二性之争斗乎！……吾人经验上，善恶二性对立如此。故由经验以推论人性者，虽不知与性果有当与否，尚不与经验相矛盾，故得而持其说也。超绝的一元论，亦务与经验上之事实相调和。故亦不见有显著之矛盾。至执性善性恶一元论者，当其就性言性时，以性为吾人不可经验之一物故，故皆得而持其说；然欲以之说明经验，或应用于修身之事业，则矛盾随之而起。故余表而出之，使后之学者，勿徒为此无益之议论也。（同上）

——译 文——

王国维以哲学的眼光看待人性，对自古以来哲人关于性善与性恶之间的矛盾进行批评，颇为彻底，为几千年以来的争论做了一个判断。他说：

孟子曾经说过，"人性本是善良的"；荀子说，"人性本是恶的"；这两种说法是对立的，但他们的说法都各有依据，言之成理。我们对于人性的了解，确实有不能全面认知的地方。孔子很少提到人性和命运，这也并不是无缘无故的。在关于人性的讨论中，不但存在着相互抵牾的说法，而且一个人自己的观点也可能存在相互矛盾的地方。孟子说："人性善良之处在于会把那失去的本心寻找回来"，那么是谁把本心丢失了呢？荀子说："人性邪恶之处在于善于伪装"，那伪装的原因又是什么呢？……对人性的讨论会产生如此巨大的差异，所以人性的实质已经超越了人的知识范围的。(《静庵文集·论性》)

王国维的观点是，人对于事物应该有肯定、准确地了解，如"二加二等于四"，"两点之间只有一条直线连接"，不可以同时存在两种截然相反的结论，所以数学和物理可以成为一门肯定、准确的知识体系。但关于人性的学说是不确实的，因为几种互相矛盾的说法均可以成立，而且数千年来关于这方面的讨论都没有解决这个问题，所以他认为这是超出人类知识范围和理解能力的，这是自古以来讨论人性的哲学家们所没有发出的见解。王国维还说：

现在，我们可以知道的，一是先天的知识；二是后天的知识。先天的知识，如自然界中空间和时间的形式，以及对事物概念、范围的确立，这是不因生活经验而获知的；后天的知识，是通过生活经验而学到的，凡是一切通过经验而掌握的知识，都属于这种。这两种知识，都是真实而准确的，但前者有普遍性及必然性，后者没有，大家对这两种知识真实、准确的属性，是没有异议的。那么人性是从先天的知识，还是后天的知识呢？先天获知的知识，是知识的外在形式，而不是知识的具体材质，但人性的范畴属于事物的具体材质。但如果说人性属于后天知识，那么我们通过生活经验所获知的又并不是真实的人性，原因在于我们通过生活经验所知道的人性，很大程度上受到了长时间地遗传和外部环境的影响，这并不是人性的本来面目。所以我认为："对于人性本质的把握，是超越了人的知识范围和理解能力的。"(《静庵文集·论性》)

王国维以知识论为立脚点，认为人性是超越了人的知识范围和理解能力的，所以，他并不同于古代的人性论者，全凭自己的主观想象，空发泛泛地议论。既然人性论超越了人的知识范围和理解能力的，那么古代对此进行讨论的人，也必然会得出全然相反的结论。所以王国维又说：

　　既然人性超越了人的知识范围和理解能力，那么讨论人性的人，如果不是仅凭一己之想象，那么必然要从生活经验出发，对其进行讨论。从经验上对人性进行讨论，则必然不是从人性的本然基础出发，如果把从生活经验中得到的人性当作人性的本然面目，那么一切讨论的起点必然是善恶二元论。原因在于，我们经常认为善、恶两者是相互对立的，这两者是对立存在的，而不是相互映衬存在的。……因为善与恶是相互对立的，所以不能用这二者相互解释说明，所以从生活经验角度讨论人性一定要受到善恶二元论的制约。但是我们讨论问题必求结论统一，而绝不只满足于得出善恶二元论的结果。所以，先哲人先后提出了性善论、性恶论和一元论（指人性既不是善的也不是恶的）。立足于经验上的讨论，虽然并不一定得出完全准确的结论，但也不至于产生如此复杂的矛盾。关于人性的讨论是超出经验之外的，但为了得到一个确定的答案，虽然几种说法相互矛盾，人们还是会支持一种观点，防止一直在这个问题上相互矛盾。原因在于，人性论虽然超出经验之外的，我们虽然可以自由地发表自己的言论，但如果想要说明超出经验之外的事物，又不得不自圆其说，所以又回到了善恶二元论的观点上。因此，自古以来出现了许多关于人性自相矛盾的观点，这也是必然的。(《静庵文集·论性》)

　　王国维的这种观点，揭示了自古以来人性论讨论的病根。所以以后的治学者，不必在对此做无谓的争执，关于人性论的讨论，至此可以告一段落。所以，王国维说：

我们可以从生活经验中确知，善与恶是相互对立的两个概念。自有人类以来，世上所有人情世故的变化都是善与恶相互斗争的结果！政治与道德的辩论、宗教与哲学的争执都是因此而起的！所以，世界上的宗教都有善与恶两种形象，因敬爱而祭祀的即为善神，因恐惧而祭祀的即为恶神。西方的宗教中，除上帝外几乎都是恶魔。……西方宗教中的上帝，难道不与我国性善论的形象一致吗？他们所谓的魔鬼，也与我们性恶论所透射的形象相似。……在我国国人的经验之中，善与恶的对立是非常明显的。所以，由这种经验推及人性论，虽然不一定能得出准确的结论，但得出的结论也并不与生活经验相违背，所以可以一直坚持自己的观点。虽然是极端的一元论观点，但也能与自身经验相调和，并没有显而易见的矛盾。因为人性是超越了人的知识范围和理解能力的，所以当那些坚持性善或性恶一元论的人在谈论人性本然面目时，都可以坚信自己的观点，但如果想进一步用自己的观点来解释生活经验，或应用于修身养性，那么就会产生矛盾。所以，我指出这方面的问题，可以使后世的学者不用再在这方面做无用功了。(《静庵文集·论性》)

第三节　理说

王氏之解释理字，亦能揭破中外哲学家之理窟，而独标真谛。彼以为吾人对种种之事物，而发见其公共之处，遂抽象之而为一概念，又从而命之以名；用之既久，遂视此概念，为一特别之事物，而忘其所从出；如理字之概念，即其一例。吾国语中理字之意义之变化，与西洋理字之意义之变化，若出一辙。略述之如下：

《说文解字》第一篇："理，治玉也。从玉，里声。"段玉裁注："郑人谓玉之未理者为璞，是理为剖析也。"由此类推：凡种种分析作用，皆得谓之理，《中庸》所谓文理密察，即指此作用也。由此而分析作用之对象，即物之可分析而粲然有系统者，亦皆谓之理。《逸论语》曰："孔子曰：美哉璠玙！远而望之，奂若也；近而视之，瑟若也；一则理胜，一则孚胜。"此从理之本义之动词，变而为名词者也。更推之而言他物，则曰地理（《易·系辞》），曰腠理（《韩非子》），曰色理，曰蚕理，曰箴理（《荀子》），就一切物而言之曰条理（《孟子》），然则理者，不过谓吾心分析之作用，及物之可分析者而已矣。其在西洋各国语中，理字之义，自动词变为名词，与我国大致相同。英语之理字，含有推理之能力，同时又用为言语之义；德语之表理性字，含有听言语而知其所传之思想之意；是可知西洋各国语，皆以思索之能力，及言语之能力，即他动物之所无，而为人类所独有者，谓之理性。而从吾人理性思索之径路，则下一判断，必不可无其理由。于是各国语于理性之外，又有理由之意义。吾国之理字，兼有理性与理由之二义。（同上《释理》）

王氏说明理字最初之意义，不过理性、理由二者，皆属主观的性质；及沿用既久，乃由主观的而变为客观的；如宋儒以理之渊源，存于万物；遂予理字以特别之意义。朱子谓"天地之间，有理有气；理也者，形而上之道也，生物之本也；气也者，形而下之器也，生物之具也；是以人物之生，必禀此理，然后有性；必禀此气，然后有形"。又曰："天以阴阳五行，化生万物，气以成形，而理亦附焉。"于是对周子之太极，而予以内容曰："太极不过一理字。"万物之理，皆自此客观的大理而出；故物物各有此理，而物物各异其用，莫非理之流行也。故朱子之所谓理，正与希腊斯多噶派之所谓理相同；皆预想一客观的理，存于生天生地生人以前，而吾心之理，不过其一部分而已。可见理字意义之变化，古今中外，有同一之倾向也。

至问及理字何故发生如是变化？王氏之说明，颇为确当。彼谓吾人之知识，分为两种：一直观的知识，一概念的知识。直观的知识，自吾人之感性及悟性得之；而概念之知识，则由理性得之。直观的知识，人与动物共之；概念的知识，则唯人类所独有；人类既享有动物所不能之利益，亦能陷于动物所不有之谬误。夫动物所知者，个物耳；就个物之观念，但有全偏明昧之别，而无正误之别。人则以有概念故，从此犬彼马之个物观念中，抽象之而得动物之观念；更合之植物、矿物而得物之观念；夫所说物，皆有形质可衡量者也。而此外尚有不可衡量之精神作用，而人之抽象力，进行不已，必求一语以赅括之；无以名之，强名之曰"有"。所谓物者，非实物也，概念而已矣。所谓有者，非离心与物之外，别有一物也，概念而已矣。然如物之概念，究竟离实物不远者，其生误解也不多；至最普遍之概念之"有"字，其初固亦自实物抽象而得，递用之既久，遂忘其所自出，而视为表示特别之一物。古今中外之哲学家，往往以"有"字为有一种实在性；在中国则曰"太极"，曰"玄"，曰"道"；在西洋则谓之"神"。及传衍既久，遂以为一种自证之事物，而若无待根究者。人而不求真理则已，若果欲求真理，则此等谬误，不可不深察而辩明之也。理之概念，亦无以异此。其在中国，初不过谓物之可分析而有系统者，辗转相借，遂成朱子之理即太极说。其在西洋，本不过理由、理性二说，辗转相借，前者衍为斯多噶派之宇宙大理说；后者衍为康德以降之超感情的理性说。其去理之本义，固已远矣。此无他，以理之一语，为不能直观之概念，故种种谬误，得附此而生也。

（同上）

─·译 文·─

王国维对"理"的解释，也揭示出中外哲学家在这方面的弊病，独标真谛。他认为我国人对于种种事物的理解，往往是发现这一事物的共有特点，然后将之概括为一个抽象的概念，并以此命名。事物的名字使用得久了，就视为一个固定的概念，而忘记了它的本源。例如我们对"理"字的命名和使用，就是这样一个过程。我国国语中"理"字意义的变化，与西方语言中"理"字意义的变化是如出一辙的。他的观点是：

《说文解字》第一篇："理，治玉也。从玉，里声。"段玉裁注："郑人称，没有加工雕琢过的玉石为璞加工过的称为理。"由此类推：凡是经过加工的都可以称为理，《中庸》中说"文理密察"中的"理"，也是指"理"这方面的含义。对事物进行分析，是要分析事物系统分明的那一面，这也可以称为"理"。《逸论语》中说："孔子曰：'鲁国的宝玉真漂亮呐！远远望去光彩耀人，近视明亮纯洁，它一方面美在条理纹路，一方面美在它所蕴含的美德。'这句话中'理'字的含义就是它本身代表动词的意义，是以动词为名词的使用方法。"这个字的使用方法也常引申指其他事物，如地理（《易·系辞》），腠理（《韩非子》），色理，蚕理，篾理（《荀子》），有如《孟子》中以"条理"指一切事物所蕴含的内在逻辑。所以，"理"就是人对可以进行逻辑推理的事物做出分析，从而得到的结果。在西方语言中，"理"字从动词变为名词的过程，与我国大致相同。英语中的"理"字，含有逻辑推理之义，同时也用作道理、哲理之义；德语中表达"理"义的词语，含有通过语言可以知道所传达的思想的含义；由此可知西方各国的语言，在这个字中都强调思想和语言的使用能力，这是除人以外其他动物都不具备的能力，也就是"理性"的能力。

通过我人理性思索的方式可以判断，理性判断必须包含合理的因由。所以在世界各国语言中的"理"除了"理性"的含义外，还有"理由、原因"的意义。我国语言中的"理"字，就兼有这两种含义。（《静庵文集·释理》）

王国维说明了"理"字最初的意义，它只有理性和理由两种，这都是强调这个字在个人主观能动性方面的含义；使用的时间久了，就由个人主观能动性方面的含义变成了事物客观存在的含义，比如宋代儒学家认为"理"根源于世间万物，由此赋予了"理"字特别的含义。朱熹说："天地之间万物是由'理'和'气'组成的，'理'是形而上的万物之本源；'气'是形而下的、万物的具体形状；万事万物都依据此而生长，是先有'理'而后又'性'，先有'气'而后又'形'。"朱熹还说："天以阴阳五行，化生万物，万物依据'气'以成形，而后产生了具体的'理'。"对于周载的"太极说"，朱熹认为"太极也可以用一个'理'字解释。"万事万物运行的道理和规律也都从这个客观存在的宏观之"理"中衍生而出，所以，万物都遵循这个宏观之"理"，但具体的表现各有不同，所以并不是所有事物都遵循一个具体的相同的"理"。由此可以看出，朱熹所谓的'理'和希腊斯多噶学派所谓的"理"是相同的，都构建了一个先于天、地、人而客观存在的"理"，所以，人心之"理"只不过是宏观存在的"理"的一部分。可见，古今中外"理"字意义的变化都是相似的。

那么，"理"字为什么会发生这样的变化，王国维的解释比较准确得当：

一般认为，我国人的知识分为两种：一种是直观的知识，一种是概念的知识。直观的知识是指从生活的感性、感受及领悟中获得的；概念的知识是由理性思考和逻辑推理中得到的。直观的知识是人和动物都具有的，概念的知识只有人类独有，人类既可以享受动物得不到的利益，也会陷入动物不会有的谬误之中。所以，动物对事物的认知是片面的，片面的知识虽然不够全面公允，但却没有正确和错误的差别。人有归纳事物的能力，所以能通过犬和马等个别事物的概念，抽象归纳出"动物"的概念，可以通过植物和矿物的概念抽象归纳出"物"的概念，所以"物"是可以衡量出具体形状、质量的。世间除了"物"之外，还有不可进行具体衡量的"精神"，人的抽象力不能控制它，但又必须给它赋予一个名字，找不到适合的名字，只能勉强命名为"有"。所谓"物"，并不是指一个实物，而是一个概念。所谓"有"，并不是脱离了人的内心世界和万事万物，而也只是一个概念。但"物"的概念，毕竟有实物可以对照，所以也并没有太多误解，而"有"的概念虽然很普遍，但它并不是归纳自一个真实存在的事物，而是抽象得来，这个概念使用的时间长了，就忘了概念的本源，而变成了表示特别事物的词语。古今中外的哲学家往往用"有"作为一种实际的指称；在中国称为"太极""玄"和"道"；在西洋则称为"神"。使用流传的时间久了，就成为一种有实际指称的事物，就好像那些不需要追求本源的事物一样。人如果不追求真理就罢了，如果要追求真理，那么这样的错误观点就必须加深思索、辨明清楚。"理"的概念，也应该这样对待。中国关于"理"的概念，最初不过是指事物可以进行分析和有系统的性质，逐代相传借用，就成为朱熹对"理"的界定，即"太极说"。"理"的概念在西方，只有理由、理性两种概念，逐代相传借用后，前一种概念演变成斯多噶学派的"宇宙大理说"；后一种概念演变成康德以来的"超感情的理性说"。这些概念离"理"的本义，也离得很远了。这也并没有什么特别的原因，主要是因为"理"这个词并不是直观可视的，因此种种错误的观点都由此而产生了。

第四节　介绍之学说

王氏与严复，同时介绍西洋学说于中国：严氏所介绍者，为英国哲学；王氏所介绍者，乃德国哲学；此其不同者也。王氏于其《静庵文集》自序云：

余之研究哲学，始于辛壬之间（一九〇一——一九〇二），癸卯春，始读汗德（即康德）之《纯理批评》，苦其不可解，读几半而辍；嗣读叔本华之书，而大好之；自癸卯之夏，以至甲辰之冬，皆与叔本华之书为伴侣之时代也。其所惬心者，则在叔本华之《知识论》；汗德之说，得因之以上窥。然于其人生哲学，观其观察之精锐，与议论之犀利，亦未尝不心怡神释也。后渐觉其有矛盾之处。……旋悟叔氏之说，半出于其主观的气质，而无关于客观的知识，此意于《叔本华及尼采》一文中，始畅发之。今岁之春（一九〇五年乙巳），复返而读汗德之书，嗣今以后，将以数年之力，研究汗德，他日稍有所进，取前说而读之，亦一快也。

是知王氏介绍德国哲学，颇拟集中精力于汗德之书；初读不解，始先治叔本华之学，以期借径而通汗德。其治汗德之学，辍而复作者凡四次；乃倦于哲学而转治文学。曾草《三十自序》一文，历述其倦于哲学之故云：

至于今年，于汗德哲学，从事第四次之研究，则窒碍更少；而觉其窒碍之处，大抵其说之不可恃者也。此则当日志学之初所不及料，而在今日，亦得以自慰者也。

又云：

余疲于哲学有日矣；哲学上之说，大都可爱者不可信，而可信者不可爱。余知其理，而余又爱其误谬伟大之形而上学，高严之论理学，与纯粹之美学，此吾人所酷嗜也。然求可信者，则宁在知识论土之《实证论》，论理学上之《快乐论》，与美学上之《经验论》。知其可信而不能爱，觉其可爱而不能信，此近二三年中最大之烦闷也。而近日之嗜好，所以渐由哲学而移于文学，而欲于其中求直接之慰藉者也。

又云：

以余之力，加之以学问，以研究哲学史，或可操成功之券。然为哲学家不能，为哲学史家则又不愿，此亦疲于哲学之原因也。

是知王氏因对于哲学，不无怀疑，乃舍之而治文学；晚年乃复以考古学著名。于介绍哲学之工作，未有结果。夫汗德为德国之大哲学家，国人闻其名多知之，而于其学说，则仅见一鳞一爪，无有能窥其全豹者。王氏之介绍不能成功，固可惜；而王氏以后，至今未有人能尽此介绍之任者，国人学术思想之贫弱，可见一斑矣。

王氏所介绍者，为叔本华与尼采二人之学说。而于叔本华较详，于尼采则较略。其述叔本华之哲学云：

汗德以前之哲学家，除其最少数外，就知识之本质问题，皆奉素朴实在论。即视外物为先知识而存在，而知识由经验外物而起者也。……

264

汗德独谓吾人知物时，必于空间及时间中，而由因果性整理之。然空间时间者，吾人感性之形式；而因果性者，吾人悟性之形式；此数者皆不待经验而存，而构成吾人之经验者也。故经验之世界，乃外物之入于吾人感性悟性之形式中者，与物之自身异。物之自身，虽可得而思之，终不可得而知之，故吾人之所知者，惟现象而已。叔本华于知识论上，奉汗德之说曰：世界者，吾人之观念也；一切万物，皆由充足理由之原理决定之；而此原理，吾人知力之形式也。物之为吾人所知者，不得不入此形式；故吾人所知之物，决非物之自身，而但现象而已；易言以明之，吾人之观念而已。然则物之自身，吾人终不得而知之乎？曰，否，他物则吾不可知，若我之为我，则为物之自身之一部，昭昭明矣。而我之为我，其现于直观中，则块然空间及时间中之一物，与万物无异。然其现于返观时，则吾人谓之意志而不疑也。而吾人返观时，无知力之形式，行乎其间，故返观时之我，我之自身也。然则我之自身，意志也。而意志与身体，吾人实视为一物；故身体者，可谓意志之客观化，即意志之入于知力之形式中者也。吾人观我时，得由此二方面；而观物时，只由一方面，即惟由知力之形式中观之；故物之自身，遂不得而知。

然由观我之例推之，则一切物之自身，皆意志也。(《静庵文集·叔本华之哲学及其教育学说》)

由此可见，叔本华之知识论，与汗德不同之处。汗德谓经验的世界，有超绝的观念性，与经验的实在性。叔氏则一转其说，谓一切事物，有经验的观念性，超绝的实在性。故其知识论，自一方面观之，则为观念；自他方面观之，则又为实在论；而与昔之素朴实在论，则迥然不同。

叔氏之知识论，既侧重意志，于是对于形而上学，及心理学，改变古来之主知论，而倡为主意论。盖彼既由吾人之自觉，而发见意志为吾人之本质，因之以推论世界万物之本质，自是当然之结果。其言云：

吾人苟旷观生物界，与吾人精神发达之次序，则意志为精神中之第一原质，而知力为其第二原质，自不难知也。……就实际言之，则知识者，实生于意志之需要；一切生物，其阶级愈高，其需要亦愈增；而其所需要之物，亦愈精而愈不易得；而其知力，亦不得不应之而愈发达。故知力者，意志之奴隶也；由意志生，而还为意志用者也。……至天才出，而知力遂不复为意志之奴隶，而为独立之作用。然人之知力之所由发达，由于需要之增，与他动物固无以异也。则主知说之心理学，不足以持其说，不待论也。心理学然，形而上学亦然。（同上）

王氏谓叔本华之说出，而形而上学、心理学渐有趋于主意论之势，大有造于斯二学，其言诚然。叔本华更由形而上学，进说美学。其言云：

夫吾人之本质，既为意志矣。而意志之所以为意志，有一大特质焉，曰：生活之欲。何则？生活者非他，不过自吾人之知识中所观之意志也。吾人之本质，既为生活之欲矣；故保存生活之事，为人生惟一大事业。……向之图个人之生活者，更进而图种姓之生活。……于是满足与空乏，希望与恐怖，数者如环无端，而不知其所终。……然则此利害之念，竟无时或息欤？吾人于此桎梏之世界中，竟不获一时救济欤？曰：有。惟关之为物，不与吾人之利害相关系，而吾人之观美时，亦不知有一己之利害。……若不视此物为与我有利害之关系，而但观其物，则此物已非特别之物，而代表其物之全种，叔氏谓之曰实念；故美之知识，实念之知识也。而美之中，又有优美与壮美之别：……此二者之感吾人也，因人而不同；其知力弥高，其感之也弥深；独天才者，由其知力之伟大，而全离意志之关系，故其观物也，视他人为深；而其创作之也，与自然为一；故美者，实可为天才之特许物也。若夫终身局于利害之桎梏之中，而不知美之为何物者，则滔滔皆是。且美之对吾人也，仅一时之救济，而非永远之救济，此其论理上之拒绝意志之说，所以不得已也。（同上）

叔氏于论理学上拒绝意志之说，究如何立脚？王氏以为叔氏之论理学，可从其形而上学进窥之。其言云：

从叔氏之形而上学，则人类于万物，同一意志之发现也。其所以视吾人为一个人，而与他人物相区别者，实由知力之蔽。夫吾人之知力，既以空间时间为其形式矣，故凡现于知力中者，不得不复杂；既复杂矣，不得不分彼我；然就实际言之，实同一意志之客观化也。……故空间时间二者……个物化之原理也。自此原理，而人之视他人及物也，常若与我无毫发之关系。……若一旦超越此个物化之原理，而认人与己皆此同一之意志，知己所弗欲者，人亦弗欲之。各主张其生活之欲，而不相侵害；于是有正义之德。更进而以他人之快乐，为己之快乐；他人之苦痛，为己之苦痛；于是有博爱之德。于正义之德中，己之生活之欲，已加以限制；至博爱，则其限制又加甚焉。故善恶之别，全视拒绝生活之欲之程度以为断。其但主张自己之生活之欲，而拒绝他人生活之欲者，是为过与恶。主张自己，亦不拒绝他人者，谓之正义。稍拒绝自己之欲，以主张他人者，谓之博爱。然世界之根本，以存于生活之欲之故，故以苦痛与罪恶充之。而在主张生活之欲以上者，无往而非罪恶。故最高之善，存于灭绝自己生活之欲；且使一切物皆灭绝此欲，而同入于涅槃之境。此叔氏论理学上最高之理想也。（同上）

王氏以为叔氏在哲学上之位置，在古代可比于希腊之柏拉图；在近世可比于德意志之汗德。然柏拉图之说真理，犹被以神话之面具，而叔氏则否；汗德之知识论，仅为破坏的，而叔氏则为建设的。且自叔氏以降之哲学家，罔不受叔氏学说之影响。王氏之推崇叔氏，可谓至矣。其对于叔氏学说之研究，十分透彻，故介绍亦颇得要领。

十九世纪德意志之哲学界，有二大伟人焉：曰叔本华；曰尼采。王氏于介绍叔本华学说之后，又介绍尼采之学说。尼采之学，出于叔氏，其初极端崇拜之，其后乃极端与之反对。王氏作《叔本华与尼采》一文（见《静庵文集》），比较二人之说，以明其所以反对之理由。其言云："二人以意志为人性之根本也同；然一则以意志之灭绝，为其论理学上之理想，由意志同一之假说，而唱绝对之博爱主义；一则反之，而唱绝对之个人主义。……尼采之学说，全本于叔氏，其后虽若与叔氏反对，要不外以叔氏之美学上之天才论，应用于论理学而已。"此则王氏能深窥二人之学说，得到最确之评论也。

尼采之论理学，出于叔氏，而独趋于反对之方面。盖尼采亦以意志为人之本质，而于叔氏之意志灭绝说，则不以为然；谓欲灭绝此意志者，亦一意志也，故不满其说。而于叔氏之美学中，则发见其可模仿之点，即取其天才论与知力之贵族主义，为其超人说之根据。是则尼氏之说，乃彻头彻尾发展其美学上之见解，而应用于论理学者也。叔氏谓吾人之知识，无不从充足理由之原则者，独美术之知识则不然。其言曰："美术者，离充足原理之原则，而观物之道也。……天才之方法也。"……尼采乃推之于实践上，而以为道德律之于个人，与充足原理之于天才，一也。……由叔本华之说，最大之知识，在超绝知识之法则；由尼采之说，最大之道德，在超绝道德之法则。……于是由知之无限制说，转而唱意之无限制说。……至说超人与众生之别，君主道德与奴隶道德之别。……叔氏谓知力上之阶级，惟由道德联结之；尼氏则谓此阶级，于知力道德，皆绝对的不可调和。此其见解虽不同，而应用叔氏美学之说于论理上，则昭然可睹也。

叔本华与尼采二人，性行相似，知力之伟大相似，意志之强烈亦相似。其在叔本华则曰：

世界者，吾人之观念也。于本体之方面，则曰：世界万物，其本体皆与吾人之意志同；而吾人与世界万物，皆同一意志之发现也。自他方面观之：世界万物之意志，皆吾之意志也。于是我所有之世界，自现象之方面，而扩于本体之方面；而世界之在我，自知力之方面，而扩之于意志之方面。然彼独以今日之世界为不满足，更进而求最完全之世界，故其说虽以灭绝意志为归……非真欲灭绝也，不满足于今日之世界而已。……彼之形而上学之需要在此；终身之慰藉亦在此。……若夫尼采，以奉实证哲学故，不满于形而上学之空想；而其势力炎炎之欲，失之于彼岸者，欲恢复之于此岸；失之于精神者，欲恢复之于物质。……彼效叔本华之天才，而说超人；效叔本华之放弃充足理由之原则，而放弃道德；高视阔步，而恣其意志之游戏；宇宙之内，有知意之优于彼，或足以束缚彼之知意者，彼之所不喜也。故彼二人者，其执无神论，同也；其唱意志自由论，同也。……其所趋虽殊，而性质则一。彼等之所以为此说者，无他，亦聊以自慰而已。

王氏介绍尼采之学说，不及其说叔本华之详。至民国九年、《民铎》杂志第二卷之《尼采号》出版，其中有《尼采传》及其一生之思想，叙述乃比较详备。

── 译 文 ──

王国维与严复几乎同时向国内传播介绍西方学术：严复所介绍的是英国哲学；王国维所介绍的是德国哲学；这是两个人的不同之处。王国维在《静庵文集》的自序中说：

我是从辛壬之间（1901—1902年）开始研究哲学的，癸卯年春，开始读康德的《纯理批评》，常被其中难以理解的地方困住，几次读到一半就想放弃；后来读叔本华的书，非常喜欢；自癸卯年夏天至甲辰年冬天，几乎都是与叔本华的书相伴的。叔本华的《知识论》最得我心；因为读了叔本华的书，对康德的书也可以做进一步的了解了。因而，他的人生哲学、他观察事物的精锐与论点的犀利处，也未尝不使我心怡。但后来，渐渐感觉到康德和叔本华的学说内也有相互矛盾的地方。……叔本华的观点大部分是出自哲人主观的气质，而并无客观的知识，这一点我在《叔本华及尼采》一文中说得很清楚。今年春天（1905年，乙巳年），我重新读康德的书，自那以后多年研究康德，每当有所长进，都再复读一遍之前的书，也感觉到很痛快。

由此可知，王国维介绍德国哲学时，在康德的著作上花费了很大精力；因一开始读不通明，便转而先读叔本华的著作，希望通过叔本华可以理解康德的观点。他先后四次放弃又重新拾起康德的著作，后倦于哲学而转而研究文学。他曾做《三十自序》一文，叙述了为何倦于哲学：

今年是人生中第四次研究康德的哲学了，书中的窒碍已经很少了；现在仍觉得不能理解的部分，大多是他学说中不准确的地方。这是当初立志研究康德哲学所不能料到的，今日终使自己得到了慰藉。

他还说：

很长一段时间以来，我都疲于研究哲学，大部分哲学思想，吸引人的则不准确实用，准确实用的则枯燥乏味。我深知这个道理，却喜欢哲学中观点不正确的形而上学的部分，喜欢高深严密的论理学和纯粹的美学，这是哲学中深深吸引我的地方。然而，哲学中准确实用的理论，却是关于知识论方面的《实证论》、论理学方面的《快乐论》和美学方面的《经验论》。哲学思想中，准确实用的却不吸引人，吸引人的却枯燥乏味，这是我在近二三年中最苦恼的事情。所以，最近逐渐从哲学开始转向文学研究，想要从中求得直接的心灵慰藉。

王国维还说过：

以我的能力和学问去研究哲学史，或可能成功，却不可能成为哲学家，又不愿意做一个哲学史家，这也是我对哲学感到疲倦的原因。

由此可知，王国维因对哲学有所怀疑，于是舍弃哲学而转向研究文学；晚年又以研究考古学闻名。而他的哲学研究并没有什么成果。康德是德国非常著名的哲学家，我国很多人都知道他的身份，对于他的学问却知之甚少，并不能全面了解他的哲学观点。王国维对康德哲学思想的介绍没有成功，非常可惜，王国维之后至今仍没有人能担此重任，由此可见国人学术思想是非常贫弱的。

王国维介绍了叔本华和尼采二人的学说，对于叔本华学说的介绍比较详细，尼采则比较简略。他在介绍叔本华的哲学时说：

康德之前的哲学家，除少数几位外，对于知识本质的问题都奉行朴素实在主义的观点。即把外在事物看作先于知识而存在的，知识是由人通过生活经验对外在事物体察后而总结得知的。……但康德认为，我们对事物的认识，是在空间和时间范围内，对事物因果关系进行总结而得知的。人通过感性的形式感受空间和时间，以理性的思维感受因果关系；这些都并不因为经验而存在，但他们构成了人的经验。所以，经验世界是人通过感性形式和理性形式对事物进行体察后得到的结论，而并不是事物本身。我们虽然可以通过事物本身对它进行思考，但它们是不以意识为转移而存在的，所以我们所了解的事物，只是它们的现象而已。叔本华的知识论，源自康德的理论"世界是人的观念的产物"，世间万物都有它存在的充足理由，而这个充分的理由源自人的意识。事物被人所感知，不得不进入人的意识之内，所以人所感知的事物，并不是事物本身，而是事物的外在现象；简单地说，世界即人的意志。那么对于事物的本身，人终究不能得知它的本质吗？答案是否定的，且不论其他事物，人本身也是世间万物的一部分，我们可以明确地理解我们自身。"我"之为"我"，从直观看来，既存在于空间中也存在于时间中，与世间万物是一样的，所以人可以进行自我反省、观察，这就是所谓的人的意志。在人反观自身时，并不受到思维形式的阻隔，人可以毫无隔膜地进行自我观察，所以此时所观察到的，就是"我"的"自身"。然而"我"的"自身"，就是"我"的意志本身。所以我们将人的外在与内在意识视为一体，人的身体是意志的客观外化，即意识通过思维形式外化，从而形成了人的身体。人在自我反观时，可以得到这两个方面，但在观察事物时，只能得到一个方面，即只能通过人思维观察事物；所以无法得知事物的内在本质。

然而，由人自身为例，那么一切事物的本质，都是它的自我意志。（《静庵文集·叔本华之哲学及其教育学说》）

由此可见，叔本华的知识论与康德的不同之处。康德所谓的经验的世界，有超绝的观念性与经验的实在性。叔本华则与之相反，他认为一切事物都有经验的观念性、超绝的实在性。所以，他的知识论，从一方面看是观念论，但从另一方面看，又是实在论；与以往哲学家的朴素实在论是迥然不同的。

叔本华的知识论侧重意志，比较偏重形而上学及心理学，改变了自古以来的主智论，而提倡主意论。他由人的自觉主动性，推及为人的意志即为人的本质，由此推论世界万物的本质也是它们自身的意志，这是理所当然的结果。他说：

如果人类全面地观察生物界，那就不难知道，在人的精神世界中，意志是一切精神活动的原始和本质，智力是排在意志后面的。……就实际情况而言，知识的产生源自人意志的需要，等级越高的生物，它需要的知识就越多，它对事物的需求就愈加精致且难以得到，为此，它的智力也不得不随着需求而增长、发达。所以，智力是意志的奴隶，为意志而生并为之役使。……当世上出现了智力超常的人，智力便不再是意志的奴隶，而有独立的价值。但是人智力的发达，是因为人需求的增长，这一点与其他动物是一样的。所以，不言而喻，心理学中的主智说在理论上是靠不住的。心理学是这样，形而上学也是一样的。(《静庵文集·叔本华之哲学及其教育学说》)

王国维认为，叔本华的理论出现以后，形而上学和心理学也渐渐趋向于主意论，叔本华的理论对形而上学和心理学影响很大，这确实是当时理论界的情况。叔本华更由形而上学谈及美学：

既然人的本质是意志，那么人之所以为意志的一个重要特点是，生活的欲望。这具体指什么呢？生活无非其他，不过是人通过自己的知识结构所观察到的其他人与事物的意志。人的本质就是生活中的欲望，所以，保存记录生活中的事就是人生中一件非常重要的事情。……既记录自己的生活，更记录一个种族的生活。……于是满足与空乏、希望与恐怖，这些感情接连出现，不知到什么时候才会结束。……那么这些相互关联的感觉，永远都不会停止吗？人类在世界桎梏中始终都不会获得救赎吗？答案是可以获得救赎。只有当这些客体事物不与人产生利害关系时，而人在欣赏美时也不知道它会与自身产生利害关系，那时才会得到美的享受。……如果不将这个事物看作与自我有利害关系的事物，只是单纯地观察它，那它就并不是一个单纯的个体，而是代表它这个物种的整体，叔本华称之为实念；所以关于美的知识，是关于实念的知识。而美又有优美和壮美的区别：……不同的人感到的美是不同的，智力高的人对美的感受也更深；天才的人因智力高，可以摆脱主观意志的影响，所以他对事物的审美也比普通人更深，他的创作也可与自然合而为一；所以美是天才所特有的。大部分人终身都被困在现实的利害关系之中，而不能得知美为何物。而且，美对于人类来说仅是一时的拯救，而非永恒的拯救，这个论理学上的观点与意志说有相悖之处，但也不得不如此立论。（《静庵文集·叔本华之哲学及其教育学说》）

叔本华的学说在论理学上与意志说相悖，那么他的论理学以何立论呢？王国维认为叔本华的论理学源自他在形而上学方面的观点。他说：

依据叔本华的形而上学，将人类与自然界中其他万物区别开来，都属于意志论的发现。因为智力的限制，我们可以观察到自我意志与外在的统一，而对于他人或他物，则只能看到表象而非本质。人类的智力通过观察事物在时间和空间中的存在而形成对它的认识，所以通过智力观察的事物会得出不同、复杂的结论，因为结论的复杂，所以又不得不区分自我与他者。但就实际情况而言，这其实都是同一意志的客观外化。……所以空间与时间……是个体存在的基本原则。依照这个原理，人在看待其他人及万物时，常觉得与自己没有丝毫关系。……如果一旦可以超越这个个体存在的基本原则，那么就会懂得自我与他人都出于同一意志，知道自己所不愿做的事，他人也不会愿意做。各自抒发自己在生活中的欲望，而互不侵害；由此就会产生正当、合理的道德观念。进而会对他人的快乐和痛苦感同身受，由此会产生博爱的胸怀。正当、合理的道德观念，会限制自己的生活欲望，而当产生博爱的胸怀后，又会更加约束自身的欲望。所以，善与恶的区别全在于对生活欲望的节制。那些保持自身生活欲望而限制他人欲望的人，就是过于恶的；保持自己的欲望也不对他人加以限制，就是正当合理的；若稍加控制自己的欲望，而满足他人的欲望，就是心胸博爱的人。但是世界的本质是充满了生活的欲望的，所以世间充满了苦痛与罪恶。超出追求生活欲望这种境界的人，也就超越了罪恶。所以，最高境界的善，就在于灭绝自身生活的欲望；更要使一切事物都摒弃自身的欲望，万事万物一同进入涅槃的境界。这是叔本华论理学中的最高层次的理想境界。（《静庵文集·叔本华之哲学及其教育学说》）

王国维认为叔本华在哲学史中的地位，可以等同于古希腊柏拉图在哲学史上的高度，也等同于近代德国康德在哲学史上的地位。但柏拉图的真理说仍然披着神话的外衣，叔本华摒弃了这一点；康德的知识论侧重于解构传统哲学，而叔本华意图建立新的哲学体系。叔本华以后的哲学家几乎都受到他的影响，王国维对叔本华的推崇达到了极致。王国维对于叔本华哲学的研究十分透彻，所以他对叔本华哲学的介绍也颇得要领。

19世纪德国的哲学家中，出现了两位伟人：叔本华与尼采。王国维在介绍叔本华的理论学说后，还介绍了尼采的学说。尼采的理论源自叔本华，他起初对叔本华极其崇拜的，但后来又激烈地反对叔本华的理论。王国维在《叔本华与尼采》（见《静庵文集》）一文中对二人的学说进行了比较，提到了尼采反对叔本华的理由。文中说："叔本华与尼采都将意志看作人性的本质。但叔本华将个人意志的泯灭视为他论理学的最高理想，认为主体与客体、自我与世间万物的意志具有同一性，由此倡导绝对的'博爱主义'；尼采则反对这种论点，他强调绝对个人主义。……尼采的理论全部来自叔本华，他后来虽然反对叔本华，也只不过是反对叔本华将美学中天才论的观点应用于论理学中而已。"这是王国维在深入研究二人的理论后，做出的非常准确的评论：

尼采的论理学受叔本华的影响很大，但却与叔本华的观点背道而驰。尼采也认为意志是人的本质，但却不同意叔本华关于"意志灭绝"的观点，尼采认为想要使人的意志灭绝，也需要借助一种可以使其灭绝的意识，因此叔本华的观点的是不对的。但尼采的美学思想——超人说——也是受到尼采"天才论"和"智力贵族主义"的影响。可见，尼采的"超人说"是完完全全地发展了叔本华的美学思想，将之运用到论理学上后的成果。叔本华认为，我们的知识都来自对事物本质原理的充分把握和了解，而唯独美术不是这样的。叔本华说："美术并没有充分把握事物的本质原理，而是观察事物所蕴含的'道'。……这是一门天才的学科。"……尼采认为审美是通过实践实现的，他用道德约束"超人"，和叔本华用"充分理由"的原则约束"天才"是一样的。……按照叔本华的观点，认知的最高境界是超越了认知的界限；按照尼采的观点，道德的最高境界是超越了道德的界限。……于是，尼采将叔本华的"知之无限制说"转变为"意之无限制说"。……这种说法可以解释超人与芸芸众生的区别、君主道德与奴隶道德的区别。……叔本华认为可以以道德为媒介超越人类智力的境界；尼采认为在那个境界中，智力和道德是不可以调和的。所以，他们虽然见解不同，但可以明显看出尼采的论理学说深受叔本华美学理论的影响。

叔本华与尼采二人性格和行事方式都很相似，也都是智力超绝、意志强大的人。尼采对叔本华做出过这样的评价：

世界是人类的观念。在主观本体方面，世界万物的本质都与人类的意志相同；而人与世界万物，都是同一种意志的产物。从客体方面看，世界万物的意志都是人意志的产物。因此，我所认识到的世界，从万物的表象扩展到它的本体；而世界万物对于我来说，是从智力上的认识扩展到意识方面的认识。然而，叔本华不满足于当前所认识的世界，他追求对世界进行更加全面的认识，所以叔本华的理论将意志的灭绝视为最终归宿……其实他也并非真的要灭绝全部意志，只不过是不满足于当前对世界的认识而已。……叔本华形而上学的目的在于这方面，他哲学理想的终身追求也在于这个方面。……而尼采以实证哲学为基础，所以不满足于形而上学理论的空想色彩；尼采追求极端哲学系统的建立，他否定一种观点就必需建立起一种相对应的观点；他否定精神追求想要恢复物质追求。……他效仿叔本华天才论建立起超人论；叔本华否定了自己曾提出的"充足理由之原则"，尼采亦否定了自己的"道德原则"。他态度高傲，对自己提出的关于意志方面的论点很得意，他不喜欢所有比自己优秀或反对自己观点的人。叔本华和尼采都是无神论者，他们也都提倡意志自由论。……他们所追求的境界虽然不一样，但本质上是一样的。所以，他们之所以坚持自己的观点，无非是一种自我慰藉罢了。

王国维对尼采哲学的介绍不如对叔本华哲学的介绍详细。至1920年，《民铎》杂志第二卷《尼采号》出版，其中有《尼采传》及其一生思想的介绍，叙述比较详备。

第五节　结论

王氏于举国未曾注意德意志哲学之时，独能首先为之介绍。虽未克终其业，然其功亦不可没也。王氏自言疲于哲学，渐移其兴趣于文学；而以我国文学之最不振者，莫若戏曲，思有以董理之，于是有《戏曲考源》《唐宋大曲考》《曲调源流考》之作。及殷墟文出土，王氏又转其方向于考古学；于龟契之文，凿空创通，为之笺释，卓然大成。清代考证学之途穷，一转另辟一新天地，蔚为考古学，实王氏为之枢纽也。

───·译　文·───

在国内尚未有人关注德意志哲学时，王国维最早向国内介绍了德意志哲学家。虽然他并未完成全部翻译事业，但也已经功不可没了。王国维说他后来疲于哲学研究，逐渐转移兴趣至文学，我国诸多文学体裁中最不发达的是戏曲，王国维对戏曲文献做了整理工作，著作有《戏曲考源》《唐宋大曲考》和《曲调源流考》。殷墟文物出土后，王国维又开始进行考古研究，对甲骨文进行辨别和笺注，也取得了很大的成就。清代考证学至此时已经走入穷途，而从王国维开始另辟一领域，使考古学得以发扬光大，王国维确实发挥了关键作用。

1. 诒玉：加工雕琢玉石。
2. 文理密察：出自《中庸》，意思是文章条理周密而洞悉时事。